UNFORGETTABLE YEARS
OF URBAN CONSTRUCTION
IN PUDONG

难忘的浦东城建岁月
（1993—2000）

编者 / 本书编委会

图书在版编目(CIP)数据

难忘的浦东城建岁月：1993—2000 / 本书编委会编. — 上海：上海社会科学院出版社，2023
ISBN 978-7-5520-4070-8

Ⅰ.①难… Ⅱ.①本… Ⅲ.①区域经济发展—研究—浦东新区—1993-2000 Ⅳ.①F127.513

中国国家版本馆CIP数据核字（2023）第044436号

难忘的浦东城建岁月（1993—2000）

编　　者：	本书编委会
出 品 人：	佘　凌
责任编辑：	董汉玲
封面设计：	周清华
彩插设计：	霍　罩
出版发行：	上海社会科学院出版社
	上海顺昌路622号　邮编200025
	电话总机 021-63315947　销售热线 021-53063735
	http://www.sassp.cn　E-mail: sassp@sassp.cn
排　　版：	南京展望文化发展有限公司
印　　刷：	上海万卷印刷股份有限公司
开　　本：	710毫米×1010毫米　1/16
印　　张：	21.5
插　　页：	18
字　　数：	298千
版　　次：	2023年4月第1版　2023年4月第1次印刷

ISBN 978-7-5520-4070-8/F·724　　　　　　　定价：98.00元

版权所有　翻印必究

纪念上海市浦东新区城市建设局建局 30 周年

难忘的浦东城建岁月
（1993—2000）

2020年10月，原浦东新区城建局老同事回顾会留影

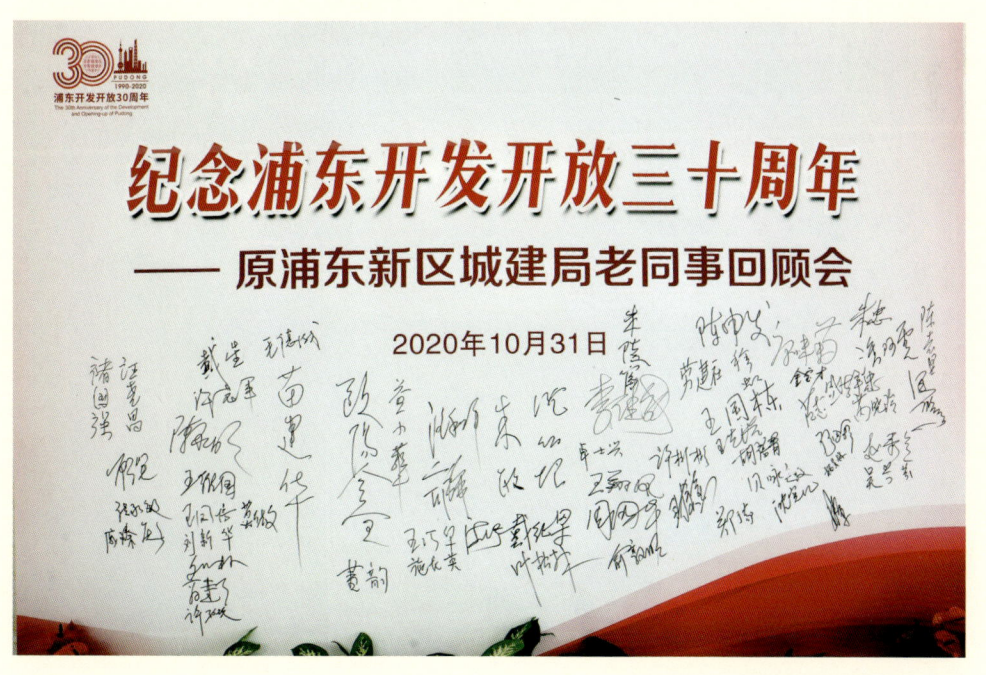

原浦东新区城建局老同事回顾会签字墙

难忘的浦东城建岁月
（1993—2000）

1993年1月1日，上海市浦东新区城市建设局（环保局）成立。图为八年的办公地址——东方路1249号

难忘的浦东城建岁月
（1993—2000）

上海市"九五"期间东片市政交通建设的第一个启动项目——1996年新辟四条连接浦东浦西的越江公交线路开通

越江公交

难忘的浦东城建岁月
（1993—2000）

1998年10月18日"上海市浦东新区市政管理委员会办公室"挂牌成立

难忘的浦东城建岁月
（1993—2000）

1998年1月11日，上海浦东新区城建系统三家发起式股份公司（浦东路桥、浦东巴士、泛华能源）揭牌

难忘的浦东城建岁月
（1993—2000）

1993年开局之路"七路工程"现场踏勘

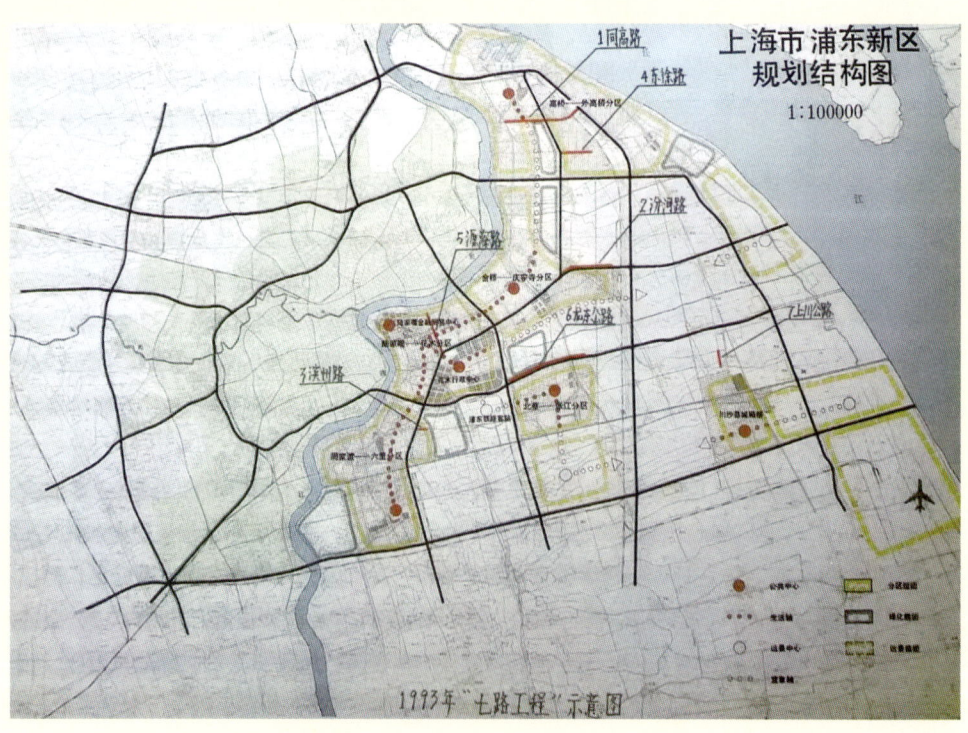

"七路工程"（同高路、汾河路、滨州路、东徐路、源深路、龙东公路、上川公路）示意图。"七路工程"为1993年上海市实事项目重点工程，当年立项、当年设计、当年开工、当年竣工，从根本上改善了国家级重点开发区的投资环境，由此与杨高路等区内原有主干道连通，初步形成了环形放射和方格网相结合的新区道路系统

难忘的浦东城建岁月
（1993—2000）

浦东新区建筑营造交易中心于1995年5月成立，是全国建设市场改革的首创及破冰之旅，使建设市场从无序到有序，从无形到有形，得到了当时国家建设部的推广和上海市纪委的好评。图为1996年6月中心试运转一周年时，新区领导来中心调研

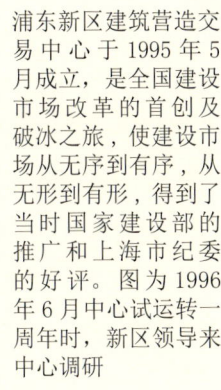

1997年，国家建设部领导来浦东调研建筑营造交易中心运营情况。图为城建局汇报工作

1998年6月，浦东国际机场南线快速干道工程水泥采购在中心实行公开招标

难忘的浦东城建岁月
（1993—2000）

时为中国第一楼的金茂大厦于1999年8月在陆家嘴金融贸易区投入使用。该大厦1994年5月开工、1999年3月建成，荣获伊利诺斯世界建筑结构大奖、新中国50周年上海十大经典建筑金奖首奖等多项国际国内建筑大奖（秦智渊摄）

难忘的浦东城建岁月
(1993—2000)

时获国家建设部"全国建筑业新技术应用金牌示范工程"的上海森茂国际大厦（现为恒生银行大厦）于1998年7月在陆家嘴金融贸易区落成。该大厦是上海第一栋高层建筑外墙采用装配式PC墙板等新型墙体材料，也为上海第一座由日本投资开发建设的智能型大厦

1997年7月，陆家嘴中心绿地旁的高层建筑群

难忘的浦东城建岁月
（1993—2000）

浦东新区1995年获得"国家卫生区"称号、1999年通过复审保持"国家卫生区"称号。图为1995年底张杨路沿线风貌

2000年7月，张家浜河道对外开放，成为上海城市化地区第一条生态水景游览河道。张家浜河道连同两岸绿化一起获得联合国教科文组织颁发的"联合国人居奖"和建设部颁发的"景观河道人居环境范例奖"（姚建良摄）

难忘的浦东城建岁月
（1993—2000）

1999年10月，国家建设部正式命名浦东新区为全国第一个"国家园林城区"。图为世纪公园（原名中央公园）——上海中心城区最大的富有自然特征的生态城市公园，占地140.3万平方米，1996年9月破土动工，1999年建成

远东大道于1997年12月18日竣工通车。远东大道是浦东国际机场连接市郊的主要道路，也是一条绿化景观大道，该工程荣获国家市政金奖

难忘的浦东城建岁月
（1993—2000）

第三届中国国际花卉博览会于 2000 年 9 月 23 日在浦东世纪公园举办，为时一个月，游客达到 100 余万人次。该届花博会由国家建设部和上海市政府主办，原市园林局和原浦东新区城建局负责具体筹办

花博会布置的巨型花钟

花博会一景

编委会

顾 问
李佳能　臧新民

编委会
（以姓氏笔画为序）

叶永平　　朱陵富　　刘　朴　　芮晓玲　　沈伯根　　陈志坚　　苗建华
欧阳令全　顾　坚　　顾国籁　　益小华　　曹益生　　康味菊　　褚国强

主 编
欧阳令全　芮晓玲

副主编
叶永平

编 辑
杨景林　居其明　王志浩

序

难忘的开局之初

◎ 李佳能

一口气读完本书的校样，我的眼眶湿润了，心情久久不能平静，激动之情油然而生。这是一本讴歌浦东新区城建系统建设者、管理者的书，生动地记录了开发开放之初的开局岁月，以及浦东城建人所经历的令人难忘的日日夜夜。

曾记否：1993年2月浦东新区城建局开始正式运转。它是一个综合机构，肩负着浦东全境的路沟桥、水电煤、"高中低"（建筑物），"大中小"（开发区）、海陆空（交通）、"黑白绿"（环境、防灾）等城市基础设施的建设和管理任务，其工作职能居然与上海市10多个局（部门）对口相接。

1993年的浦东新区面积为523平方公里。然而，当时的浦东城建局人员编制才105个（实际到编95个）。要组织开展好浦东新区的城市建设和管理各项工作，真可谓困难重重。面对困难，我们迎难而上！根据实际确定了：从强化改革着手，以"七路"建设为抓手，以路、电、通信为重点，以防汛工作为难点，以环境工作为热点；通过探索，初步建立城市建设、管理新机制的工作思路。具体讲就是要变分条管理为合力管理，使浦东城建局从直接管理转为监督、服务为主的间接管理。这一创新之举，在"七路会战"中开始探索实施。过去建设管理部门抓道路建设，总是分兵把口，各自管各自的事。"七路会战"改变了以往的做法，组成一个总指挥系统，每条路的建设再设一个分指挥部。确定目标、齐心协力，使各方参与者合力拧成一股绳，树立起大局观念，减少了扯皮现象。"七路会战"开始之初，资金缺乏，一些施工企业毫无怨言地先垫付资金，每条道路途经的所在乡、开发公司也纷纷出资，这种情况在过去几乎是没有过的。合力管理的建设市场改革创新在"七路会战"中取得了巨大成功。浦东城建系统逐步形成了集建筑施工、勘察设计、工程质量、施工安全、建筑监理于一体的统一的建设市场管理新体制、新模式。进而相继在以后的"五路一桥"工程、浦东国际机场市政配套工程，以及电话通信扩容、输变电站工程、燃气扩网、泵站建设和绿化配套等项目的实施中都取得了胜利。

曾记否：浦东城建局建局及其下属机构初期人才缺乏。局机关有的处室编制人员一个都没有到位，有的分管局长属下只有一个空部门架子。但是，浦东开发急需大批适应市政、公用、交通、建管、园林、环卫、环保等领域的中高级科技、业务和管理人才，才能完成上级下达的各项艰巨任务。为此，我们把引进人才作为一项重要的急迫性工作来抓，采取多渠道方式、多元化取向大力引进人才。1993年5月23日，我们在上海海运学院原校区首次举办人才引进活动，向社会公开招聘环卫、航务、建管、质量监督等方面的专业技术人才，收到了较好的效果。1993年8月1日，我们又在《新民晚报》刊登人才引进广告，对动拆迁中心、排水署、城道署、公路署所急需的专业技术人才，面向全国进行招聘，在全社会引起轰动。通过在人才交流市场设摊，引进学历高、针对性强的专业人才，也通过公务员考试吸收一批年纪轻、有培养前途的优秀人才。从1993年至1998年，浦东城建局及其直属机构共引进博士9人（其中博士后2人，在职培养2人）、硕士49人、大学本科生356人、大学专科生352人。对专业技术干部，通过引进或考评高级职称增加87人、中级职称增加472人、初级职称增加681人。经过加强教育、严格培养、岗位压担、加速培养、个人帮带、定向培养、出国考察、重点培养、加紧培训、全面培养等多种方式，各类人才在工作中充分发挥各自的专长，为浦东新区城市建设和管理做出了巨大贡献。许多同志因为表现出色相继走上了领导岗位，从处级到局级，乃至副部级的岗位，都有我们浦东城建人的优秀代表。

曾记否：建局之初，新区办公中心尚未建成。我们租用了原文登路（现东方路）某家皮革公司的二楼及三楼作为临时办公场地。大家面临的是面积狭小，空气不流通，食堂也没有，吃饭要去附近饮食店将就解决等艰苦环境。同志们硬是克服种种困难，全力以赴奋战在各自岗位。任务繁忙时，没有休息天，没有节假日，甚至没有工作八小时的概念。那时候，有的人将"手持大哥大、脚踩桑塔纳、烟抽'红中华'，打完保龄去桑拿"视为一种潇洒。然而我们浦东城建人，对潇洒却有着自己的理解：创造是一种潇洒，奉献更是一种潇洒。

筑路、架桥、"盖房子"是造福社会和人民的伟大事业。浦东城建人披星戴月，栉风沐雨，日夜奋战在工地上。浦东这片充满希望的热土，每天都在发生令人鼓舞、令人神往的奇迹。一条条新路从农田里"伸"出去，一幢幢高楼在平地上崛起。浦东城市建设的每一项成就，无不凝结着浦东城建人的智慧、汗水和力量。

这本由"开局之初"的老城建人所撰写的《难忘的浦东城建岁月（1993—2000）》一书，真实形象地反映出浦东城建人在改革开放初期的那种顽强拼搏、无私奉献的崭新精神风貌，展示了广大建设者、管理者在新区基础建设和功能开发中所创造的辉煌业绩；也告诉世人：我们城建人的顽强努力和艰辛付出，曾经对浦东投资环境的改善，更为新区的经济发展、社会进步发挥着怎样的决定性作用。这是一本焕发正能量的好书，她把我们大家带回到20世纪末那个激情燃烧的辉煌年代。城建人引以为傲的创造的喜悦和力量、奉献的自豪和荣光，随着岁月的流淌，更加弥足珍贵，愈发令人怀想。

转瞬间，浦东开发开放已走过三十多年的历程。三十年披荆斩棘，三十载雨雪风霜。浦东早已从过去以农业为主的相对落后区域，变成了功能集聚、要素齐全、设施先进的现代化新城区。回看沧桑巨变，登高展望未来，我们更有理由相信，在新时代中国特色社会主义事业发展的伟大征程中，浦东一定能够再创造出令世界刮目相看的新奇迹！是为序。

（作者系第一任浦东新区城建局党组书记、局长）

（劳建社整理）

代序

构筑浦东城建人才高地

◎ 臧新民（1998年）

1993年1月初，浦东新区正式成立党工委和管委会。作为组成部门，浦东新区城市建设局相继成立。

那时最大的困难不是资金，不是设备，而是缺人才。例如，市政处有7个编制，但开始一个干部都没有。此外，公用、交通、建筑、园林、环卫、环保等方面的建设和管理任务，也需大批懂业务、懂管理的人才。

浦东城建局领导班子对人才有一种强烈的饥饿感。他们认识到，实施浦东开发开放的宏伟战略目标，保证开发建设的领先地位，必须做好人力资源的开发工作，并形成一定的人才规模。否则，建设、管理只能是低水平、低效率的。因此，开局不久，领导班子就把引进人才作为头等重要的工作来抓。

1993年5月23日，浦东城建局在上海海运学院首次举办人才引进活动，向社会公开招聘环卫、航务、建管、工程质量监督等方面的专业技术人才，收到了较好的效果。1993年8月1日，又在《新民晚报》刊登人才引进广告，就动拆迁中心、排水署、城道署、公路署所急需的专业技术人才，面向全国进行招聘。还多次在人才交流市场设摊，引进了一批学历高、针对性强的专业人才。另外，通过公务员考试也吸收了一批年轻、有培养前途的优秀人才。

随着引进机制的不断完善，面向社会引进人才的渠道已经实现了多元化：有登报公开招聘、人才交流市场设点、直接与高等院校联系商定、请新区各委办局及相关领导推荐、本人自荐等多种形式。

5年来，浦东城建局及其直属机构共引进博士9人（其中博士后2人，在职培养2人）、硕士49人、大学本科生356人、大学专科生352人。对专业技术干部，通过引进或考评，5年来具有高级职称的增加87人、中级职称增加472人、初级职称增加681人。这些人才，为浦东新区城市建设和管理做出了很大的贡献，已成为我局的一支生力军。

在人才引进中，城建局主要把握了以下几个方面：

一是重点引进高学历、专业对口的可使用人才。根据浦东新区城市建设与管理的总体要求，在建设方面侧重引进市政、道路、桥梁、建筑材料、轨道交通等方面的专家和技术工程人才；在管理方面则偏重于环卫、园林、环保等方面的专家和管理型人才。5年来，仅工程类就引进有高级职称人才35名、中级职称人才96名，为建设和管理质量的突飞猛进奠定了坚实的基础。

二是引进复合型人才。城建局是具有城市建设和城市市容环境卫生管理双重职能的政府部门，积极引进掌握多门学科知识及懂管理、精专业的通用型复合型人才，也是人才工作的重点。5年来已引进此类人才30多名，扩大了人才的可使用范围，同时为人才的内部流通提供了方便。

三是引进可培养人才。我们坚持打破地域界限、身份界限和行业界限，积极引进具有创新精神和能力的人才，先后从同济大学等单位引进了一批高科技、新材料、新工艺等方面的创新人才。这些人才在桥梁道路各个项目施工中运用新技术、新型材料取得了较大突破，给城市建设和管理带来了新的面貌和活力。

四是引进紧缺型急用人才。由于一些岗位特殊性，可挑选面比较窄，人们的向往率较低，寻找对应的较高层次的人才比较困难。于是我们对比较紧缺人才采用多项优惠政策，如优先考虑住房问题、适当提高薪资待遇、解决家属就业等条件，吸引紧缺型人才踊跃报名，确保专业紧缺人才及时到位。

五是引进军转地可塑型人才。军转干部经过军队这个特殊大熔炉多年的教育和培养，有较丰富的实际工作经验和管理能力。其中通才型人才很多，是地方经济建设的重要资源。比如孟坤荣同志原在宣城军分区任副司令员，转业来城建局工作。本来准备安排他在局机关工作，但他要求到基层。后来到公路署任党委书记兼道路总指挥部临时党委书记，工作开展得有声有色，指挥完成了许多市政道路工程建设任务，得到市、新区、局的好评，多次获得表彰。5年来，浦东城建局对军转人才的安排使用十分重视。38名军转人才中绝大多数在局部门或局属单位担任重要工作，如公路署、住宅署、园林署、环保监理所、建设集团等，一批企事业单位的党委书记都由军转人才担任。他们为浦东新区的发展呕心沥血，倾注了军转人才对浦东开发特有的情感。

在人才引进过程中，浦东城建局还着重从几个方面严格把关：

一是把好人才引进的政审关。对应聘、推荐和自荐的人才，我们不是唯文凭论，而是注重人才的道德修养、综合素质和实际工作能力，使人才能"录"以致用。

二是把好人才引进的考试关。对需要专业对口的人才，我们一般通过笔试和面试，采用公平竞争的方式对应聘人才进行文化基础、专业熟悉程度、独立思考能力、综合分析能力等方面的考试，确保被录用人才能熟悉业务，适应环境，胜任工作。

三是把好人才引进的年龄梯层结构关。对引进局机关的公务员，我们严格按照公务员35岁以下年龄标准录用；对引进企事业单位的中级技术专业人才，我们一般控制在40岁左右；引进高级技术专业人才，一般控制在50岁以内；对军转人才则不限年龄大小。这样就从年龄结构上形成了梯形人才态势，保证梯队发展的连续性。

"精雕细琢方为器，千锤百炼始成钢。"挑选好人才固然重要，但引进了并不等于大功告成。培养使用好人才，充分发挥他们在各自岗位上的作用更为重要。因此，浦东城建局把培养人才的工作放到重要议事日程，并采取了一系列措施：

一是加强教育，严格培养。对引进的一些青年人才，先将他们留在机关工作，让他们对城建局的整体情况有一个全面的熟悉和了解，然后根据实际，有计划地安排他们进行上下交流。在具体过程中有些青年同志产生了想法，不愿下去，及时对他们进行世界观、人生观、价值观教育，开展革命传统教育，激发他们对浦东开发建设的使命感。定期进行思想政治、职业道德、廉政勤政、业务理论等方面的培训教育，鼓励他们学以致用，走理论联系实际的道路。

通过多种形式的教育，这些青年人才的思想发生了很大变化。如毕业于同济大学交通工程管理系的博士朱旭东同志，被分配到局综合交通处工作一段时间后，主动请缨到基层，直接参与热火朝天的市政建设。我们因势利导在青年中进行宣传，许多同志愉快地下到基层工作了。

对到基层工作的同志，通过组织部门进行动态管理。对他们的德、能、勤、绩进行跟踪考核。一旦取得成绩，就给予鼓励和表扬。如1996年被抽调到浦东国际机场外市政配套项目远东大道、龙东大道工作的于勇、林鹏等几名硕士，他们工作认真负责，进步明显，城建系统就多次予以肯定和表扬。又如朱旭东同志在上南路改扩建项目中任副总指挥时，既注重工程质量，又注重工程进度，身先士卒坚持在第一线把关，多次受到表扬。鉴于他的管理能力与技术专长，该同志最近已被提升为市政署副署长兼总工程师。

引进的这些高学历青年人才都具有聪明、好学、勤奋、刻苦的优点，但也不同程度地存在着一些缺点，譬如说比较散漫，不注意小节，不注重自我形象等。对此，我们采取找这些同志个别谈话，及时提醒，还结合局内开展的作风养成教育对其进行帮教等做法，使他们及时改正缺点。有的青年同志被推选到延安革命老区进行考察，很受感动，回来后积极参与党组织发起的"希望工程"捐款活动，累计捐款20万元，援建了陕西省麟游县的"浦城希望小学"。

二是岗位压担，加速培养。针对局内建设项目多的特点，本着"建一流工程、出一流思想、育一流人才"的战略，把道路建设总指挥部等机构作为人才锻炼的基地，在部署道路、桥梁等重大工程建设项目时，定期安排一部分中青年人才充实到各工程指挥部任职，让他们在实践中进行磨炼。这些工程绝大部分是当年决策、当年设计、当年施工、当年竣工的项目，任务很重，而且都具有露天操作，不论严寒酷暑、不管刮风下雨、不分白昼黑夜连续施工的特点，相当艰苦。在这样的环境中有利于锻炼意志品质，有利于培养管理能力，有利于人才的迅速成长。为确保工程顺利实施，浦东城建局在项目中设置临时党委、党支部，配备有工作经验、有管理能力的老同志做书记、做副手，帮助把好质量关，协调后勤人事工作，使青年人才把主要精力放在技术及管理上。

"好钢用在刀刃上。"由于对这些青年人才充分信任，在一些工程项目中委以重任，进一步调动了他们的工作积极性，极大地增强了他们的责任感。他们经常废寝忘食地在工地上搞调查研究，确保工程质量，进行技术攻关。

如局里新近提拔的公路署副署长庄少勤同志，1996年9月被安排在道路总指挥部所属的远东大道建设工程指挥部担任指挥。他敢于管理、善于管理，远东大道3个监理单位有些监理人员讲"情面"，不负责任，他与监理单位交涉，断然撤换了其中2名总监理师，保证了监理队伍的高素质；针对一部分操作工人技术水平不高或文明施工意识不强

难忘的浦东城建岁月

的情况，他提出工地开办夜校，主动利用工余时间给工人上课进行辅导；为更好地发挥党员在建设工地上的先锋模范作用，他组织党员在施工现场进行宣誓；他还组织职工开展"远东人风采"演讲比赛，激励职工为创一流工程而努力拼搏。

针对远东大道路面设计标高低、地下水位高、线路跨河浜等诸多不利因素，为确保工程的高质量，他请导师、同学一起进行技术课题研究、论证和试验。在盲沟开设、河浜回填、土路基处理、二灰碎石混合料配比拌和施工工艺、透层油与下封层施工工艺等工序上，采取了一系列技术措施。他带领职工夜以继日勤奋工作，积极探索勇于创新，使远东大道在技术上创造了城建局道路施工的5个第一，经专家鉴定，远东大道的平整度达到0.68毫米，超过了沪宁高速公路的标准。

5年来，浦东城建局先后建造的20多条道路、2座桥梁、3座立交、2条污水管道项目中，安排了近50名中青年专业人员在工程项目中任职，收到了十分显著的效果。一批中青年干部迅速成长，先后有20多名各类专业人才成为技术、业务、管理骨干，有的已被结合进各级领导班子。

三是个人帮带，定向培养。局、署领导对这些高学历青年人才进行"传、帮、带"。到工地现场办公或检查时，让这些同志一起参加，听取他们的意见和想法。还请有技术专长、有工作经验、有管理能力的老同志对一些有发展潜力、已崭露头角的中青年专业技术骨干进行"传、帮、带"，让他们担任见习助理、实习助理等。这种带教方法，取得了良好的效果，这些中青年同志在短时间内成熟起来。

四是出国考察，重点培养。浦东城建局积极创造条件，一旦局里有组团出国考察的机会，就有意识地安排一些相关的优秀中青年干部到国外去进行专题考察学习，让他们开阔视野，吸收新知识。5年来，先后选送30多名中青年专业人员到一些发达国家进行了考察，并规定：凡外出考察，回来后必须有考察报告，详细介绍考察内容、情况、结果和感想，推荐给有关部门或企事业单位作为参考、借鉴。

五是加紧培训，全面培养。在规划育人工程的同时，十分重视对各类人才的继续教育。专门成立了局党校，定期组织干部、技术专业人员进行思想政治、职业道德、廉政勤政、业务理论等方面的培训教育；定期选送干部到新区党校、市委党委进行培训；每年都要安排一些同志重新进入高等院校继续深造。经常邀请国内一些著名专家上门进行工作辅导，先后有桥梁建筑、城市规划、地铁建设、市政道路设计、公共交通、体制改革等领域共100多名专家，一起参与项目评审、课题研究和现场指导。这既有助于提高工程质量，提高城市建设管理水平，又为中青年干部提供了学习提高的绝好机会。

求贤若渴，唯才是举。浦东城建局注重对引进人才的培养，保障他们充分发挥各自专长，许多同志因为表现出色已走上了领导岗位。5年来，在城建局引进的288名各类人员中，已被提拔为处级或相当于处级的干部有64名，其中相当一部分已是部门或企事业单位主要领导。还有更多的人员成为技术业务管理的中坚力量。绝大多数的引进人才在新区城市建设管理的过程中找到了合适的工作坐标。在人事制度改革文件中明确各级领导班子调整时必须有一名35岁左右的青年干部，这又为青年人才创造了机遇。

浦东城建局领导班子尽可能地为青年人才创造良好的成长环境。确实，引进人才不可避免地带来了诸如户口、住房、家属子女就业就学等一系列新问题。新区城市建设管理需要这些人才，而要用好这些人才必须解决他们的后顾之忧，为他们创造良好的后勤保障条件。对此，局有关部门想方设法，主动与公安局等方面联系，通过各种渠道解决了所有引进人员的户口问题和子女就学问题（其中解决集体户口109人）；局里还拿出资金购买了一部分商品房，基本解决了这些引进人员的住房问

题。对 20 多名安排进集体宿舍的单身人员，还落实煤气灶具、桌椅、衣柜、床、写字台等生活必需品。15 位家属就业问题也通过多方努力，已经全部予以落实解决。这让人才工作安心，生活舒心，一心一意把精力集中在事业上。我们提出对这些同志在工作中要鼓励，在生活中要帮助，在身体上要爱护，在思想上要关心的要求。各用人单位也结合实际情况建立了各种保护规定，采取了一系列措施。特别对刚从学校引进的一批青年，各级党团组织通过各种形式不断教育他们正确对待恋爱问题，引导他们树立正确的世界观、人生观、价值观，培养他们独立工作、生活的能力。每到节假日，一些基层单位的领导还组织这些青年同志一起吃饭谈心，或请这些青年到家中过节等，有效地调动了青年人才的工作热情。

正因为能够积极引进人才，注重发挥他们的主观能动性，千方百计解决他们的后顾之忧，加大对引进的中青年人才培养力度，强化对他们的再教育工作，浦东城建局的建设管理水平有了质的飞跃。5 年来，城建局的许多重大建设项目先后获得了市、新区的好评。如金桥立交桥荣获白玉兰奖；锦绣路、远东大道、龙东大道、浦东大道、上南路、外环线（徐浦大桥段）等一批高等级高质量市政道路，为浦东新区的投资环境改善创造了良好的硬件配套。同时，在新区的城市管理上也不断提升水准，上了新台阶。

"一份培养一份希望。"当然，对中青年人才的培养，并不是单纯地考虑解决他们的工作安置和职级问题，而是从着眼于未来，着眼于 21 世纪浦东城市建设管理这个时代大背景来思考和实施。浦东开发开放是跨世纪的事业，需要跨世纪的人才。培养全面型高级人才是我们的神圣使命。浦东开发要出形象、出功能，归根结底是出人才。

在浦东进入功能开发阶段，浦东城建局深深认识到，功能开发首要的是人才资源的开发，特别是高层次人才潜能的开发。这项工作抓得越紧，功能开发就越早见效。

"不积跬步，无以至千里。不积小流，无以成江海。"为此，浦东城建局致力于建立一整套有利于人才培养和使用的激励机制：

一是加快干部管理工作改革步伐，扩大民主、完善考核、推进交流、加强监督，使优秀人才脱颖而出。

二是继续实施引智工程，通过各种渠道，加大引进高学历青年人才的力度，为浦东新区城市建设和管理注入生机和新的活力。

三是对高学历青年人才实施倾斜政策，在家属就业、住房分配、薪资待遇和岗位落实等方面给予优先解决，实行优惠措施。

四是进一步完善对中青年人才的管理、培养和再教育机制，进一步健全思想、政治、工作和生活的保障体系，为中青年人才在新区城市建设管理中创造最佳条件。

五是不断总结经验，注意收集和整理高学历青年人才的工作成绩，搞好横向联系，建立和完善科研课题及人才档案。

六是进一步激励中青年人才在建设管理中运用新技术、新材料的举措，并在不断完善、提高的基础上大力推广。

"问渠那得清如许？为有源头活水来。"这些年来，新区城建局领导班子在引进、培养、使用中青年人才方面"识才有眼，爱才如命，用才有胆，惜才如金"。可以相信：在浦东新一轮开发开放中，城建局将构筑人才高地，聚集各方人才，汇聚千军万马，为浦东做出新的重大贡献。

（作者时任浦东新区城建局党组书记、局长）

（徐海红整理）

目录 CONTENTS

序　难忘的开局之初　　李佳能　/ 001

代序　构筑浦东城建人才高地　　臧新民　/ 001

路之巨变——从"七路放歌"到罗山路延长线　/ 001

"远东大道"荣获金奖的秘诀　/ 009

共同沟，从浦东延伸……　/ 015

引以为豪的浦东第一大道——"世纪大道"的规划与设计特点　/ 023

率先走改革之路——浦东道路综合养护市场化改革　/ 027

异军突起的工程代建制
　　——南干线和罗山路延长线工程建设中的创新　/ 033

在陆家嘴"豆腐里打洞"
　　——追忆"陆家嘴—花木污水干管工程"　/ 041

中国第一楼——金茂大厦建设"密码"片段　/ 049

又是一个全国第一——浦东建立全国首家建筑有形交易市场　/ 059

高楼林立下的"护身符"——浦东城建相邻基础施工管理之创新 / 067

城市蜕变里的"基石"——浦东建材业转型升级历程 / 076

在时代嬗变中走向完善——记浦东住宅建设 / 082

航空港旁的安居乐园——记浦东国际机场配套工程 / 090

浦东民防那些事儿 / 099

第一张基建计划表——记浦东城建发轫之战 / 104

浦东城建第一次"摸家底"——首次城市市政公用设施普查小记 / 107

甘当浦东城建的"精算盘" / 113

回忆"七路建设"独特的资金筹措和建设过程 / 120

从 LPG 到 SNG——浦东燃气过渡的成功实践 / 126

千家万户的笑声——浦东新区公用事业民心工程掠影 / 130

超常发展的"巨轮"——新区"小政府"与浦东"大公交" / 136

熠熠发光的"黄金水道"——破解"水运难"确保大开发 / 143

那些年浦东公交那些事——浦东新区公交客运超常发展纪实 / 146

巨龙，一路向东——地铁 2 号线浦东段建设往事 / 152

"信访大户"的口碑 / 158

人才辈出的"工地大学" / 162

勇闯新路的"人才工程" / 168

春风化雨　润物无声——回眸浦东新区城建系统事业单位改革 / 174

创新谋突破，改革破万难——浦东城建系统改革历程 / 179

科技撑起浦东建设——记浦东新区城市建设科技委员会 / 185

"老市容"的新角色——难忘浦东市容监察的岁月 / 193

绿色蓝图——编制浦东新区第一部绿地系统规划 / 200

我所了解的"中央公园"（世纪公园）规划 / 205

奋战6个月建成济阳公园 / 210

高大　浓密　粗犷　厚实　多彩
　　——浦东城市道路绿化的风格和特点 / 214

世纪之交的园林盛会——第三届花博会往事 / 218

美的使者——浦东开发开放早期的城市雕塑 / 225

环保天使在行动——记浦东新区现代化环境监测 / 229

为了浦东这张城市名片——在创建国家卫生城区的日子里 / 236

浦东，亮起来了 / 241

难忘浦东绿化大发展年代——浦东创建国家园林城区纪实 / 244

从"龙须沟"到景观河——张家浜（一期）综合治理回顾 / 253

铸造环境执法利剑——记浦东新区环境监理试点工作 / 258

浦东开发初期的城市管理工作 / 264

百通传奇，传奇百通
　　——上海百通项目管理咨询有限公司发展纪实 / 272

筚路蓝缕之路——天佑市政公司改革发展的故事 / 280

附录

浦东新区城市建设大事记（1993年1月—2000年8月） / 288

浦东新区市政建设重大工程（1993年1月—2000年8月） / 299

浦东新区城市建设实事工程（1998年1月—2000年8月） / 304

1993年1月—2000年8月上海市浦东新区城市建设局组织架构及
　　历史沿革 / 308

局办领导班子成员（1993年1月—2000年8月） / 312

后记 / 313

路之巨变

——从"七路放歌"到罗山路延长线

风风火火的1993年,浦东新区道路建设总指挥部的成立,拉开了浦东大规模道路建设管理的序幕。从此,浦东大地上的路网发生了巨变。

1993—1996年间,浦东先后实施"七路"、"五路一桥"、浦川路(现锦绣路)、"十路一桥"等工程,浦东新区道路交通网络逐步显现。1997年建成的远东大道(现G1503前身),1999年建成的环南一大道(现S20南段)、迎宾大道(现S1),2000年建成的罗山路延长线(现罗山高架路前身),都是由浦东新区城建局直接建设管理的重大工程。上述工程的相继建成,形成了浦东新区交通路网整体构架,为浦东新区铺上快速发展之路。

那是个风云际会的年代,1990年4月18日,党中央、国务院宣布开发开放浦东。1991年11月19日,南浦大桥全部建成,12月1日正式通车。1992年1月25日,上海市政府1号工程——杨高路改扩建工程动工,成为浦东开发开放后大规模市政道路建设的开端之作,当年12月8日建成通车。1993年9月30日,我国第一座大型五层互通式城市道路立交桥——罗山路立交桥建成通车;10月23日,杨浦大桥建成通车;11月20日,上海第一条标准城市交通快速干道,内环线浦东段暨龙阳路立交桥建成通车。1996年11月29日,延安东路隧道复线工程建成通车。捷报频传,上述工程使得黄浦江两岸东西联动更加紧密,也为浦东新区交通路网完善打下了坚实的基础。

路网巨变在延伸。开发开放之初，浦东新区城市建设管理局（环境保护局）作为直属职能局，专门抽调力量组成"上海市浦东新区道路建设总指挥部"，由此标志着浦东新区开始独自建设、管理道路工程项目。

新区管理的第一批市政项目是1993年开工的"七路工程"，它也是上海市实事项目重点工程，包括同高路（现航津路，西起浦东北路东至海徐路，长2.70公里）、汾河路（现金海路，杨高路至金穗路，原为汾河路至杨高路，长3.40公里）、滨州路（现高科西路，杨高路至上南路，长1.01公里，曾更名为博文路，该段现为杨高南路至下南路/严中路）、东徐路（现洲海路，杨高路至高桥港以西，长1.50公里）4条新建道路和源深路（浦东大道至杨高路，长2.20公里）、龙东公路（现龙东大道，罗山路至申江路，原为内环线建平路口至辅环线，长5.07公里）、上川公路（现川沙路，华夏东路至创新路，原川北路至暮紫桥，长2.30公里）3条拓建道路。在新区管委会和城建局的直接指挥下，从1993年5月4日源深路动工，到同年12月10日"七路工程"竣工，历时220天，实现了"当年立项、当年设计、当年开工、当年竣工"的目标。"七路工程"以"一区一路"为重点，总长18.18公里，总面积1平方公里，形成沟通开发区（指陆家嘴金融贸易区等）连接大市政的新区道路网络。"七路工程"建设的完成，从根本上改变了新区道路建设的滞后局面，改善了陆家嘴金融贸易区、金桥出口加工区、张江高科技园区、六里工业区的投资环境。由此，与杨高路等区内原有主干道，初步形成了环形放射和方格网相结合的新区道路系统。至1993年底，新区道路总长378公里、桥梁73座，公路总长334公里、公路桥梁281座。

1994年，新区又投资近24亿元进行了"五路一桥"重点工程的建设，包括张杨路（西起浦东南路，东至金桥路，全长7.04公里，总投资概算95,825万元）、沪南公路、中央（轴线）大道样板段（隧道出口—浦东南路，0.73公里）、同高路二期及外高桥地区污水排放系统（一期道路基础上向东延伸0.91公里）、延安东路隧道复线浦东段配套道路（西起丰和路，东至即墨路，全长1,265米，总投资15,144万元）、金桥立交桥等重大市政工程（简称"五路一桥"）。张杨路工程中建成长达11.13公里的配线型"共同沟"，将煤气、电力、通信、自来水四大管线铺设在同一地下箱体式管沟内，是我国地下管线建设的一次飞跃；沪南公路是连接南汇的交通要道，其拓宽工程长7.54公里；金桥立交桥是杨高路上的又一颗明珠，桥面面积和长度分别超过龙阳路和罗山路立交；延安东路隧道复线建成后，需要衔接隧道（浦东）出入口新辟浦东轴线，以尽快疏散越江车流，中央（轴线）大道（样板段）工程（今世纪大道）就此诞生。中央（轴线）大道（样板段）全长730米，宽80米，是当时上海设计最宽的城市道路，快车道44米，双向12车道，两侧各2米机非分隔带、5.5米非机动车道、5.5米人行道、5米绿化。同年12月26日，"五路一桥"工程竣工通车。

1994年，新区城建局组织编制了浦东新区道路、雨水和污水3个专业规划，为各开发区的市政规划提供了依据。

1995年，完成了以新建锦绣路（建设过程中曾名浦川路）、后滩道路拓建工程（北起后鲁线轮渡站，南至上钢三厂厂区内，全长335米）为标志的一批道路建设，新增道路33.41公里。

锦绣路南起川杨河，东至罗山路，全长7.9公里（其中滨州路连接道长580米），被列为1995年度上海市一号重点工程。工程总投资7.64亿元（其中前期动迁2.8亿元、公用管线1.5亿元）。1995年4月28日开工，12月23日竣工举行通车典礼。途经原六里乡、严桥乡、北蔡镇、花木乡、洋泾乡、金桥乡，沿线有原六里开发区、朋大世界、陆家嘴开发区的塘东、杨东小区，以及花木地区市政管理中心等。

截至1995年底，新区通车道路总长833.6公里，面积1,045.8万平方米，其中城市道路长314.24公里、公路长394.46公里。至1995年，居民跨越黄浦江方式包括：打浦路隧道、南浦大桥、延安东路隧道、杨浦大桥、过江轮渡等。

1996年是浦东开发以来市政工程在建项目最多的一年。新一轮市政设施建设以陆家嘴沿江地区和浦东国际机场地区两翼为重点全面展开。相继组织实施了"十路一桥"（其中"六路一桥"在年底竣工，其余次年竣工）、延安东路隧道复线（南线）二期工程（1996年竣工）以及国际机场市政配套一期工程（1997年竣工）。

1996年9月29日，上海市重大工程——浦东国际机场配套道路龙东大道、远东大道开工。远东大道工程北起龙东大道，南至沪南路，全长23.9公里，其中新区范围段（龙东大道向南至新区界河），长约14公里。远东大道按全立交、全封闭城市快速干道标准建造，设计车速80公里每小时，双向八车道，路幅宽80米（含中央分隔带），道路两侧各有20米绿化带。龙东大道（东段）工程西起规划中的申江路，东至远东大道，全长9.74公里，为城市快速干道，设计车速80公里每小时，双向六车道，路幅宽50米（含中央分隔带），道路两侧各有20米绿化带。远东大道和龙东大道于1997年12月18日竣工通车。

1996年11月12日，浦东国际机场市政配套动迁小区内的8条地方道路开工。"八路"工程分别为施湾地区的周祝延长线、顾江路、镇北路、施新路、红心路、六施路及江镇地区的卫东路、东环镇路。"八路"工程全长10.27公里，路宽24—40米不等，1997年12月竣工。

"十路一桥"是1996年浦东新区市政基础建设项目，其中"六路一桥"当年竣工，包括：东方路辟通工程（浦建路—东三里桥），全长1.4公里，实施路幅宽30米，属城市次干道，工程总投资4,000万元；栖霞路拓宽工程（浦东南路—东方路），全长900米，浦东南路—崂山西路段路幅宽24米，崂山西路—东方路段路幅宽20米，属城市支路，工程总投资8,162万元；上川路（王桥段）工程（暮紫桥—龙东大道）（现川沙路，创新路至龙东大道）南起已建成的上川路暮紫桥，北接当时在建的龙东大道，将川北公路和龙东大道贯通，全长1.74公里，实施路幅宽35米，属城市次干道，总投资6,026万元；上川路（顾路段）工程（金北四路—川南奉公路），全长5.46公里，其中3.44公里与规划巨峰路红线重合，2公里利用老上川路拓宽，实施路幅宽24米，属城市次干道，总投资8,792万元；航津路三期工程（外环运河桥及两岸接线），全长960米，实施宽度18米，属城市次干道，总投资800万元；金海路工程（金北四路—老上川路），全长3.75公里，实施路幅宽29米，属城市主干道，总投资7,772万元；张家浜三号桥工程，全长680米，桥面宽30米，总投资2,100万元。其他"四路"1997年竣工的包括：上南路改扩建工程（德州路—外环线），路幅宽35米局部32米，城市次干道；申江路工程（巨峰路—龙东大道），道路工程北起巨峰路，南接锦绣路（今锦绣东路），全长4.2公里，自锦绣路至龙东大道长2.3公里仅实施污水干管，道路属城市主干道，双向六快二慢，路幅宽50米，设计车速60公里每小时，总投资4.244亿元；外环线一期工程（徐浦大桥—杨高南路）自徐浦大桥收费口至杨高南路，全长5.45公里，规划红线100米，全线双向8车道，设计时速80公里每小时，包括杨高路立交桥、济阳路跨线桥、上南路跨线桥、西新港桥和护管桥等桥梁工程，与徐浦大桥同步建成，使得浦东通过外环线与浦西的联系更加便捷；浦城路一期辟建工程（东昌路—潍坊西路）全长1,200米，实施宽度20—24米，城市次干道，1997年3月开工，9月竣工，总投资约1.19亿元。

1997年4月开工的浦东大道拓宽改建工程自浦东南路至德平路，全长4.9公里，道路红线宽度50—55米，实施宽度31—50米，基本维持原道路总宽度，将"四快二慢"改建成"六快二慢"，以提高机动车辆通行能力。工程于同年10月完工，总投资约8,310万元。

1998年1月26日，世纪大道建设工程启动，2000年1月1日全线贯通，同年4月18日正式通车。

1998年5月23日，浦东国际机场南线快速干道工程（简称"南干线"）全线开工，1999年9月14日建成通车。南干线工程是为浦东国际机场道路配套的上海市重大工程，包括环南一大道（现S20一部分）、迎宾大道（现S1）、外环线杨高南路立交二期工程及迎宾大道远东大道立交二期工程，西接外环线一期（浦东段）杨高南路立交，沿环南一大道向东，经迎宾大道至迎宾立交接浦东国际机场主进场路，全长23.81公里（其中环南一大道段10.7公里，迎宾大道段9.5公里），红线宽100米，双向各16米快车道，是一条全封闭全立交的城市快速干道，总投资约20亿元。

1999年10月作为"聚焦张江"的重大配套工程的罗山路延长线正式开工，2000年12月全面竣工。罗山路延长线南起外环线环南一大道，北至龙东大道，与内环线相接，路线全长7.06公里，工程总投资6.1亿元，是上海城市道路网骨架"三环十射"的重要组成部分，又是浦东国际机场的主要疏散道路及大、小洋山集装箱枢纽港重要的陆路疏港的道路组成部分。红线宽80米，设计标准为城市快速路。罗山路延长线是张江高科技园区的主要进出通道。

2000年，申江路南段、浦明路（塘桥新路—浦电路）、南六公路（浦东段）、白杨路、祖冲之路、浦东南路等工程相继竣工，为浦东骨干路网进行完善和补充。申江路南段（龙东大道—云间路）位于当时的浦东新区中部，与已建成北段连接后贯穿金桥开发区，西南经龙东大道、远东大道直达浦东国际机场。工程全长2.26公里，红线宽度50米，设计时速60公里每小时，双向6车道，设张家浜及华漕达2座桥梁，总投资6,112万元，12月竣工通车。浦明路（塘桥新路—浦电路）全长643米，路宽35米，设计车速40公里每小时，5月29日开工，12月竣工通车。浦明路（东昌路—张杨路）工程全长897米，红线宽度35米，实施道路宽24米，投资1.23亿元，7月开工。南六公路（浦东段）及迎宾大道立交二期工程南起南六公路原南汇段终点，北至迎宾大道华东路立交南侧联络道，实施长度1.32公里，红线宽45米，实施30米，双向4车道，含匝道工程总投资3,565万元（包含动迁费），2月开工，6月竣工通车。白杨路工程北起花木路，南至龙阳路，全长917米，双向4车道，总投资2,090万元，12月竣工。祖冲之路（景明路—罗山路、科苑路—金科路、景明路—科苑路）为地铁2号线配套工程，按城市次干路标准建设，其中景明路至罗山路段长313米，科苑路至金科路段长978米，两个项目总投资6,483万元，6月开工，12月竣工通车；景明路至科苑路段全长900米，总投资4,475万元，10月竣工通车。浦东南路（浦东大道—龙阳路）改造工程全长3.44公里，北接延安东路隧道，南接南浦大桥，将双向4车道改建为双向6车道，总投资3,082万元，4月10日竣工通车。

至2000年，新区累计投入734亿元（占同期全社会固定资产投资总量的26.7%）用于城市基础设施建设，新增道路总长1,000公里。跨越黄浦江有南浦、杨浦2座大桥，打浦路、延安东路（复线）2条隧道，以及15个市轮渡口和1个车辆渡口。主要城市快速路为内环线浦东段，交通干道有东西向的龙东大道、张杨路、浦东大道、南干线（现

S20南段和S1)、锦绣路；南北向的有浦东南路、东方路、上川路（现川沙路）、杨高南路、远东大道、沪南公路、罗山路（南至南干线）、申江路、南六公路。城市次干道和支路也有相应的发展。这些道路构成了浦东新区现代化的道路交通网络。

"喜看今日路，胜读十年书。"从浦东路网的巨变之中，我们看到了一个新的浦东正在地平线上崛起……

（周富强　刘　朴）

"远东大道"荣获金奖的秘诀

"车子跳，上海到。"这曾经是早些年上海软土地基难以处理，高等级道路通车后，路基不均匀沉降的真实写照。

然而，这个难题被浦东城建人破解了！1997年12月18日竣工通车的浦东国际机场重大市政配套工程——远东大道克服了这一通病。因质量优良，该工程获得中国市政金杯示范工程奖，这在上海市政建设史上尚属首次。

那么，远东大道的建设者们是如何攻克上海道路建设的顽症呢？本文回顾总结当年远东大道建设中的一些技术创新和管理创新，寻找出了答案……

当年，那里还是一片农田和水草茂盛的地方，几只野鸟不时发出悠扬的歌声，那是它们的家园。远东大道位于东海之滨的河网地区，属于上海郊环的东段。工程于1996年9月28日开工，是浦东国际机场市政配套工程。实施范围北起龙东大道，南至当时的浦东新区界河，全长13.48公里。包括2座立交桥、3座跨河桥和一个地道，路幅宽100米，双向8车道，按城市快速干道标准设计，设计车速80公里每小时。

为保障浦东国际机场1997年底运行，远东大道工期只有一年多一点。作为浦东新区成立以来投资规模最大的市政重点工程，远东大道也是上海市东大门的"门户工程"和浦东滨海发展带的主要通道。对此，

难忘的浦东城建岁月

上海市和浦东新区领导都明确要求：要把远东大道建设成为上海最好的道路。

这副重担落在浦东城建人的肩上，该工程建设管理单位为浦东新区公路建设管理署。浦东新区城建局特地在局系统抽调了一批学历高、专业性强的青年干部充实项目管理力量，并于1996年下半年成立了机场市政配套工程远东大道指挥部。

远东大道位于滨海湿软地带，沿线地质条件差，属过湿路基。全线跨越纵横河浜125条和若干个暗浜，平均不到100米就有一条浜，处理不当会引起不均匀工后沉降。建设一般的道路都很难，更不要说一流的快速干道了。

明知山有虎，偏向虎山行。面对工期紧、质量要求高、难度如此大的道路建设工程，所有参建者都感到前所未有的压力。总指挥庄少勤博士更是直言：自己遇到了一个比攻读博士学位更难的大课题。

"要创新，只有创新才有出路！""知彼知己，方能百战不殆。"解决技术难题，抓技术创新，首先必须有的放矢。在上级领导和有关方面的重视、支持下，指挥部采取"走出去，请进来"的办法，近到苏州、南京，远到广州、厦门，指挥部科研小组多次组织赴国内最好的道路建设工程进行实地考察。邀请国内道桥界知名专家到现场进行新技术、新工艺、新材料的研讨。聘请同济大学姚祖康教授、林绣贤研究员，苏州交通局总工程师吕锡坤等行内顶尖专家为工程技术顾问。还学习研究国内外相关的先进技术和管理经验，对远东大道建设的特点、难点和重点进行深入分析，找出影响工程质量和进度的关键技术难题。在此基础上申报"远东大道道路工程实用技术应用研究"课题，分专题组织力量开展技术攻关。

——路基处理攻关。在路基处理阶段遇到两大困难：一是原地面清除耕植土后标高与路基设计标高相符，属零填过湿路基，小型压路机都无法碾压；二是河浜多的问题，传统老办法不仅花费时间长，而且工后沉降会比较大，严重影响道路长期质量。经过反复研究、讨论、实验，在路基工程施工中采用开设纵横明沟和盲沟、土工布包裹石灰粉煤灰回填沟浜、磨细生石灰处理土路基等一系列技术措施，解决上述问题。

其中，路基土掺灰处理后能够满足路基强度要求。相对于上海多雨潮湿地区，在北方曾作为道路基层或底基层的石灰土施工，之前用得较少，生石灰处理过湿路基就更少。通过本工程实践证明，用生石灰处理土路基，在上海地区是适用的。远东大道石灰土路基上路床厚度为20厘米，后来上海市城市道路路基处理均沿用了此方法，即增设石灰土上路床提高路基强度，上路床厚度和石灰掺配比例根据道路等级不同略有调整，极大提高了城市道路路基的稳定性和道路整体的耐久性。

——三渣基层混合料和黏结层工艺提升。以往浦东乃至上海地区采用的二灰碎石（俗称"三渣"）材料组成中，一是二灰含量偏高，有40%左右，二是集料粒径偏大，可达50—80毫米，在拌和工艺中含水量又往往偏大，施工时调浆碾压。这样对成型后的三渣基层带来的问题主要有：（1）干缩裂缝较多，（2）平整度较差，（3）表层二灰偏多，无法用透层油进行养生，从而影响与面层结合。

在建设者的创新下，本工程首先对三渣混合料的配比组成进行了优化，对集料最大粒径、5毫米以下细集料和二灰含量总和进行了控制，以提高平整度和减少横向干缩裂缝产生。

其次在三渣基层的养生方面注意基层竣工即用塑料薄膜全幅覆盖，养生数天待表层稍干基本发白后，即喷洒透层油。在透层油上设置了1毫米的下封层防水并增加黏结性。

上述措施在浦东新区乃至上海市工程施工中均属首次，很多技术至今延续应用在高等级道路中。

——排水基层工艺初探。远东大道工程也开展了一些新材料的研究。比如在东西半幅各铺筑约100米左右的水泥稳定碎石基层和沥青稳定碎石基层试验路，均设置在沥青下面层和三渣基层之间，对沥青路面内部排水体系应用进行了初步探索。后续的南干线工程和罗山路延长线工程对排水沥青基层实施了进一步研究和应用，后来的城市道路维修快速施工中ATB基层（沥青稳定碎石基层）正是起源于远东大道的研究。

——景观绿化前瞻设计。远东大道的建设，特别是景观绿化建设，是通向国际机场的最主要景观，会给四海宾客留下深刻印象，犹如一张面孔对于每个人的重要性。假设你站在1996年的长江入海口附近观望，当时即将诞生的上海浦东国际机场，和与之相连的通往国际机场的主干道远东大道，前者像是一只巨鸟，后者就是巨大的绿色羽翼。

远东大道的指挥者，会同四方能手、八方专家，经过无数个日日夜夜、无数次讨论，反复斟酌，确定了如下设计思想：

（1）整体性。远东大道全线要有一个贯穿始终的主题。再根据各段所处的不同地理环境，因地制宜进行构思，使道路全线绿化景观风格统一。

（2）舒适性。参照高速公路绿化规划的要求，交通环境均为一种快速的动态景观，远东大道以延长色块与花带的长度来增加视觉的延续性，减少跳跃感，为人们提供一个舒适的行车环境。

（3）简洁性。设计风格宜简洁大方，构图流畅明快，要有整体感和概括性，体现大的绿化空间概念和色彩对比，使设计具有现代感。

（4）粗犷性。考虑到快速干道的具体情况以及今后植物的养护管理，在设计中追求粗犷的风格，树种的选择以上海的乡土树种为主，选择生长迅速、成形快、抗逆性强、成本低、管理粗放的品种。

根据设计思想，经专家商议，新区园林协会和各级领导审定，设计单位最后落实、制定出粗略的实施方案：

两侧绿带以水杉作为贯穿全线的骨架树种，或以意杨、香樟为背景，再混种少量池杉以增加变化，体现一种林带的特色。

中景及前景灌木则以常绿和落叶树种相交替，如女贞、合欢、棕榈、刺槐、夹竹桃、紫荆、桂花、红叶李、石楠、石榴等，使色块、品种变化长度均在200米以上，整个绿化景观借助地形起伏，有韵律地高低错落，有疏有密呈流线型种植，给人以美的享受，使来往过客的视觉得到良好的调剂，同时一年皆有景可观。

蓝图里的远东大道，春天有紫荆、迎春，夏日有夹竹桃、紫薇，秋天有桂花、木芙蓉，冬有结香、蜡梅。前景除灌木外，以常绿或开花地被替代惯用的大面积草坪，前景的厚度增加，色彩丰富，更富有野趣。

远东大道前瞻性的绿化设计为后来浦东新区绿化"高大、浓密、粗犷、厚实、多彩"的设计方针提供了雏形，浦东新区的绿化工程设计和施工水平从此迈上了新台阶。

远东大道如期保质保量竣工的另一个法宝就是管理创新。科技如何更快更好地转化为生产力，要靠高效的管理，靠管理上的创新。

远东大道就像二十几路建设大军大会战的战场。全线20个标段，来自四面八方的施工单位有20多个，有4,000多名建设者。作业人员80%是外地民工，队伍素质参差不齐。这就必须依靠高效管理，把每支队伍、每个人的智慧和力量都集中起来，充分发挥参建者的积极性、创造性，并在这一过程中提高建设者的素质。

党建是工程建设的保证。将支部建在工地上，在各标段开展了以"让党旗在'远东人'闪光"为主题的立功竞赛活动，掀起了工程建设的高潮。

在党建活动和立功竞赛带动下，管理创新扎扎实实地开展起来。

职工夜校办起来了，遍及每一个标段，每一个角落。在指挥部请来的老师们深入浅出的讲解下，4,000多名年轻的建设者学理论、学技术、学本领，掀起了渴求知识的热潮。每个人都深切地感到自己的命运与远东大道紧密联系在一起，与工程一同进步，一起成长。

"试验先行，样板引路，规范工艺，控制过程"，这是远东大道建设者总结出来并为以后浦东重大工程建设者所遵循的质量管理方针。在远东大道每一道工序施工前，都要先进行试验段施工，经过反复试验，认为切实可行时，由指挥部将施工工艺、程序和技术标准汇编成册，组织各施工单位进行技术交底，最后全面铺开，保证施工质量。在每一项新工艺实施前，指挥部又选择有条件的标段进行新工艺样板段示范，并挂牌施工接受指挥部和监理的检查，推广到全线后，再要求各标段划定区域做试验段尝试，从而保证了新工艺的运用。

上述技术创新和管理创新，使得施工质量和工期均得到了保证。画龙点睛的景观绿化进一步提升了项目品质，使得项目最终水到渠成荣获"中国市政工程金杯奖"。

远东大道工程实现了"筑一流道路、出一流思想、育一流人才、出一流成果"的目标。1998年成立的专业化建设项目管理单位——上海浦东工程建设管理有限公司，其所确立的企业目标"建一流工程，树一流形象，创一流管理，塑一流队伍！"正是对远东大道建设理念的升华和延续。

这些正是远东大道荣获金奖的秘诀所在，远东大道之后，在浦东城建人的手下，编织着更多的光荣和梦想……

（刘　朴　周富强）

共同沟，从浦东延伸……

共同沟，超前的构想，共同沟，被誉为"地下的百年基业"。

所谓"共同沟"，也叫综合管廊，是指设置于道路下，用于容纳两种以上公用设施管线的构造物及其附属设备。沟内可容纳电力电缆、通信电缆（光缆）、给水管线、燃气管线、供热、排水（雨、污水）、电车电缆及一些特殊管线。

共同沟可分为干线型共同沟、配线型共同沟、电缆型共同沟和混合型共同沟四种。世界第一条共同沟出现在1833年的巴黎。之后英国、德国、西班牙、匈牙利、瑞典、挪威、美国、日本都相继建设。尤其是日本，大有后来居上之势，已成为当今世界共同沟技术发展最快最完善的国家之一。自1926年以来，日本已累计建造了共同沟270公里左右。

我国的共同沟建设起步较晚。1958年，北京建成了国内第一条1.3公里的共同沟。以后，大同市、天津市、平顶山市相继进行了共同沟的建设。但从建设的情况来看，北京的三处共同沟，基本上都是短距离，以敷设供热管为主，其中容纳了大量其他管线。大同市、天津市主要在道路交叉口建设。由于共同沟建设费用偏高，管理运行难度大，以至于20世纪90年代国内共同沟建设处于停顿状态。像张杨路这样在城市化地区繁忙的交通干道下长距离敷设7公里配线型共同沟在当时国内尚属首次。

早在1981年，后来的张杨路共同沟设计负责人——上海市城市建

难忘的浦东城建岁月

设设计院高级工程师程慧伊，在参与起草建设部《城市道路设计规范》时，就历史性地把"综合管道"（当时我国把共同沟称为"综合管道"）写进了第十六章第一节第三条。1989年，同济大学副教授束昱赴日本开展"中日城市地下空间比较研究"，开始把目光瞄向了共同沟，他有目的地系统考察了神户、大阪、横滨、东京等10多条共同沟，走访共同沟方面的日本专家，积累了较丰富的技术资料。

1990年浦东开发开放伊始，在浦东新区总体规划中提出管线综合要集约和渠化，设集中管线用地、管线走廊和管线共同沟。为此，在束昱等人的倡导下，上海市科委1991年9月组织7个单位开展以"上海市浦东新区城市综合管道可行性研究"为课题的科技攻关，程慧伊担任负责人，束昱等人为课题组中坚力量。

1993年新区管委会成立后，大力支持该课题的推进。经过有关领导、专家的反复研究与论证，1994年1月正式决定在张杨路工程段建设共同沟。当时认为，张杨路西段是新区未来的"南京路"，并穿越竹园商业中心，沿线八佰伴、新世纪商厦等一批现代化的商业大楼正在崛起，为了保证商业街的繁华，在此特别适合建设共同沟，使道路免受经常"开膛破肚"之苦。

张杨路共同沟工程一上马，程慧伊即被委任为设计负责人，束昱承担结构设计。两人成为我国共同沟事业的第一批开创者和推行者。由于当时是国内首创，张杨路共同沟因此被称为"中华大陆第一沟"。

那是个浦东开发开放的火红年代，新区内市政基础设施重大工程建设高潮一浪高过一浪。1993年"七路会战"（滨州路、源深路、龙东路、上川路、汾河路、东徐路、同高路）拉开新区重大工程建设序幕，第二年开工并建成的"五路一桥"（张杨路扩建、沪南公路扩建、同高路二期、延安东路隧道浦东段配套、世纪大道样板段和金桥路立交桥），为沿线重点开发区提供了市政交通配套，促进了新区骨干路网的完善。

然而，管线之殇也深深地刺疼着浦东建设者的心。

这是因为市政道路除发挥其主要的交通功能外，同时还是煤气、自来水、电力、邮电通信等公用管线的载体。传统的道路建设一般是根据规划部门提供的管位，由管线部门在路面下直埋管线或者用架空杆线的方式解决。但直埋管线往往因规划不足、管线维修而反复开挖路面施工，影响道路交通；架空杆线则有碍市容美观，甚至影响人行道通行。张杨路共同沟建设正是探索解决公用管线建设难题迈出的第一步。

都说第一个吃螃蟹的人是最勇敢的。其实，除了胆量，还有其眼光。共同沟的建设，可以统筹各类市政管线规划、建设和管理，解决因规划不足、管线维修而反复开挖路面等问题，有利于保障城市安全、完善城市功能、美化城市景观、促进城市集约高效发展。浦东建设者看到了共同沟的未来……

如何将构想变成蓝图？

他山之石，可以攻玉。1994年3月，浦东新区城建局组织了11人的共同沟技术考察团，由城建局分管领导任团长带队东渡日本取经。考察团一行一到日本，就马不停蹄地奔走在大大小小的建设工地，与日本的"马路"交上了朋友。他们对东京、大阪、横滨、神户等城市不同类型及规模的共同沟进行了详细的考察，获得了有益的启示。

共同沟在人们的头脑中开始丰富起来。通过考察，共同沟已像电影画面一样深深地印在了大家脑海中。差距、目标、动力……一个个兴奋因子活跃起来，一个个闪亮的思想跳出脑际。共同沟是浦东开发建设现代化新城区应该采用的技术；共同沟是市政公用设施建设上的一次革命。东渡考察者带着"满腹经纶"回到申城，回到了浦东新区那一片热土。

当时的张杨路扩建工程，西起浦东南路，东至上川路（该路1994年6月更名为金桥路，沿用至今），全长7.04公里，设计车速40公里

每小时。路幅宽 42—60 米，中央分隔带宽度为 20 米（预留轨道交通工程用地）。作为未来浦东"南京路"的张杨路，它的建设正在与国际接轨。浦东新区管委会把张杨路工程列为新区 1994 年的头号重点工程，上海市政府把张杨路工程列入了市 45 项重大工程之中。

张杨路的建设，引起了世人的瞩目。经各方反复对比、选择、优化，张杨路共同沟的建设方案终于形成。张杨路共同沟采用配线型方案，分别建于道路两侧人行道下，从浦东南路到上川路，全长 11.125 公里，平均离地面 1.8 米左右。其中从浦东南路到源深路段 1.78 公里内，南北路幅下各实施一个双孔共同沟，其尺寸分别为宽 5.9 米、高 2.6 米和宽 5.6 米、高 2.6 米的共同沟，由于煤气管防泄漏安全的需要，在共同沟内分隔一个小室用于安置煤气管道。从源深路到上川路全长 5.26 公里，实施单孔共同沟，暂不放置煤气管，标准为宽 3.7 米、高 2.6 米。

南北共同沟分别将敷设 3.5 万伏的电力电缆 8 根，通信电缆 18 孔。考虑到雨污水管道的重量与管径等因素，从节省造价、缩短工期的角度出发，仍旧将其直埋于张杨路机动车道下。整个共同沟采用开挖后现浇钢筋混凝土的施工方法。结构工程量大，整条共同沟需浇筑混凝土 4 万立方米左右，整个共同沟内部空间容积近 14 万立方米。同时，共同沟内设置自然通风口、机械通风口、排水坑、接缝、外侧防水、人行步道及排水、给水、换气、照明、供配电及防灾安全设备等。

众人浇开"幸福花"。如果把共同沟比作一朵美丽的鲜花，那它是几千名建设者心血、汗水共同浇灌的结果。

和大多数城市建设项目一样，张杨路共同沟工程遇到的第一个难题也是动拆迁。1994 年 1 月 24 日，浦东新区 1993 年道路建设立功竞赛暨 1994 年道路建设重点工程动员大会上，新区城建局分管领导代表浦东道路建设总指挥部与花木、金桥、洋泾、严桥、北蔡等 5 个乡镇签订了动拆迁协议书，为工程动拆迁工作立下军令状。

动迁矛盾、劳力安置、房源安排，牵涉居民和乡镇企业利益。动拆迁问题不解决，工程无法顺利推进。整个"五路一桥"工程，居民动迁量超过2,000户，各类动迁量达25万平方米。为解决动迁难而组建的浦东新区城市综合开发中心想得远、抓得早，1993年底就开始"五路一桥"工程动迁房的摸底，通过联建、参建等多种方式落实动迁房源。总指挥部前期部动迁组成员更是坚信：多做解释，消除障碍，以真诚化解矛盾，以道理换取理解，必将夺取动拆迁工作的胜利。他们深入工程沿线，向单位和居民做细致的思想工作，讲市政建设的重要意义，讲浦东开发的大好形势，讲动拆迁的有关政策以及设身处地帮助他们解决实际困难。大多数居民深受感动，顾全大局，行动迅速。少数暂时不理解的居民和企业在动迁组成员不厌其烦的循循善诱、耐心说服下，也慢慢从疑虑变为理解，从抵触变为支持。

施工队伍也通过自己的便民行动取得周边居民的理解。文明施工也是取得居民支持动拆迁工作的重要法宝。源深路至上川路之间原来无路，施工单位投资500万元修建了5公里长的便道。施工沿线原来缺乏排水设施，有的因施工影响了排水，有的因其他工程出现了积水，不管哪种原因，施工队一律包揽下来，为民解忧，居民称他们为"文明之师"。

张杨路地处软土层区域，共同沟的施工采用明挖浅埋形式，覆土仅1.8米。地基采用深层搅拌法予以加固，同时因该地块潜水位埋深仅1米左右，地下水受临江潮汐的影响，散布有亚砂土充填的暗浜，且地震强度达7度时，可产生严重的液化，强度降低到0，因而需要通过一系列抗浮、抗震等验算和主体结构与特殊部位结构的设计。管线放置方案也是多次召集权属单位开研讨会反复论证确定，双孔断面形式包括电力室与燃气室，单孔形式仅有电力室。考虑到电力电缆对通信电缆支架的

干扰影响,在电力室两边墙上分别设置电力与通信电缆支架,在电力室的中央敷设给水管道。

为方便沿线用户,共同沟内每隔一定距离都设有一定数量的预留支接管。共同沟内配套设施主要有通风、排水、照明、火灾检测报警、通信广播等九大系统,各类系统均通过两级计算机网络与中央控制中心(包括分控中心)相连,把沟内各类信息、数据及图像汇总到控制室,控制室可对沟内各类设备实施自动化控制。

虽然张杨路工程工期紧,但从城建局领导到指挥部上下大家都感到并不能因为工期紧就可以放松质量要求,百年大计,质量第一,工期紧反而激发起大家迎难而上的斗志。作为上海市和浦东新区的重大工程,必须要在工程进度、质量、安全和文明施工等方面达到一流的水平。

张杨路工程建设指挥部是一个英雄群体,任何困难都难不倒他们。新区城市道路建设管理署总经济师、张杨路工程建设指挥部常务副指挥,时年55岁的陆明康,人称"老法师",是指挥部的顶梁柱。日本同行说,在日本,这样的工程要5年才能完成。按我国的常规工期,至少也要2年多。而现在的工期只有9个多月,怎么办?采取大兵团作战,全长7.04公里的工程,由25家施工单位联合作战,每个标段300米长。人多,固然速度加快,但也给指挥、协调增加了难度。不说别的,光就标高来说,相邻标段必须能衔接上,误差严格控制在规范许可的范围内,否则,就会成为施工质量事故。为了保证施工进度和施工质量,陆明康亲自设计了共同沟交底卡和道路交底卡,要求各施工队严格按此执行。实践证明,两张交底卡发挥了重要作用。"陆大师"用心良苦的独创,得到了施工单位和同行们的一致好评。工程穿过中心城区施工,指挥部要求各施工单位做好文明施工,平时注意加强同周边居民的沟通,做好节日慰问和项目宣传。

浇筑砼需要连续作业,不可避免存在夜间施工,由于宣传到位,周边居民非常理解和支持，未发生阻挠施工的现象。共同沟节段间的防水联结非常重要。指挥部开展了样板观摩，下发了作业指导书，从原材料的选择、施工工艺控制、质量检查要点等方面对防水施工做了详细剖析。崂山东路路口原是暗浜，设计数据没反映出来，施工时，造成树根桩整体移位。上面有3.5万伏电缆5根，要搬迁最快也要半个月时间，施工单位紧急调集精兵强将，在不搬电缆的条件下，5天内夜以继日施工，完成地基处理和两节共同沟浇捣。

对工程质量一丝不苟、精益求精，不符合要求时，坚决要求推倒重来，这是陆明康的风格。某施工队承建的15标段，因违反操作规程，造成共同沟外移20厘米，问题严重。陆明康知道后，要他们向里推到原位。后来在"陆大师"指导下用4只卧式千斤顶，将共同沟顶回到设计位置。

1994年11月16日晚7时，城建局领导率总指挥部各部室，局各处、室领导来到张杨路工程建设指挥部。指挥部墙上一块"离最后竣工日期还有35天"的白底黑字的标语牌十分引人注目。每个人都有一种到了火线的感觉。指挥部灯火通明，大家都在紧张工作，为如期完成张杨路工程而作最后的冲刺。局领导向日夜奋战在工程第一线的各位指挥赠送了羽绒衫，以便他们在寒冷的冬夜御寒。随后局领导说："张杨路工程建设者克服了一个又一个困难，你们在创造奇迹，创造辉煌。指挥部的几十位同志和工人们一起夜以继日地战斗在张杨路，同志们打出了新区城建队伍的威风，为新区城建队伍争了光。能参加中国第一条大规模共同沟工程建设是无上光荣、无比自豪的！""正是这种光荣感和自豪感，使我们攻克了一个又一个难关，创造了一个又一个奇迹……全局上下众志成城，12月25日前一定要全部、干净、彻底地拿下张杨路工程，迎接上海新一轮三年大变样的战斗……"局领导发自肺腑的讲话，表达了对浦东建设者的感激之情，也反映了新区人民对张杨路工程的殷切希望，激励着广大建设者顽强拼搏直至顺利完成任务。

　　这是浦东开发开放历史中难以忘却的一天。1994年12月24日上午，上海市主要领导专程来到浦东视察刚竣工的"五路一桥"，并在张杨路现场表达了对张杨路的绿化、共同沟建设十分满意。他要求新闻界很好地报道"五路一桥"建设，要反映浦东速度、浦东精神，反映广大建设者的精神风貌。

　　"中华大陆第一沟"展现在浦东大地上，一条"地下长龙"延伸着，连接着浦东美好的明天……

（潘阿虎　刘　朴　周富强）

引以为豪的浦东第一大道

——"世纪大道"的规划与设计特点

"出了世纪大道地铁口,姜顺心将口罩拉下脸,嗅到属于春天的、湿润润的空气,几株不高的樱花树伫在那里,张开树枝迎接她。绿叶才刚刚萌出,前一晚的小雨加深了树干的烟黑,也催发了更多白色的花朵,挤挤挨挨覆满枝条。上班族们停下脚步,手机快速对准樱花树的枝丫和背后陆家嘴的摩天大楼。"这是网上文学作品里的世纪大道一瞥。

在那些浦东城建人的心目中,世纪大道又是怎样的印象和地位呢?那就是值得引以为豪的浦东第一大道!

世纪大道(曾用名中央大道、轴线大道)西起"东方明珠"塔下的陆家嘴环岛,东至世纪公园(曾用名中央公园)"东方之光"大型雕塑,是我国第一条城市中心地段的大型景观道路。1994年作为"五路一桥"项目之一的中央(轴线)大道(样板段)当年开工当年竣工。1999年实施剩余路段扩建工程,并对已竣工段进行了景观完善,2000年4月18日正式通车。

在世人的眼里,世纪大道被誉为"东方的香榭丽舍大街",也有称之为"21世纪新上海都市风情街"。她以其新颖独特的设计理念和耳目一新的容貌,展现了新区建设者的智慧和手笔。

20世纪90年代初,在陆家嘴金融贸易区核心地段的小陆家嘴地块,一批重点工程项目相继建成。其中最引人注目的有:上海东方明珠广播电视塔于1993年12月16日封顶,1994年5月1日天线杆安装完成，1995年5月1日正式开播。1994年延安东路隧道北线建成。同年，延安东路隧道复线（南线）开工建设。

为延安东路隧道衔接（浦东）出入口，需要新辟浦东"轴线大道"，以尽快疏散越江车流。由此，中央（轴线）大道（样板段）工程正式诞生。1994年实施的中央（轴线）大道（样板段）全长730米，宽80米，是当时上海设计最宽的城市道路，快车道44米，双向12车道，两侧各2米机非分隔带、5.5米非机动车道、5.5米人行道、5米绿化带。中央（轴线）大道（样板段）工程，当年12月竣工。

早在浦东开发初期，上海市的一些规划专家就提出连接新上海商业城、竹园商贸区、经济文化中心、中央公园的开发意向轴线。因为这是一条西北东南斜向的道路，类似地球仪上的轴，所以当时俗称为"轴线大道"。后来又因为其路幅宽、气势大的突出特点改称"中央大道"。1997年，根据这条大道的通车时间、功能、意义正式定名为"世纪大道"。世纪大道是浦东陆家嘴金融贸易区连接花木市政中心的重要发展轴线，也是虹桥机场至外滩东西贯通轴在浦东新区的延伸。

1995年世纪大道续建工程，作为（浦）东片市政交通建设联动项目，纳入上海市"九五"计划实施项目。1997年5月1日，"中央公园"一期工程20公顷田园景区对外试开放。1998年3月中旬至6月下旬，世纪大道建设单位——上海陆家嘴（集团）有限公司，在上海市政设计院完成的《世纪大道道路工程扩初设计以及景观设计初步设想》的基础上，对世纪大道景观设计开展了国际咨询。经评议，法国夏氏—德方斯公司的方案以其断面非对称性布置，气势宏大，有强烈的园林景观效果，鲜明的区域道路特征，在所有方案中脱颖而出。

1998年11月，法方完成景观方案的扩初设计。

其设计特色主要表现在：

1. 道路的非对称布置。道路横断面大胆采用了非对称布置。总宽

100米，中间31米是双向8车道，北侧人行道44.5米（包括一条6米的辅车道），南侧人行道24.5米（包括一条6米的辅车道），道路的中心线向南偏移了10米。是为了解决对称方案中东方路、张杨路与世纪大道不交会的矛盾，以及南重北轻、南北车流量不平衡的问题。

2. 给园林景观创作更多的自由度。世纪大道是国内第一条绿化和人行道比车行道宽的城市景观大道。法方设计较好地解决了人、交通、建筑三位一体的综合关系，为园林景观设计提供了丰富的空间。南侧人行道布置了两排香樟行道树，特别宽的北侧44.5米人行道布置了4排行道树，常绿的香樟在外侧，沿街的内侧则是落叶乔木——银杏，起到了夏遮冬透的树种效果。北侧全线安排了8个180米长、20米宽的"中华植物园"，分别取名为柳园、水杉园、樱桃园、紫薇园、玉兰园、茶花园、紫荆园、栾树园，主题突出，各具特色。

3. 露天城市雕塑展示街。道路沿途还设置了以时间为主题的雕塑和艺术作品，景致独特，文化韵味深厚。主要的大型雕塑作品有：（1）位于"世纪大道"与崂山西路交叉口的"世纪辰光"。它以中国古代计时器"沙漏"为原型，9根高低不一的不锈钢镶玻璃立柱沙漏，呈抛物线分布，构成行星轨迹。（2）位于世纪大道杨高路交会处开阔环岛上的巨大雕塑——"东方之光"。它背靠世纪广场，采用不锈钢钢网结构模仿我国古代计时工具——日晷针，令人联想到遥远的历史。（3）以"金、木、水、火、土"五个甲骨文字造型为基本设计元素的"五行"雕塑。"五行"是"中华植物园"中紫薇园的组雕。"金"取三角形，呈塔形立于中央；"木"由立方体作大胆切割而成；"火"取火苗形，以上三者皆为铸铜材质；"水"用不锈钢做出流畅的象形文字水形曲线；"土"则取材于自然山石切凿而成。

4. 节日气氛的夜景效果。"世纪辰光"时间塔的垂直塔身可安置闪烁的灯光，并有一圈圈平行光环，顶部有激光照射天空。

"中华植物园"的树木下配置了各式各样的园林灯具，俯瞰下去植物园宛若8颗镶嵌在世纪大道上的夜明珠。

车道、人行道和两侧建筑间配置了各种尺寸和用途的灯具，为街区夜晚漫步游览、观光购物的行人提供了独特体验。

全新的世纪大道工程在1999年9月开工，当年12月31日主车道实现试通车。2000年4月18日浦东开发开放10周年之际世纪大道正式通车。至此，这条西起延安东路隧道浦东出口处，东至浦东新区行政文化中心，全长约5公里，路宽100米，连接陆家嘴金融中心、竹园商贸区和行政文化中心的世界上独一无二的不对称城市大型景观道路正式投入运营。

世纪大道的建设不仅对浦东功能开发和形态建设有重大影响和作用，还是世纪之交上海城市建设的标志性景观。随着沿线商业、文化、旅游、休闲设施的逐步完善，其重要意义也进一步得以显现。

世纪大道这条"东方的香榭丽舍大道"，始于黄浦江畔璀璨的"东方明珠"，在"东方之光"映照下，象征着浦东大地在新世纪新的征程中持续不断地新突破和新发展。

然而，它在浦东城建人的心目中永远是挥之不去的"浦东第一大道"……

（周富强　刘　朴）

率先走改革之路

——浦东道路综合养护市场化改革

浦东之路，源自这些城建人的足下……

改革开放之前，浦东地区只有几条沿黄浦江走向的城市主干道路，比如浦东大道、浦东南路等。当时浦东广袤的土地上，只有川沙县城、高桥镇以及陆家嘴周边才有一些城道路网，其余的都是乡村公路。

1992年，杨高路拓宽工程作为当年上海市的"一号工程"，拉开了浦东市政建设热潮的序幕。1993年浦东新区成立后，"七路"和"五路一桥"，以及随后的远东大道、龙东大道等浦东国际机场市政配套工程的实施，使浦东的道路设施拥有量激增，高等级道路的占比不断增加，现代化的道路设施客观上需要与之相匹配的道路养护。

路，就是这样在浦东城建人的脚下，一步一步地延伸出来，逶迤而去……

然而，开创的路，是需要精心维护的，是需要浦东城建人日复一日、年复一年去精心养护和管理的。这样，才能成为浦东开发开放大业的"基础之路"！

浦东开发初期的市政设施管养模式，如同全国其他地方一样，道路养护也是在传统计划经济体制下，由新区市政、园林、环卫等事业单位的下属部门负责实施。这种分工明确、各司其职、体内循环的养护模式有其历史合理性。然而，在市政、园林、环卫这些靠政府财政拨款，再由"类政府"性质的事业单位自行实施的管理架构中，严重缺乏激励机

 难忘的浦东城建岁月

制。"养人"现象突出，管理人员偏多，操作层人员偏少。政府有限的养护经费使用效率不高，人头费占比大。部分职工"等、靠、要"的思想严重，总认为自己端的是"铁饭碗"，工作积极性不高。市政养护领域普遍存在着行业垄断与地域封锁状况，没有竞争氛围。部门之间相互扯皮现象时有发生，如环卫部门状告市政部门下水道不畅、污水漫流影响道路保洁，而市政部门则称环卫部门清扫的垃圾堵塞下水道，类似相互推诿扯皮状况，裁决也相当困难。对这种体制弊端，长期在新区城建部门工作的同志都深有体会，养护作业一线的职工感受更甚。其实，市政、绿化、环卫都服务于同一条路上，但由于各自为政，管理上的冲突在所难免。总之，行业垄断、管理割据、效率低下，与浦东改革开放所需要的现代化市政基础设施管理严重不相适应。

怎么办？"唯有改革，才能走出困境，才能走出新路！"浦东城建人着手市政管理体制改革，勇于探索出一条新路来。

随着浦东新区市政道路大规模的现代化建设如火如荼地展开，浦东新区城建局领导敏锐地意识到浦东城市道路建设与管理体制已不能适应现代化城市建设和管理的要求，必须进行改革。从当时的情况看，城建局市政口属下有三个事业单位，分别为公路建设管理署、城市道路管理署、排水管理署（1996年，城市道路管理署和排水管理署合并，成立市政建设管理署）。当时的体制是建、管、养并举，各署既是市政设施的建设者，又是这些设施的管理、养护者，人们称之为：既是运动员，又是裁判员。这种体制下高度封闭，缺乏有效的制约和监督。

于是，他们勇当改革的排头兵，改革的第一步就是建管分开。为了推进未来浦东新区道路等市政设施的大规模建设和集约化管理，1998年初，新区城建局将市政建设管理署、公路建设管理署的建设职能剥离出来，组建了"浦东工程建设管理有限公司"，成为承担浦东新区市政等城市基础设施工程建设的专业化管理公司（即后来所称

的代建公司）。剥离后的市政署、管路署则专职于市政设施的管理和养护。

第一步改革实施后，极大地推动了新区大规模市政设施建设。但市政设施行政管理和养护作业仍然混在一起，市政建设和市政管养两条腿必须齐头并进，不能跛足。为此，新区城建局又推动了市政领域的第二步改革，即市政管养分离改革，进一步引发市政养护运行机制的市场化改革。

一花引来百花开。1997—1998年，浦东新区城建局审时度势，启动了浦东新区市政、园林、环卫等事业管理单位的体制改革。改革的目标是市政设施管养分离和市政设施管理由"条"向"块"转变。当时的浦东新区市政管理署、园林管理署和环卫管理署通过"事改企"分流，从事市政设施养护的干部和员工，从原事业单位分流出来进入新组建的养护企业。与此同时，新区城建局将原来以条线划分的市政、园林、环卫管理署，按区块重新划分，设立了陆家嘴、金桥、花木、周家渡、三林等5个集市政、园林、环卫管理为一体的城市管理署。浦东城市道路综合管理格局的建立，有力地促进了浦东城市道路综合养护市场的形成。浦东城建人走出了自己的改革之路，这种敢为天下先的精神和气魄，引发了全社会广泛而热烈的呼应。

市政管理体制改革完成后，市政道路养护市场化改革随即呼之欲出。改革方案经认真研究、反复论证，并多次听取被改革单位干部群众意见后，报新区城建局党组研究确定。方案的要点分为三个方面：第一，结合市政、园林、环卫等事业管理单位的"事改企"管养分流，组建、培育一批市场化养护企业主体，组建了天佑、金桥、东外滩、东宝、浦林等养护公司，初步形成浦东市政道路养护市场的主体。第二，打破体制内循环，引进竞争机制，改革养护工程的委托方式，采用市场化招标发包。新组建的养护企业必须参与投标才能获取养护工

难忘的浦东城建岁月

程。第三，结合市政、园林、环卫等行政管理"条变块"改革，设计市政道路综合养护工程招标方案，并以此为导向，全力培育综合养护市场主体。

改革的路，并非一蹴而就，尤其是涉及城建人自己的利益，自我打破"铁饭碗"，到市场上去竞争去发展，这就需要一整套改革"综合工程"来配套。

当时的"事改企"分流确实不容易。改革就是要变革人们的传统观念，改原来事业单位的"铁饭碗"为市场化企业的"泥饭碗"。组建企业首先要选择优秀的经营者，城建局党组经过集体研究，对当时愿意"下海"的干部进行综合考评，确定了企业的领导班子。其次，进行员工分流，这一步更为艰难。通过艰苦细致的思想政治工作，使原来事业单位分流出的员工感觉到：虽然拿到的是"泥饭碗"，但只要努力，"泥饭碗"的饭有可能比"铁饭碗"多，能够给他们带来增量收入。另外，为了推动改革的实施，保证干部职工思想稳定和体制平稳过渡，在方案设计时将企业股权确定为职工持股会持大股，国有股权根据各企业的不同情况，持股5%—30%不等。虽然从股权上来说，改制后企业已不属于国有企业，但为了"扶上马，送一程"，企业的党组织关系仍然保留在体制内，按国有企业的党建管理，让企业的干部、员工有国有企业的归属感。客观上也为企业争取政府出资的养护工程项目、取得健康发展提供了良好的环境。

为了对这些养护企业的股权和党组织实施归口管理，1998年4月，浦东新区城建局组建了上海浦东城市建设实业发展有限公司［简称"城建实业"（全国资）］，接纳和管理由城建局下属的市政署、园林署、环卫署、公路署等事业单位中的剥离和改制养护企业，以及各事业单位托管或附属的企业。当时从浦东新区城建局划入城建实业公司管理的企业有28家（包括个别尚未改制的事业单位），城建实业正式成为浦东城建局改制养护企业的平台型管理公司。

从此,一个崭新的市政道路养护管理体系在浦东这片热土上建立起来了。1998年1月,浦东新区城建局对东方路市政、绿化、环卫综合养护工程实施公开招标。浙江、江苏、上海等地的18家养护企业积极参与投标。浦东天佑市政公司和浙江萧山群建苗圃公司在激烈的竞争中脱颖而出,分别获得东方路Ⅰ、Ⅱ标段的综合养护项目。为了鼓励中标单位的投入,后来的市政综合养护招标方案由一条路向区域化几条路捆绑打包招标转变,养护年限也适当延长,并逐渐提高了对投标单位的资质和业绩要求。市政管理部门也逐渐制定和完善了对养护企业的考核淘汰办法。这些措施提升了城市道路综合养护的水平和效益,推动了浦东新区市政养护向规模化和现代化方向转变。

忽如一夜春风来,千树万树梨花开。浦东城建人迈出了改革新路……

浦东当时的市政道路养护市场化改革,引起了新闻媒体及全社会的关注,在全国具有积极的探索意义。

这一步,开创了国内城市道路养护体制改革的先河,对业界的传统管理观念是一次重大挑战。其表现在:首先,它打破了行业垄断,多少年来,专业管理部门既当运动员,又当裁判员,自行进行养护作业的垄断局面开始转变;其次,它打破了地域封锁,无论是哪个地区的企业,只要有实力,有意愿,均可参加竞争;再次,它打破了各自为政,实行市政、绿化、环卫"三位一体","各家自扫门前雪,哪管他人瓦上霜"的状况已再无生存土壤。

实践证明,浦东养护企业用辛勤的汗水,用不懈的追求,在市场经济的大海中学会了游泳,开始尽心尽力描绘浦东的城市风采,一笔一画地筑就养护品牌。他们在2008年上海世博会的养护保障战役中经过了历练,得到了长足的发展。当年"吃螃蟹"的8家"改制企业"从年产值最多时不足3,000万元，发展到今天已逾数亿元。浦东的养护市场总产值已从1998年的不足3亿元发展到今天的30多亿元。

如今的浦东养护市场也更加开放，进入的企业从当年不足10家，发展到今天近百家。不少非本地的优秀养护企业也相继竞得浦东的养护工程，从而打破了原来封闭的格局。

改革带来了新的气象和面貌，基于这些活跃在市场上的养护企业的努力，浦东的路更畅、地更清、树更绿、天更蓝，城市环境变得越来越好……

（刘　朴　赵世乐）

异军突起的工程代建制
——南干线和罗山路延长线工程建设中的创新

一个崭新的浦东新区,离不开城市建设和管理的精耕细作。在浦东建设管理队伍中有一支队伍异军突起,成绩斐然,那就是上海浦东工程建设管理有限公司(简称"建管公司")。

浦东新区的第一个专业化工程管理公司——上海浦东工程建设管理有限公司于1998年4月成立,当年5月即投入南干线的代建管理,1999年10月又代建了罗山路延长线。两个项目的工程代建管理模式,以及在项目中收获的技术创新成果,为后续浦东新区建设热潮提供了很好的范本。

1998年4月,当时的浦东新区城市建设局推行"建管分离、企事分开"体制改革,将下属的事业单位浦东新区公路建设管理署和浦东新区城市道路建设管理署的建设职能剥离后,组建了一个以承担新区政府财力投资的市政基础设施建设管理为主的专业化工程管理公司,即上海浦东工程建设管理有限公司。

机缘巧合,那时的浦东建设正是一浪高过一浪。建管公司成立后接到的第一项重要任务就是浦东国际机场南线快速干道工程(简称"南干线")的建设管理工作。1998年5月23日,南干线工程全线开工,1999年9月竣工。接着便是罗山路延长线,1999年10月正式开工,2000年12月全面竣工。不鸣则已,一鸣惊人,这接连着的两场建设大战,不仅锻炼了建设者队伍,也为建管公司带来了好口碑和"开门红"。

第一战：浦东国际机场南干线工程

南干线工程是为浦东国际机场道路配套的上海市重大工程，包括环南一大道（现 S20 一部分）、迎宾大道（现 S1）、外环线杨高南路立交二期工程及迎宾大道远东大道立交二期工程，西接外环线一期（浦东段）杨高南路立交，沿环南一大道向东，经迎宾大道至迎宾立交接浦东国际机场主进场路，全长 23.81 公里（其中环南一大道段 10.7 公里，迎宾大道段 9.5 公里），红线宽 100 米，双向各 16 米快车道，是一条全封闭全立交的城市快速干道，总投资约 20 亿元。

第二战：罗山路延长线

罗山路延长线南起外环线环南一大道，北至龙东大道，与内环线相接，路线全长 7.06 公里，工程总投资 5.8 亿元，是上海城市道路网骨架"三环十射"的重要组成部分，又是浦东国际机场的主要疏散道路及大、小洋山集装箱枢纽港重要的陆路疏港的道路组成部分。红线宽 80 米，设计标准为城市快速路。罗山路延长线是"张江高科技园区"的主要进出通道，1999 年 10 月，作为"聚焦张江"的重大配套工程开工建设。

作为一个新开张的建管公司，成败在此一举，没有退路。浦东城建人赓续着"改革创新、吃苦耐劳、勇创一流、无私奉献"的精神，在浦东大地上描绘出一幅幅新的画卷……

浦东新区城市建设局以代建单位——上海浦东工程建设管理有限公司为依托，分别组建了两个项目的工程建设指挥部，建管公司的业务部门与指挥部的相应部门合署办公，另外城建局党组从局机关和下属企事业单位（含建管公司）抽调了一批青年干部充实到指挥部，让他们在项目一线挂职锻炼，城建局党组依托建管公司党委成立指挥部临时党委，具体负责对这些挂职干部的培养和考核，局基层党委负责党建指导。这样的项目组织形式在当时是一项创举，实践证明收到了良好的成效，实现了"工程优质，干部优秀"的双优目标。

浦东城建人是一群勇于创新、不甘寂寞的探索者，没有囿于条条框框，没有故步自封，而是在技术创新和管理创新上不断探索，成为一支响当当的队伍。

浦东城建人以为：重大工程技术质量管理是项目建设重中之重。当时负责项目设计和技术管理的建管公司技术部负责人（也是指挥部技术部主任）深知肩上的重担，在他们的组织下，两个工程坚持技术创新，申报了2项上海市科技攻关课题和1项浦东新区科技攻关课题。在工程中大量采用新材料、新技术、新工艺，提高了重大工程的科技含量和施工质量，使工程熠熠发光。

南干线指挥部制定和下发的沟浜处理、涵洞及下水道回填、盲沟设置、石灰土路基、中央绿化带弹簧软管埋设和三渣基层等施工工艺标准，对统一全线施工技术标准和指导现场施工起到了重要的作用。但考虑到南干线点多线长，仅仅靠常规道路建设技术和工艺是远远不够的，只有大胆应用新材料、新技术、新工艺，才能提高工程质量，才有可能赶超远东大道的质量水平。

针对上海地区高等级公路和城市快速干道建设中的技术难题，指挥部选择道路路基、路面、桥头接坡等方面，同同济大学等知名高校合作开展课题研究。指挥部走访了上海及江苏、安徽、浙江等周边地区高等级公路建设现场，学习和引入先进经验。

在工程建设中，工程指挥部开展了桥头跳车解决方案的探索。

指挥部分析认为：一种情况是桥头较大工后沉降引起的跳车问题。于是，结合不同的路基状况，采取了多种桥坡处理措施，包括石灰粉煤灰轻质填料、二灰挤密桩、水泥搅拌桩、真空预压降水、石灰短桩、超载预压等措施加固软土地基，加速施工过程中地基沉降，减少工后差异沉降，收到了较好的效果。另一种情况是工后沉降满足要求，为提高行车舒适性需要采取措施，即对桥头搭板优化。

南干线对上海地区传统的搭板设计进行了优化，将原来的8米搭板增长为20米长的三级组合搭板。最后一级搭板由厚逐渐减薄，减小了由钢至柔的过渡差异，并在每级搭板及搭板与路面的相接处设置玻璃钢纤维格栅，避免裂缝向上反射。

浦东城建人的智慧大放异彩，南干线通过桥坡处理与桥头搭接的设计改进，明显缓解了桥头跳车问题。

工程指挥部致力于改性沥青SMA推广应用。

南方高温、多雨潮湿、重载交通下高等级道路沥青路面早期损害问题，主要体现在水损坏和车辙严重两个方面。为此，指挥部聘请专家一起研究相关损坏机理，先期铺筑试验路段，逐步推广应用沥青玛蹄脂碎石混合料（SMA）。

试验及使用结果表明，改性沥青SMA路面的低温抗裂性、抗滑性能、水稳定性和抗疲劳方面均优于传统的沥青混合料，这不仅有利于克服路面的早期损坏现象，还能保持路面良好的使用性能并延长其使用寿命，具有明显的经济效益和社会效益。

正是这样的不断探索，浦东城建人在工程中又有了创新和发展。

如何实施绿化带内部排水系统新技术？工程指挥部群策群力，大展宏图。

为防止雨水渗透到中央绿化带土层后沿道路横坡渗流到路基内产生危害，南干线通过软式透水管和盲沟系统排除绿化带土层的渗透雨水。软式透水管具有过滤层，可以避免盲沟系统的堵塞。同时道路雨水分别通过4个泵排系统排放以避免高水位时河水倒灌。南干线这种带有软式透水管的盲沟系统具有施工时排水、控制工后地下水位和排除绿化带雨水的多种功能，是对传统盲沟设计的一次突破。

浦东城建人的心目中永远有一个追求目标，这是激励他们不断创新的原动力。就是在这工程的景观绿化方面，他们也是不断自我突破，不断攀登新的高峰。

南干线4座人行天桥的设计结合桥址附近的地理风貌和人文景观，体现以人为本的思想，造型新颖美观。杜新路天桥为主跨88米的空腹式拱形预应力钢筋混凝土连续梁桥，孙奉路天桥由两个反向半拱拱顶相接组成钢砼双拱桥墩，创业路天桥则采用造型纤细的树枝状钢管桥墩。4座天桥线条流畅、轻巧又极富动感，成为南干线上的一道道亮丽的风景线。

南干线的道路绿化设计继续体现着浦东新区绿化"高大、浓密、粗犷、厚实、多彩"的效果，而迎宾大道段强调以乡土树种为主，其"自然朴实、绿意盎然"的景观使出入机场道路更具有艺术性和观赏性。南干线全线189万平方米的绿化面积构筑了一条通向浦东国际机场的绿色走廊。

在南干线工程取得新的成绩后，浦东城建人更是集思广益，在罗山路延长线工程继续技术创新，又创造了不少亮点。

例如使用水泥石灰综合稳定土以节约工期；优化级配二灰碎石（小三渣）施工工艺，吸收以往工程中采用小粒径二灰碎石（小三渣）成功经验的基础上，对原材料品质和生产工艺提出了更加严格和细致的要求；开始应用水泥稳定碎石，部分路段采用机械摊铺水泥稳定碎石代替人工摊铺三渣基层，为后续大规模应用水稳碎石积累了经验；深化多孔沥青稳定碎石科研成果，在排水基层的研究方面，远东大道铺筑了水泥稳定碎石基层和沥青稳定碎石基层各100米，对排水基层工艺进行了初步研究；南干线铺筑了315米多孔沥青排水基层沥青路面试验段，国内首次对带排水层的半刚性基层沥青路面进行结构分析；罗山路延长线实施了近2公里的排水基层试验段，进一步优化沥青路面内部排水系统材料和结构设计，完善沥青碎石排水基层的施工工艺，利用试验路段进行路面结构内部排水对道路使用性能影响进行长期观测。上述成果的延续和深化为当今城市道路快速修复基层ATB（沥青稳定碎石基层）的广泛应用打下了坚实的理论和实践基础。

尤其在南干线工程打造极具个性与魅力的绿化景观，使之别具一格。

罗山路延长线横断面由5个16米即16米绿带+16米机动车道+16米中央隔离带+16米机动车道+16米绿带组成，中央隔离带较宽而两侧绿带较窄。如果依旧采用以前道路两侧绿带乔、灌、草的层次分布，建成后必然给人以单薄的感觉。此外，两侧各16米的绿带中几乎布满了各种管线，可种植乔木的背景区域至多2排。经多方探讨和协调，设计者提出了"竹林之路"的主题思想，并确定慈孝竹和乌哺鸡竹为主题竹种。

两侧绿带以慈孝竹作为骨架树种，分为三个景观层次。前景层种植各种花色与叶色的小灌木与宿根花卉，形成自然舒缓的林缘线；中景层大块面种植慈孝竹；背景层种植两排高大的意杨，构架出独特的道路景观效果。

一分耕耘一分收获。浦东城建人的不断创新，赢得了诸多荣誉。

浦东国际机场南干线工程和罗山路延长线项目均获得全国市政行业最高奖——"中国市政金杯示范工程"。

两个项目的3项课题成果经科委组织专家评审，均达到国际先进水平：

1. 浦东国际机场南干线《提高道路使用性能和耐久性的研究》（2000年）为浦东新区乃至整个上海地区推广应用沥青玛蹄脂碎石混合料（SMA）和高性能沥青混合料（SUP）两种新型沥青面层材料提供了技术和实践基础。

2. 浦东国际机场南干线《真空降水预压加固桥坡地基技术研究》（2001年）将真空降水技术引入传统的排水固结法，并应用塑料排水板加速深层软土的排水固结，加速了深厚软土的固结速度，有效减少了桥坡路堤的工后沉降，为消除工后沉降找到了一种经济、快速、高效的加固措施。

3. 罗山路延长线《考虑环境—荷载因素的沥青路面结构体系研究》（2002年）对优化道路结构层设计，防治重交通条件下道路质量通病具有重要指导意义，获中国公路学会科学技术奖三等奖。

在这些闪闪发光的金杯前，浦东城建人没有沾沾自喜，他们感悟到：是改革创新为我们带来了无限的生机和希望！建管公司的成立是浦东新区建设管理体制改革的成果，由专业化的建设管理企业作为项目建设管理单位，代替政府行使建设单位管理职责，是浦东新区在全国率先推行的重大财政项目建设方式的改革。两个重大工程项目建设所取得的丰硕成果，代建制在其萌芽阶段即显现出优势。

站在21世纪的今天，回看当时浦东工程项目代建制的施行，在全国属开先河之举，说明浦东城建人具有远见卓识。后来的实践证明，代建制有以下几方面的优点：

1. 专业化团队带来项目管理品质的提升

代建管理通过专业化项目管理公司对项目开展建设管理，使得项目管理更专业、更高效，比之前临时指挥部的模式给员工带来更多的归属感和成就感。这种公司制的项目管理可以规模化发展出专业化团队。像建管公司这样的专业化项目管理公司，拥有硕士和博士学历的员工占有非常高的比例，2018年公司成立20周年时，本科及以上学历员工占比75%，具有高级职称的员工占比27%，具有极强的团体作战能力。在专业项目公司有更多的机会从事或接触到重大工程项目管理，对开拓视野、提升综合能力帮助大。项目管理协调带来更多的锻炼机会，职场成长和发展快。20多年来，有很多人才来到这里接受历练，走出去，到更多同类公司或者政府机构担任要职。建管公司这样的专业化项目管理

公司，已成为新区知名的人才储备基地。而这种人才的储备，加上项目管理公司对建设项目经验的积累、延续和升华，以及长期的科研技术储备、研究、应用，形成一系列可复制、可推广的新技术等，都会带来项目品质的不断提升。随着项目管理复杂化、精细化、科学化、现代化程度的提升，大型项目的完成越来越离不开专业项目管理公司的参与。

2. 利于质量控制

项目建设竣工后移交给后续的管理单位，管理单位要充分考虑养护管理经费的合理使用，这势必对工程竣工质量有着更严格更细致的要求。这种建管分离的模式形成质量管理制衡，更利于建设过程中抓好质量控制。

3. 规范建设管理行为

专业化项目管理公司代建后，政府部门可以对代建单位进行考核、监管，建设管理更加合法、合规，更利于培育健康的建设管理市场。

2004年《国务院关于投资体制改革的决定》公布后，代建制工作进入了一个迅速发展和推广的新阶段。该文件指出：政府投资项目应通过招标等方式，选择专业化的项目管理单位负责建设实施，严格控制项目投资、质量和工期，竣工验收后移交给使用单位。2005年7月，建设部、国家发展改革委等六部委联合发布的《关于加快建筑业改革与发展的若干意见》明确提出：改革政府投资工程建设方式，提高建设项目投资效益。改革的核心是建立权责明确、制约有效、专业化、社会化、市场化的建设项目组织实施方式。

目前，代建制在全国已广泛地推广施行。

开先河的这支新军，正是这样异军突起，在浦东大地上一步一步走出了自己的成功之路、创新之路、未来之路……

（刘　朴　周富强）

在陆家嘴"豆腐里打洞"

——追忆"陆家嘴—花木污水干管工程"

陆家嘴,一个世人瞩目的地方。明永乐年间,黄浦江水系形成,江水自南向北与吴淞江相汇后,折向东流,东岸形成一块嘴状的冲积沙滩。明代翰林院学士陆深,生卒于此,故称这块滩地叫陆家嘴。境内河流纵横,主要有高巷浜、谢家浜、东洋泾浜、陆家嘴港等。而今,这些河浜汊港早已消失殆尽,取而代之的是埋于地下的排水管道,由其发挥着现代化城市的功能。

方圆2.8平方公里的陆家嘴金融贸易区,尤其是1.7平方公里的陆家嘴中心区(俗称"小陆家嘴"),是浦东新区形态建设和功能开发最为典型、最具观赏性的地块。伴随着开发开放的强劲脚步,这里的幢幢高楼如雨后春笋般拔地而起,条条大路纵横交错快速延伸……体量巨大的摩天大厦和地标建筑相继启用,令该地块生活污水排放量急剧增长,远远超出老旧污水处理系统的容纳极限。如不及时解决污水出路问题,将严重影响用户和周边居民的正常工作和生活。污水管线的建设事关陆家嘴金融贸易区投资环境的改善,也是保障浦东开发开放宏伟进程的一件大事。

1995年,新区城建局指示浦东新区排水建设管理署,开启解决陆家嘴污水出路问题的前期技术研究。经反复认证,确定陆家嘴—花木污水干管服务面积为14平方公里,设计日排放污水量20万吨,需铺设约8.7公里的DN1350—DN2000管道。沿途经3座新建的污水泵站提升

后，接入规划中的上海市污水二期中线总管设在龙东大道罗山路接入点的高位井，最终污水中线总管由西向东，进入白龙港污水处理厂处理达标后排入长江口。

当时的陆家嘴原有道路狭窄，选择一条交通影响小、施工便利的线路十分困难。最方便的是与世纪大道工程同步施工，但通水时间至少要晚3年，这显然是不可行的。

新区排水署的工程技术与设计人员一次次踏勘现场，寻求最优的管线规划路线。最后选择如下走向：西起东昌路，沿浦城路由北向南、至潍坊路由西向东、至南泉路由北向南进入1号污水泵站提升，经峨山路、花木路由西向东在东秀路处穿越原水箱涵，至玉兰路进入2号污水泵站再提升后，继续沿花木路至罗山路东侧向南，至龙东大道向东进入3号污水泵站，3次提升后临时接入南干线污水总管，最终接入规划中的合流污水二期总管。

该线路的难点之一是：浦城路（张杨路—潍坊路段）、峨山路（南泉路—东方路段）、花木路（杨高路—罗山路段）等道路，当时还在规划中，3座污水泵站要征地动迁，时间紧迫，征地动迁要与施工同步进行。难点之二是：由于道路狭窄无法采用常规的开槽施工法，只能采用还在探索完善中的新技术——顶管施工方案。难点之三是：由于标高污水管道与原水箱涵相遇，需顶管下穿原水箱涵，这在浦东没有施工先例而且风险很大。难点之四是：污水泵站结构复杂涉及土建、电气、机械等诸多专业，施工技术难度很大。

浦东新区城建局明确要求："陆家嘴—花木污水干管"工程1995年底开工，1997年6月底建成排污。还要求该项目必须进入新区首次试行的建设项目国内公开招投标。1996年，浦东新区将"陆家嘴—花木污水干管"工程列入当年的"十路一桥一管"重点项目。重大工程总指挥部指定"陆家嘴—花木污水干管"工程由浦东新区排水建设管理署总负责，并具体承接西段共计 5.6 公里污水干管（其中 2.8 公里为顶管）和 2 座污水泵站的建设。

一声令下，万马奔腾。1995 年 7 月成立"陆家嘴—花木污水干管"工程指挥部。署长吴福康任指挥，副署长鞠春芳任常务副指挥，冯志新任副指挥，黄铮任工程部主任兼指挥助理，陈勤任工程部副主任。自 1995 年 12 月 1 日第一个标段开工起，到 1997 年 4 月底最后一个标段完工为止，指挥部 18 位高级工程师、工程师、助理工程师和技术员团队凝聚成一个特别能战斗的集体。

"陆家嘴—花木污水干管"工程时间紧，任务重，难度大，战线长……怎么办？办法总比困难多，在浦东城建人的面前，任何困难也不怕！

前期部、工程部、质安部、材料部、办公室等职能部门全力启动；项目建议书、可行性报告、初步设计和施工图设计、动拆迁、招投标、文明安全施工、工程管理和质量监督等进程……热火朝天，全线铺展。

"陆家嘴—花木污水干管"工程中包括泵站、顶管、开槽埋管；既有市政工程，也有土建工程、机电安装工程；地上、地下管线多、沟槽深；地质条件差，属于上海特有的软土地基，顶管施工被形象地比喻为"豆腐里打洞"，稍有不慎就有可能被"包饺子"。管线、路面、房屋等的沉降控制难度极大。

在浦东城建人的能工巧匠前，"豆腐"里也能"打洞"，工程按期推进着。

可是，工程才确定了"豆腐里打洞"，又遇上了"硬骨头"——顶管施工阶段，工程技术人员需要啃下一块又一块风险高、难度大的"硬骨头"。

先说顶管穿越上游引水箱涵的 3.1B 标工程。这个引水箱涵是上海市委、市政府为改善市民饮水质量而新建的大型民心工程——从黄浦江上游取水引入杨树浦等各市区水厂，是名副其实的生命工程。假如一个疏忽导致箱涵断裂，半个上海将处于断水状态。当然，最稳妥的施工方案是将箱涵"减载"停水，但根本行不通！它的管理者——上海原水股份有限公司提出，顶管从并排10米宽的四孔箱涵下面穿越时，箱涵的沉降不能超过5毫米，以确保万无一失。不然，坚决不开绿卡，不许施工。

浦东城建人如临深渊、如履薄冰，怎么办？群策群力，指挥部调来上海市技术最全面的欣升城建工程公司，启用当时最先进的DN1650泥水平衡式顶管机头。1996年12月12日进场，首先现场摸底，通过开槽摸清箱涵实际标高和接缝位置。按原水公司要求布置8个沉降观测点，监理单位现场跟踪，甲方代表也在现场昼夜守候。各方会同反复研究施工方案，采取有效保护措施，在箱涵两侧和两沉井靠箱涵一侧，采用深层搅拌桩进行土体加固，令"豆腐"凝固，为提高强度，将水泥掺量提高3个百分点；按设计要求搅拌桩共4排，下深12米，浇捣量达2,054立方米。施工过程中，严格控制速度，以防土体喷发。

明知山有虎，偏向虎山行。2个顶管沉井分别为9.6米×7.1米×12米和9.6米×6.2米×11.45米，径高比失调。沉井位置上方1米处，还有一条高压线低于井高，让脚手架搭建和钢筋绑扎都危险性极大。而且有一侧土体已经被挖，土压力两边不对称，沉井一次下沉肯定会引起倾斜。各方反复磋商，决定采用多次浇捣二次下沉方法施工，下沉前先填平沉井一侧已开挖的沟槽，以保证土压力平衡。当沉井下沉到一定深度后，则减慢速度，以人工控土方法调整沉井倾斜角，待下沉稳定，取干土分层夯填，将井内刃脚附近土体回填到1.30米的高度，以增加刃脚、踏面的土压力和摩擦力，提高上部井壁浇捣的稳定性，同时在井内灌水，以平衡地下水，减少浮力影响，提高沉井稳定性。沉井浇捣过程中，施工人员密切注意每一车商品砼的质量，随时抽检坍落度，在浇捣时巡回均匀放料，认真振捣保证砼的密实度。并且在每一次浇捣前用清水冲洗结合面，保证接缝处无泥土杂质，并做好止水槽，防止井壁接缝处渗漏。

浦东城建人的大智慧，战胜了困难，经过不懈努力，终于使74米的DN1650钢筋混凝土管安全穿越箱涵。顶管贯通，箱涵沉降只有1毫米，经一个星期的跟踪监测也只有累计3毫米的沉降。数据出来了，高质精密的施工技术使原水公司非常满意和放心，提前一周撤走了派驻的监察人员。

"2、3标顶管工程"，全线长1,160米。其中穿越杨高路7#—8#井是全线施工最艰难的一段。杨高路是浦东南北交通主干道，路宽42米，设三快一慢八车道。除地下的雨水、煤气、污水、自来水、电力电缆、通信电缆等十几根管线外，东侧化轻公司仓库还有两个硫酸储存罐和一个地下泵房。如此繁多的管线集中在一个顶管工程中实属罕见。遵照新区城建局局长臧新民"准备工作做早、做细、做实，打有备之仗"的指示，工程技术人员遍访城建局、城道署、杨高路管理所、浦东指挥部等单位，"严"字当头，制定了周密、科学的施工方案。为确保与管线、地下泵房等基础保持1.5米的净空距离，在与合流监理和设计单位研究后，决定将顶管管位再下移1米。

一波刚平一波又起。在艰难的顶进中，接二连三地出现了险情。首先遇到暗浜回填的钢渣包，泥水管道出现严重堵塞，排污水泵发出异样碰撞声，机头刀盘也发出刺耳的摩擦声，机头顶力突增100吨，切土口无法自如开启和关闭，工程技术人员兵分三路应急解决处理。修复后，机头顶至100米处又发出沉闷声响，切土口油缸轴突然折弯，施工只得停下。当时机头正处于杨高路快车道下，若长时间停机，管节有被土体箍死的危险，施工人员马上进行现场人工补浆，以保持管外壁浆套完好，再火速赶往厂家定制新油缸。当晚10时，新油缸送到。半夜12时，油缸安装调试完毕。12∶30机器重新启动，各项参数正常，运转良好。经过9个多小时的苦战，终于闯过险关。

建设者们的无私奉献，加上街道、居委的协助，市民的谅解、理解，交警队、城道署，以及煤气、自来水等四大管线公司和沿途企业的积极配合，都为"陆家嘴—花木污水干管"工程按时优质完成提供了良好的条件。

开工伊始正逢春节，为赶汛期、赶工期，建设者们日夜奋战，不少人连续半年未曾休息一天。工程部技术人员吃住都在现场，戏称自己是"高级民工"。指挥部每周召开一次现场办公会，每月开一次指挥部会议，研究分析施工中的问题，为施工单位分忧解难。新区管委会分管领导、城建局主要领导等各级领导多次亲临工地，慰问坚守在工地的施工人员，给大家以莫大的鼓舞。工程指挥部的全体同志本着"敬业实干、无私奉献"的精神，全力拼搏在工程第一线，关键时刻更是日夜坚守。不少同志累倒了也不肯下火线，许多同志克服家中种种困难，牢牢坚守着自己的岗位。

陈勤，毕业于同济大学、双学位，自1995年起担任前期部主任。为保证管道和泵站能及时开工，全身心投入前期动迁协调。1995年5月，老母亲患癌症住院，作为幼子，他却未能请一天假去病床前陪护，往往是下了班匆匆朝医院赶，第二天早上再急忙赶回单位，直到2个月后老母亲去世。谁料想第二年5月，他的老父亲，一位可敬的高级工程师，猝然倒在市建委科技委的专家评审会现场，两周后去世。短短10个月里痛失双亲，陈勤伫立在父亲的遗像前，哽咽着说："父亲是位'老市政'，他是一定会理解我这个儿子的！"

45岁的工程师黄辽君，是指挥部派驻一标、二标的甲方代表。他经验丰富，曾被同时派驻到 5 个工地。工程结束，黄辽君钻入地下 8.7 米深的管道里亲自查验。一只标段顶管有 1,100 米长，从这一头到那一头，每节管子 2 米，刚涂好防腐涂料的管道里气味令人窒息，他就这么低头弯腰一节一节认真地查验过去。正是在黄辽君穿越张杨路顶管工程贯通的那个晚上，助理指挥黄铮发来"祝贺全线贯通！辛苦了，请早点回家休息！"的短信。黄辽君按捺不住激动的心情，感慨道："平时做得再辛苦，也只流血流汗不流泪，可当在短信里看见助理指挥的这句话，眼泪却怎么也止不住啦！"

黄铮同志既是"陆家嘴—花木污水干管"工程指挥部的工程部主任，也是负责日常工作的助理指挥。作为高级工程师，他协同施工单位、监理单位、各路专家制定周密的施工方案，提出许多行之有效的技术措施，解决了一个又一个高难度的节点和难点问题。他以出色的组织才能和埋头苦干、实干的精神风貌，赢得了同志们的敬重并获得上海市建设功臣的荣誉。

搞工程，免不了有人上门来请客吃饭和送礼。黄铮说："那可不是什么好事，我们可不能工程上去了，人却'下来'了！"他告诫小青年们："你拿了发不了财，你不要也饿不死！饭你去吃了，下次要你签字你就不好说'不'。所以，我们要坚定自己的初心，永远都不要被人牵着鼻子走。"

孔继东，1992 年毕业于同济大学，为完成"陆家嘴—花木污水干管"项目的首次公开招投标，作为青年突击队队长的他，主动承担了编写招标书的工作。他先后八易其稿，终于如期拿出一套（4 本）规范完整的招标书，也为今后工程招投标留下了蓝本。那时，他办理结婚登记已好几年，可工程一个接一个，因此婚事也一拖再拖。后来到了举行结婚仪式的那天，工地上实在太忙，他还没有回家，是黄铮主任硬把他"赶"回去的。

还是那个陆家嘴上的"东方明珠",尖塔刺向蓝天白云,入夜又发出五彩缤纷的光芒,它仿佛就是浦东城建人心中的那杆明灯。工地的日日夜夜,"东方明珠"始终陪伴着。在干工程的日日夜夜,工地上的动人故事就像那"东方明珠"熠熠生辉……

正是这些平凡的人,这些善于在陆家嘴工地上"豆腐里打洞"的浦东城建人,是他们守护着工地的日日夜夜,为浦东这片开发开放的热土奉献着。他们宛如那"东方明珠"上的一盏盏灯……

(邵慧萍　鞠春芳)

中国第一楼

——金茂大厦建设"密码"片段

黄浦江畔的巨楼，巍峨峻拔，展示着中国第一楼的雄姿……

对中国的超高层建筑发展史来说，1999年是值得纪念的一年。1999年8月28日，由美国SOM设计事务所设计、上海建工集团施工总承包的上海金茂大厦建成并正式投入运营。

金茂大厦地处陆家嘴金融贸易区、浦东新区世纪大道88号，用地面积22,500平方米，建筑高度420.5米，地上88层，地下3层，总建筑面积287,400平方米。作为当时世界第三、中国第一的高楼，从1994年5月开工到1999年3月建成，金茂大厦建设的每一步都具有划时代的意义。2019年，金茂大厦被列入上海新十大标志性建筑。

喜讯传来，浦东城建人无不为之欢呼雀跃，因为浦东城建人也为这一工程做出了应有的贡献。原来，浦东新区城市建设局也承担了金茂大厦初步设计审批和部分工程的建设管理，努力为这座中国第一楼添砖加瓦！

追溯中国第一楼建设的那些岁月，那些不为人知的建设"密码"，为后人留下无尽的感叹和敬仰……

面向全球的方案设计邀标，这是中国第一楼建设"密码"之一。1993年2月，中国上海对外贸易中心（简称"外贸中心"）启动了金茂大厦的方案设计全球设计邀标。外贸中心所属金茂大厦，是由外经贸部系统13家专业总公司与东方国际集团联合成立的上海对外贸易中心股份有限公司出资建设，后因建设和运营需要，成立中国金茂（集团）股份有限公司。

金茂大厦作为21世纪中国的象征、20世纪90年代中国浦东新区开发最重要的大型综合体项目，当时的定位为世界第三、中国第一高楼。

选址是基于1992年经法、意、日、英和中国5家国际咨询公司深化完成的城市详细规划和城市设计的原则。这次方案投标受到全球众多公司的关注，在国际设计竞赛中，共收到了超过100个方案，由国内外知名专家组成的评委会最终选出了6个方案进入预决赛。最终进入决赛的是3个目前仍是国际知名设计事务所的方案，美国的SOM、JohnPortman波特曼以及日建设计。

在评议过程中，评委们将"历史与未来""传统与创新""民族性与国际性"等作为评判的维度，对建筑形象是强调文化传统还是强调时代精神展开了讨论。15名声誉卓著的国际评委对3个方案展开了激烈的讨论，经方案比较后，确定65号方案（SOM）作为第一方案，42号（日建）和76号（波特曼）并列第二。还对有关几个共性问题——超高层的主楼和裙房的关系、地下室的层数、最高层的功能内容、顶部高度的确定以及直升机停机坪的设置与否等——进行专题讨论。

方案评选的七个维度：

（1）具跨世纪、标志性超高层建筑创意构思；

（2）同地块背景、整体相协调的总体规划；

（3）科学合理的结构，对防震抗震、抗风的抵抗能力；

（4）功能与设施合理先进，高科技与智能化达到国际水准；

（5）合理解决内外交通以及超高层以内的人流交通，确保安全和应变能力；

（6）建筑造价上相对经济；

（7）为大楼建造后的管理创造优越条件，让业主在经营、操作上有相对优势。

1993年5月，通过方案竞赛，由中选方案之美国SOM建筑设计事务所进行金茂大厦的扩大初步设计。

独特的建筑与结构设计。20多年过去了，金茂大厦赋予上海，赋予我们的是可持续发展的强劲能量以及一种生生不息的生命力，铭记着上海这座城市发展的每一步辉煌及其在世界眼中的高度，成为献礼世界的城市封面。

金茂大厦平面采用双轴对称的形式，它的形体通过其平面方正与切角的转换，形成收放节奏韵律的变化，蕴含了中国塔造型的寓意，并真实反映了大楼空间组合特点和经济可靠的超高层结构体系。

金茂大厦方案主创设计师——前SOM设计合伙人AdrianSmith借用宝塔的外观和中国传统佛教文化理念，即建筑外立面分为13节，其象征佛塔的最高境界，以双正方形交叠为基础的八边形为建筑主体平面，结构工程师将数字"8"融入每一个单元的结构设计中，以"8"为模数，生成金茂大厦的外在形态。

"密檐塔"最大的特征之一就是由地面至塔顶分层，逐层高度递减，人仰望时会使巍峨感倍增。金茂大厦的外墙分段也是以"8"为模数，最终得到各段相加总和为88层。

"朝天书"亦显建筑设计的不凡之处。俯瞰金茂大厦，裙房水平展开的体型宛如一本翻开的书卷，主楼则似一支直冲云霄的巨笔。

大厦的外墙由大块的玻璃墙组成，反射出似银非银、深浅不一、变化无穷的色彩。该玻璃墙由美国进口，玻璃分为两层，中间有低温传导器，外面的气温不会影响到内部。

结构设计——陆家嘴地区是软土地质，地表下250米以下才是岩层。然而，地质调查表明，陆家嘴地区距地表下70米区域内存在密实

难忘的浦东城建岁月

的砂层，其具有较高的承载力和较低的压缩性。一般摩天大楼地基深度相当于建筑物高度的 1/15，金茂大厦高 420.5 米，设计的桩深达 83 米，直穿淤泥层，扎实立于坚硬的砂层。

大厦主体结构也是非常可靠的，采用超高层建筑史上首次运用的最新结构技术。其中心是八角形的钢筋混凝土核心筒，它的作用和性能类似于东方明珠广播电视塔的三个直筒体。其外面是 8 根巨型的劲性钢筋混凝土大柱，再在四角配 8 根钢架。

在大厦立体结构中又设计了 3 座外伸桁架，即在 24—26 层、52—54 层、88 层以上设置桁架。钢筋混凝土内筒通过外伸桁架与外檐处的 8 根超级巨柱结合在一起，共同承担垂直与水平荷载，发挥了抗风、抗震的功能。

大厦建成后，整幢大楼垂直偏差仅 2 厘米，楼顶部的晃动连 0.5 米都不到，这是世界高楼中最出色的。

量身定制扩初审批，这又是中国第一楼的建设"密码"。1994 年 2 月 22 日，外贸中心向浦东新区城建局递交了《金茂大厦扩初设计报批报告》，并报送了美国 SOM 公司设计的金茂大厦扩初设计图纸和编制的文件。上海市建筑设计研究院担任 SOM 扩初设计的中方顾问单位。

初步设计（扩大初步设计）是建设工程基本程序之一。批复初步设计主要是通过审查其总体、建筑、结构、机电、环保等配套方面的设计内容确定其建设规模和概算总投资。

建造金茂大厦这样的超高层建筑在中国还是第一个，当时并没有相应的规范和标准。美国 SOM 提交的扩初设计中采用的大多是美国标准，按其建设可行吗？扩初设计中的配套设施适合浦东实际情况吗？

提交的集中供热设计如要实施还有很大的不确定性，有关部门又要求在1994年4月开工，时间非常紧迫。建管处以往审批其他超高层建筑扩初设计时，只要在审查其图纸和文件基础上组织1—2次会议，但金茂大厦的扩初审批则需要量身定制扩初审查方案并做必要而充分的准备。

在城市建设规划专家及城建局主要领导的指导下，局建筑管理处将金茂大厦扩初设计审批作为重中之重开始了系列准备工作和文件审查工作，并会同业主有关人员制定了扩初设计审查程序和方案。城建局于2月27日将审查程序上报新区管委会。

1. 专题初审扩初设计供热方式

2月22—23日，局建筑管理处组织召开了集中供热专题初审会。业主对外贸易中心和SOM的中方顾问上海建筑设计院、上海市规划局、市和新区环保局、市东供电局、市石油天然气公司、市环保科学院、上海电力研究所、同济大学、上海机电设计院、华东建筑设计院等部门和专家参加。

当时金茂大厦采用何种方式集中供热有较大不确定性。如用电供热方式，由于耗电量大，金茂大厦的大用量不能予以确保，且电价较贵；如采用油气锅炉，一则需燃烧油料，由此将产生废气影响大气环境质量，另外燃烧的轻质柴油需从国外进口，价格较贵，且属国家计委控制能源；如用东海石油天然气，天然气燃烧热值较高，价格相对其他几种能源较便宜，但是天然气当时是没有的，预计1998年可供应到浦东。金茂大厦将于1998年投入使用，使用天然气供热方式是可行的，但必须得到各有关部门大力支持。

专题会议持续了一天，第二天建筑管理处又在一定范围内听取了专家意见。据此，局建筑管理处2月25日汇总提出"金茂大厦是浦东走向二十一世纪的标志性建筑，在全国范围内有一定影响，从设计到实际使用上应与国际先进水平靠近，有关集中供热方式的设计可按天然气为

难忘的浦东城建岁月

主的供热方案到位"的初审意见，城建局于3月12日向新区管委会上报了《关于金茂大厦扩初设计供热方式初审意见的情况报告》。

2. 各部门预审扩初设计专业配套

3月2日，局建筑管理处组织召开了有关金茂大厦扩初设计专业配套预审会。上海市和浦东新区有关规划、消防、安全监察、安保、人防、环保、环卫、卫生防疫、水电煤等公用配套部门参加了预审。各部门原则认可美国SOM设计事务所的设计，并对设计中不适应中国标准和国情的部分内容提出了优化的意见和建议。如东侧地下一层、南侧裙楼地面二层以上适当位置留人行通道接口；五十三层以下避难区设置并落实前期方案论证中的消防意见；一层地下室结合平战需要按六级防空地下室修建；生活污水处理达标后排放的去向；安保监控室应设主控、分控中心；电信等弱电（智能化）设计需进一步优化并专题审定等，以上均纳入建筑管理处起草的扩初设计审批文件中。

3. 著名专家汇聚扩初设计预审

3月12日，局建筑管理处组织召开了金茂大厦扩初设计专家预审会。因本次专家预审主要是听取SOM设计中采用美国标准适用性等方面的意见，所以预审会汇聚了上海的国际和国内知名专家。他们是：中国勘察设计建筑设计大师、时任华东建筑设计院总建筑师蔡镇珏，中国著名建筑理论和设计专家、时任同济大学建筑城市规划学院院长郑时龄教授，建筑设计成果丰硕、时任上海建筑设计研究院副总设计师邢同和，东方明珠总设计师、中国著名结构专家、时任华东建筑设计院总工程师江欢成；中国著名结构专家、时任同济大学副校长沈祖炎教授；中国著名地基与基础专家、时任华东建筑设计院顾问总工程师许惟阳；中国著名混凝土裂缝专家、时任宝钢工程指挥部副总工程师王铁梦；中国施工技术著名专家、时任上海建工集团总工程师叶可明等。各位专家均到会发表了意见和建议（他们当中，江欢成、叶可明先后当选为中国工程院院士，郑时龄当选为中国科学院院士）。专家们充分肯定了美国SOM设计事务所的设计，并从国内适应性等方面提出了优化建议和意见。如建筑、结构、消防设计中突破中国规范部分，应有中方顾问单位进行论证，并取得中方政府主管部门确认。专家们还对地基与基础部分、供配电系统、空调系统、通信传输手段、智能化设计等方面提出了具体的优化建议。

4. 召开扩初设计审批会

在前期专题初审和预审充分的条件下，城建局于3月14日组织召开了金茂大厦扩初设计审查会，城建局主要领导主持了会议，局建筑管理处承担了会议全过程的文案工作，业主方外贸中心担任会务组织工作。原国家外经贸部和上海市建委有关领导和业务处出席了会议，美国SOM建筑设计事务所、中方顾问上海建筑设计研究院到会汇报设计情况并解答会议提问，上海市和浦东新区有关规划、建设、消防、安全监察、安保、人防、环保、环卫、卫生防疫、水电煤公用配套等部门参加了审批会并发表了意见。

5. 下达扩初设计批复文件

根据初审、预审和审批会议的审定意见，城建局于3月24日向中国上海对外贸易中心下达了金茂大厦扩初设计批复文件。批复文件肯定了美国SOM公司和中方顾问单位上海建筑设计研究院所做的工作，认定设计符合主要规划指标，基本满足有关职能及专业配套部门要求，达到了扩初设计深度，原则批准金茂大厦扩初设计。

文件批复金茂大厦总建筑面积287,359平方米，概算总投资4.6亿美元。批复文件在总体设计、建筑设计、结构与基础设计、机电及设备设计、环保与公用配套设计五大方面，提出了28条优化意见和建议。批复文件明确了，鉴于国内目前尚无相应超高层规范，同意其设计在取得有关部门认可后选用国际有关的先进规范；其中结构设计对于中国规范尚未覆盖部分，应由 SOM 进行详细分析后经中方顾问单位进行论证，并取得中方政府主管部门认可。

业主方外贸中心非常重视扩初审批文件的落实，组织各方在金茂大厦施工图设计中先后一一落实。值得一提的是，在业主的要求下，智能化设计充实完善了十几个智能化子系统，如楼宇自控、通信、火灾报警、安保监控、卫星电视传送等。

浦东城建局在扩初设计审批方面的工作为金茂大厦的后期设计与施工打下了良好基础。

浦东城建人正是这样为中国第一楼热情服务着……

坚不可摧的大厦基础，可谓又是中国第一楼建设"密码"之一，也是浦东城建人服务的重点之一。

在上海这块世界罕见的软土地基上，如何解答建设世界级摩天大楼的难题？通过国际竞标，上海建工集团担任施工总承包商，并交出了满意的答卷。

软土地基上建高楼，首先要解决的是基础工程。上海当时已有超高层建筑基础深度一般不超过 15 米，金茂大厦基础开挖深度主楼为 19.65 米，裙房为 15.5 米（土方量约 30 万立方米），开挖深度创上海之最。

1994 年 6 月开始打桩，同年 10 月进入构筑地下连续墙及钢筋混凝土支撑体系，1995 年 2 月基坑开始挖土，由于组织严密，前期进展顺利，其中排除险情的片段惊心动魄。

6 月 26 日晚，当主楼基坑挖到 -17.5 米时，东南角突然冒出了地下水。上海一建公司警觉的施工科长张大新意识到地层深处可能隐藏着出水孔，忙带领工人找出水孔，排水、堵漏，确保挖土照常进行。项目总工程师范庆国迅速召集技术人员分析研究，查明冒水的是地基勘探时未能处理密实的探测孔。于是，采取了灌注水泥裂浆、石膏粉等对付软土地基的堵漏措施。一开始效果不错，谁知两天后软土地层发出淫威，修补的洞孔决口，出现了 60 多厘米高的喷砂险情。情况紧急，项目部请来了善于降伏软土地基的上海第三石油海洋钻井队。两支队伍并肩战斗，钻孔、安装钢管，又是压灌重晶粉、陶土粉、化学浆糊等混合剂堵漏，又是浇灌水泥浆加固。奋战两昼夜，终于制服了发难的出水孔。为了消除隐患，确保万无一失，项目部又在主楼基础里打下 1,000 多个洞孔，加灌压密注浆至-30 米以下。地基密实了，软土层驯服了。8 月 15 日，主楼挖土工程告捷。

挖土以后，浇捣基础承台是关系到软土地基能否托起摩天大楼的关键。上海建工集团项目部又创造了新的奇迹。

曾在东方明珠广播电视塔工程中立下赫赫战功的青年女将、钢筋总翻样茅锦芳在审查基础承台图纸时发现：图纸（主楼承台长 64 米、宽 64 米，厚 4 米，局部 3.5 米）中高差结合处的钢筋，只是平面相交，空间并不相交，这在施工中行不通，而且钢筋密度过高无法落实。她想到在软土地基上造摩天楼不能有一点闪失，便大胆地提出：承台厚度统统改为 4 米，既可解决高差钢筋不相交的矛盾，又不影响承台的强度，而且便于施工。尽管改动后要多浇捣 600 立方米混凝土，但可少用 200 多吨钢材，两者相抵还能节约资金 30 万元。在项目部领导的支持和帮助下，茅锦芳赶制了一个承台钢筋设计修正方案的模型。

5 月 21 日，美国 SOM 设计事务所代表考莱斯特等两人来到金茂大厦工地。经过论证方案、研讨模型，考莱斯特最终做出了决断："我们考虑和研究了 3 个方案，你们的修正方案是最佳方案。"

面对浇捣高强度（C50）、大体积（13,500 立方米）混凝土不易养护、极易产生贯穿裂缝的挑战，范庆国和青年高工龚剑等项目部成员，精心设计了承台混凝土浇捣方案并精选材料和有关实验，1995 年 9 月 19 日下午 2 时承台混凝土浇捣令一下达，120 辆搅拌车源源不断地把专用混凝土送到工地，通过 8 辆泵车、8 条输送带送到大厦基坑深处。分

 难忘的浦东城建岁月

布在承台各部位的近 20 名工人同时开始振捣,使混凝土密实地凝合在承台钢筋之中。

上海一建的技术人员一丝不苟地进行信息化施工,加强混凝土温度监测与管理,把承台混凝土内外温差牢牢控制在规定指标 30℃之内。历经 45 小时,承台混凝土浇捣胜利完工。随后,他们又对承台混凝土进行精心养护。结果,承台质量一流,完全达到预定目标。

1995 年 11 月下旬,金茂大厦基础工程提前一个月完成!尔后,金茂大厦进入地上工程建造阶段,上海建工集团总承包并统筹协调 50 余个国内外分包的"多国部队"创造了一个又一个建造史上的奇迹!

一个个建设"密码",被金茂大厦的建设者所揭开、所掌握,给后人留下一段段美丽的传说……

(芮晓玲 金义铠)

又是一个全国第一

——浦东建立全国首家建筑有形交易市场

浦东，一个创造奇迹的地方，也是一个开先河之福地……

1995年5月，全国第一家建筑有形交易市场在浦东新区宣告成立。该市场坚持有利于市场统一、开放的原则；坚持有利于服务市场各主体的原则，以现代化的管理手段、规范的运营环境、良好的服务设施吸引了建设市场诸类主体，得到了当时国家建设部和上海市纪委的好评，被誉为是规范建设市场、遏制腐败之风的有力措施。之后，有形交易市场这种管理模式被全国各地广泛借鉴和采纳。

曾几何时，建筑业发展呼唤有形交易市场。浦东城建人一马当先，时不我待。

浦东开发开放以来，各项建设工程大规模展开，建筑业逐渐成为浦东新区的主要产业之一。

1993年新区城建局成立，正值浦东大开发、大建设阶段，建筑业发展突飞猛进。

1994年，浦东新区建筑业产值74.49亿元，比上年增长65.21%，占上海全市建筑业总产值的25.8%。至1994年底，新区建筑单项工程在建3,041个，施工面积925万平方米，工程概算总投资额166亿元。

1994年在浦东新区注册或允许进入新区内施工的各类建筑企业计902家、职工30.43万人，其中中央直属部局和外省市建筑企业283家，职工16.28万人。

难忘的浦东城建岁月

由于当时建设速度和规模让有关方面始料未及，建筑市场因不规范出现了不少问题，有些甚至相当严重。一些不法分子和个别企业利用建设市场发育不全，相应法规不到位，制约机制不完善，管理手段尚未配套的可乘之机，进行行贿受贿、扰乱市场等违法违规行为。但凡质量和安全出现问题或事故的工程项目，除技术因素之外，都会查到假招标及层层转包、队伍人员"乱"挂靠、违法违纪等现象。"高楼大厦起来了，一批干部倒下了"，导致一些建设工程质量下降，安全事故上升，腐蚀了干部，败坏了风气，给国家和企业都造成了重大损失。

如何规范建设市场？如何使建设工程的承发包行为从"地下"走到"地上"、从不透明到透明、从无序到有序？

运筹帷幄之中，决胜千里之外。作为行业主管的浦东新区城建局早就在思考此事。1993年5月第一次城建工作会议上，城建局主要领导就在工作报告中提出了建筑市场建设的目标是"要将无形的、分散的、管理手段落后的建筑市场变为有形的、集中的、管理手段先进的建筑市场"。

1993年12月26日，新区城建局改革思路会上，从学习贯彻《中共中央关于建立社会主义市场经济体制若干问题的决定》角度，进一步明确了"将建筑无形市场变成有形市场"的任务。自此，由分管领导牵头，局建筑管理处组织局属建设市场管理署、招投标办公室等，组成筹备工作组。筹备组先后对上海及周边的建筑市场进行了广泛调查，对市场经济模式下建筑市场的运作方式进行了深入探讨。建立建筑有形交易市场的思路逐步形成，即通过建立有形市场，为浦东新区建筑市场各主体提供一个公开、公平、公正竞争的活动舞台，从而达到建筑市场管理的长治久安。

不飞则已，一飞冲天；不鸣则已，一鸣惊人。浦东城建人摩拳擦掌，跃跃欲试。

1994年10月，国家建设部提出了"建筑市场治乱、企业管理治散、工程质量治差、工程造价求合理"的三治一求方针，要求强化对建筑市场的管理力度，建立建筑交易有形市场势在必行。

打造先进、开放、有序的市场。面对浦东数以千计的工程、名目繁多的交易种类和数以万计的建筑从业人员，什么样的市场才能吸引他们有序进入？浦东城建人以大思路盘算着大格局……

只有创新才有生命力！1994年6月6日，在"建筑业交易市场"（当时初定名）筹备小组的第三次会议上形成了初步架构。1994年8月7日，浦东新区管委会分管领导来城建局调研，调研会上正式定名为"浦东新区建筑营造交易中心"，确立了"坚持两个有利于，打造先进、开放、有序的建筑交易市场"的基本原则。一是坚持有利于市场统一、开放。顺应市场经济要求，建立规范运营环境，反对一切人为隔阂市场的行为，建立建筑大市场，市场之间联网，形成网络，实现信息、资料共享。二是有利于市场各方主体。有形市场要以丰富的信息量、明快的工作效率、良好的服务吸引市场主体进入有形市场交易，并使市场主体通过公平公正的竞争，维护自己的利益。

天下本无路，因为有了第一位探路者，才有了路。城建局建筑管理处很快行动起来：担任市场筹建工作的王晓杰牵头做出包括市场装修方案和规范市场运营环境等八方面内容的文件，包括市场章程、市场管理办法、建筑工程交易规则、交易结算办法、会员管理办法、劳动力交易办法、机械设备委托代理办法等；担任市场计算机交易系统工作的陈衡提出了信息发布和计算机局域网方案，并会同技术支持单位加班加点、反复调试；担任文件主要起草者的封定远深入基层和建设各方，交出了满意文案。

众人拾柴火焰高。建设市场管理署、建设工程招投标办公室也动起来了：通过多方比较，选定位于新区城建局对面的东方路广兰苑为交易

难忘的浦东城建岁月

市场地址并承担装修管理;为市场各项文件起草提供宝贵的第一手资料并参与起草;积极探讨顺应市场交易的机构运作模式,将建设工程报建部和建设工程招投标办公室同时搬入交易市场,与建筑营造交易中心组成市场和监管并行运作的工作模式。

沉舟侧畔千帆过,病树前头万木春。浦东城建人以大无畏的首创精神,开拓前进。在各方积极努力下,建筑有形交易市场运营框架逐步清晰,这就是"三位一体、两场联手"的市场运作机制。

这是一个大胆的创举,更是一个前无古人的设想:所谓"三位一体",就是把当时的"建设市场管理署""招投标办公室"与"营造交易中心"这三个机构的管理都职能集中起来,实行"三块牌子,一套班子",把对企业的管理、考核、考评和招投标管理结合起来,改变原来那种各成系统、分而治之、容易造成脱节、产生漏洞的局面,使企业能够真正在一个较为公开、公正、公平的市场环境下进行竞争,按市场经济规律优胜劣汰,也使整个工程项目的承包活动始终处于闭合管理的监控之下,有效地遏制不正当竞争和腐败行为的产生。

所谓"两场联手",就是实施"现场"和"市场"两者之间闭合管理。通过加强对一些逃避管理的建设方的现场查处,促使他们进入有形市场来接受管理。同时,对那些屡屡违规、信誉较差的企业,予以严肃处理,并将信息反馈市场。这一措施有效地将现场纳入市场的监督管理中,大大提高营造交易中心的威信,推动建筑市场在现场管理方面工作的发展。

1994年,新区城建局结合建筑交易市场的建设,加强了建筑市场的规范化、法制化步伐,相继颁发10项建筑行业行政法规文件(其中3项由建设局上报至浦东新区管委会颁发)。

春雷一声震天响,清风数拂天下春。有形市场成立以后一年内,通过了建筑类项目进入市场的压力测试,建设业主方、工程承包方等逐步接纳了市场的信息服务、办事流程和监督管理。1996年5月，市场迎来了首次市政项目大规模招标，接受了考验，交出了满意答卷。

为改善浦东投资环境、配合国际机场的建设，1996年由新区负责实施的市政项目有上川路（顾路段、王桥段）、金海路、申江路、外环线（浦东段一期）、龙东路、远东大道、上南路等8条总长度约50公里、分93标段的道路（含桥梁、雨污水管等）。

根据工程扩初设计完成的先后，从1996年5月下旬开始，历时4个多月，8条路分6次招标。上川路（二段）和金海路3个项目率先招标，到1996年9月底远东大道决标，招标工作顺利结束。

这次招标利用市招标办《信息》期刊和新区建筑营造交易中心大屏幕公开发布信息，公开发售招标文件，利用大屏幕公开开标，并在招标过程中引入公证机关进行三阶段公证，即开标前施工企业资质验证公证、开标公证、评决标公证。信息发布后，只要符合资质等级的施工企业（市政二级以上）不分本市、外省市均可参加报名投标，共有563家次施工单位报名，经招标工作小组预选发标书328份。这次外省市施工企业报名率占总报名的24.6%，投标率占总投标数的23.8%，中标率占总中标数的20.5%；浦东建设总公司系统投标报名率占总报名数的18%，投标率占总投标率22.8%，中标率占总中标数的34.4%。这充分体现了投标的普遍性。

万事开头难，只要肯攀登。为了做好本次市政工程入场招标工作，城建局主要领导、分管领导等多次召开建设单位、城建局有关处室和新区招标办、建筑营造交易中心主要负责人会议，对招标工作的方法、进程作了具体研究安排。提出本次大规模市政招标首次进入有形市场，招标要以公开、公平、公正的原则，面向所有施工单位，强调在工程承发包中反对不正当竞争。所有投标单位都应到新区建筑营造交易中心进行公开竞争，不允许任何个人私定施工队伍。有关部门各级领导统一思

难忘的浦东城建岁月

想，在招标过程中形成制约机制，为顺利开展这次市政工程招标奠定了基础。

开先河是没有样本的，也没有可依据的模式，一切都需浦东城建人的探索与实践。为保证招标工作的严肃性，整个招标工作都在新区招标办、新区公证处的监督指导下进行。为使整个招标过程纳入规范管理，建设单位把招标工作全过程委托给具有一定资质的浦东新区招投标咨询公司代理招标。新区招标办充分发挥行政主管部门的作用，统一负责对工程报建、招标投标、承包合同管理和经营行为的检查监督，保证了整个招标工作在有形市场内规范有序进行。根据设计文件的编制深浅程度，分别进行工程量报价招标和费率招标。对技术标、商务标分别邀请专家和专业技术人员进行分析。招标工作小组根据技术标、商务标的综合分析向评委介绍标书情况以供评委评议。

评标工作小组成员由建设单位及其上级主管部门和监理单位、设计单位的工程技术人员和有关专家组成，建设单位人数严格按有关文件规定控制在评委总人数的50%以内，以确保评委成员组成的合理、公平性。

市政工程进入有形市场招标竞争择优选定施工队伍，有力地促进了建筑有形市场的进一步健康发展。

改革，就是浦东城建人的一次开拓，一次创新，一次飞跃。只有改革创新，才能推动市场化的前进步伐！实践验证了有形交易市场的作用。浦东建筑有形市场建立运营以来，日益彰显出其作用和生命力。

第一，逐步规范了浦东新区建筑市场秩序。交易中心把对建筑市场的管理覆盖到建设工程的每个环节，对建设工程招投标、建筑营造交易、建筑工程现场监督等各个方面以及从项目报建到施工许可证签发等各个环节，实行了科学管理和严格的规范。利用先进的计算机技术，不断完善相关的法规和制度，使建设工程的承发包行为从"地下"走到

"地上"，从不透明到透明，从无序到有序；把建筑市场主体的三方——业主方、承包方、咨询中介方——全部纳入有效管理的轨道，实现了建筑业"从无形到有形、从无市到有市、从隐蔽到公开"的三大转变，形成了"公开、公平、公正"的良好竞争氛围，从而逐步规范了浦东新区的建筑市场。

第二，有力地遏制了工程建设中心的腐败现象和违法违纪行为。由于建设工程项目必须进入中心这个有形市场进行交易，而且各个环节、各个相关部门都处在一个既相互联系又相互制约、既相互协作又相互监督的环境中，因此，交易双方及咨询中介的行为都得到了有效的控制与监督，使行贿、受贿等违法违纪行为失去赖以滋生的客观条件。

第三，提高了队伍素质，促进了廉政建设和精神文明建设。规范建筑市场，规范交易行为，也给管理者提出了更为严格的要求。如果管理者本身的行为不规范，那么要想规范建筑市场就是不可能的。因此，除了在硬件上强调规范以外，交易中心还特别强调了管理者自身素质的提高和良好行风的养成。交易中心通过提供一门式服务，实行政务公开，实行承诺制，以优质、规范、便捷的服务，树立了良好的文明窗口形象，有力地促进了精神文明建设。交易中心在改革实践中不断积累经验，注重体制、机制、法制的"三位一体"，强化廉政建设的意识和措施，党建工作、经济工作、廉政工作、纪检工作"四结合"。廉政勤政已成为交易中心上下共同的行为准则。

第四，丰富了有形建筑交易市场理念。一是采取新的评标办法，使工程承发包活动更趋公正、科学。为了有效地制止项目信息的无序流通、地下交易，产生非法承包和贪污受贿等腐败行为，营造交易中心探索新的评标办法，努力提高招投标的管理水平，使承发包活动更趋科学、公正。1996年以来，根据市有关规定，大力推行建筑工程"两阶段评标法"和"百分制评标法"，使得评标工作趋于量化，从而堵住了过去一次评标投票表决而造成各种漏洞。二是大力推行施工招标公证制。1996年以来，为了更好地规范招投标行为，加强承发包活动全过程的监督机制，营造交易中心在1,000万元以上投资额的项目招标过程中引进了公证制度，实行"三阶段"的公证，即开标前施工企业资质的验证公证、开标公证和评标公证。公证制的推行，进一步促进了建筑市场的规范。

第五，高科技手段为数字化城市建设和管理打下良好基础。建筑营造中心在运行实践中，运用现代化的设施及高科技手段，不断完善充实信息网络系统，拓展信息服务的内容，开发新的服务功能，扩大信息源，把各方面的信息，包括政府的政策措施、法律法规、建筑管理动态、建筑材料等信息尽可能全面地录入中心，建构起一个海量"建筑信息数据库"，同时不断提高信息的及时性、准确性，尽可能多、快、好地将相关信息传递到客户手中，为今后数字化城市建设和管理打下了坚实的基础。

欲穷千里目，更上一层楼。浦东城建人就是以这样的探索精神，争创一流，勇夺第一，在全国同行业中迈出了第一步……

（芮晓玲　宋柏青）

高楼林立下的"护身符"

——浦东城建相邻基础施工管理之创新

当人们从心底里赞许浦东新区鳞次栉比、蔚为壮观的高楼大厦时,有谁可曾想到,这些林立的摩天大楼底下有多少局外人想象不到的难题需要相关的组织者和专家们去一个个攻破。

本文要向读者介绍的,仅仅是其中的"小"话题,一个往往不被人们注意但却是不可逾越的技术难点,即相邻高层建筑的地下工程施工管理。

浦东城建人则被誉为浦东高楼大厦下的"护身符"……

1993年2月,浦东新区城建局尚在组建之初,就收到来自上海华良建设发展公司关于"良友商厦"工程安全的一份紧急报告:"2月9日晚,我方东侧围护桩测见约500毫米的突变骤增位移。2月16日,围护结构位移最大1,638毫米,坑底隆起最高600毫米……"

这是继1993年1月9日第一次紧急报告之后建设方的又一次告急!

事态严重,引起了有关方面对"良友商厦"东侧施工现场的瞩目:"良友"东侧为上海供销总社"供销商厦"工地,两座大厦基础边线最近距离只有12米!"供销大厦"1992年12月29日开始送入预制桩,时间距"良友商厦"基坑挖土仅差一天!

高层建筑相邻工地施工影响导致的工程安全及质量事故,引起了新区城建局的高度重视。

浦东城建人紧急出动……

此时建筑管理处人员尚未到位，城建局领导已焦灼万分：相邻工地施工引发的工程事故在新区大开发建设中是否不可避免？这一工程事故究竟源于外在影响还是内在隐患？有无设计、管理等方面的因素……

城建局主要领导形象地作了这样一个比喻：地面上的建筑物好像人的躯壳，地下的建筑工程则是人的内脏。躯壳人人看得见，而内脏不仅看不见，还难以预测，搞不好还会危及生命。

5月12日，刚进入运转状态的城建局建筑管理处立即按照局领导要求，组织人力专题调查了"良友""供销"工地及其事故整个过程并提交了调查报告。

"良友商厦"（现商城路618号）事故发生地位于浦东张杨路商业中心开发区域。该区域规划建设17幢高层，当时已开工有8幢。

该区各高层建筑建设特点是：单体间距小，规划红线距离在14—20米；工期要求接近，都要求1995年底完成；桩基由浅至深，"良友"基深7.5米，"供销"基深8米，紧接"供销"开工且毗邻"供销"的"廖氏胜康大厦"，桩型为钢管桩，桩深9—10米。

调查组到达现场时，"良友"地下工程半数以上的工程桩已损坏，不得不停止打桩并作应急处理。

从建设特点来看，这是一个大工地，是一个总体工程。施工组织应像规划设计那样，总体布局、分批实施、工期要求及施工顺序都应服从于工程质量。可事实是，在这块分属行政系统各自指挥的开发小区内，各建设方都在3年内完工的"指标"下，积极筹备，动工兴建，从而埋设下隐患：一是工期太接近，工地太靠近，一方挖土、一方打桩同时进行相互影响引发质量安全问题。二是施工顺序无总体布局。按总体工程而论，基础施工顺序应由深至浅。事实却是，在这块统一规划设计而缺乏统一施工管理的区域内，建设方各自为战违背了基础施工顺序。

建立协调管理新机制。"发现问题，就要形成解决问题的新机制"，这是浦东新区管委会主要领导了解事故调查情况后的要求，也是破解难题唯一有效的办法。

只有创新管理机制，才能有效解决并预防新问题的发生。处理类似事故靠单一行政命令和单一的技术手段显然是不行的。按照原来的管理模式，单纯的工程技术问题，专家们的意见往往缺少约束力，一些施工单位为了追求工期、效益，不肯认真对待技术问题；而行政管理部门则因缺乏技术上的有力论证，难以发出具体并易于操作的行政指令。

有例为证：1992年12月30日、1993年1月4日，"良友"和"供销"的同一行政主管部门两次召开由设计、施工单位及部分专家参加的双方施工协调会，形成"既要抓好供销商厦的工程进度，又要保证良友商厦工程质量"的协调方案。协调会上明确："供销"可打桩，但要限速，每天4根，并注意流向，加强监测；"良友"可挖土，但要注意作业方式，先挖距"供销"较远的南裙房，由西向东……应该说，这个方案在双方都必须保证"工期"的前提下，是有一定积极意义的。结果如何呢？双方并未严格按协调会议方案实施，而是抢抓各自进度，互不相让，使先施工的被保护方"良友"土体侧移险情更险！

建立怎样的协调管理机制才更有效呢？

建筑管理处调查组连续走访了张杨路商业开发区域的业主——陆家嘴金融贸易区开发公司（陆家嘴集团前身）郑尚武副总、陈伯清总师等。陈伯清总师此时正在为齐鲁大厦施工顺序错误导致桩基严重位移找到城建局建筑管理处，要求政府出面建立强有力的协调组，解决开发建设高峰期带来的问题，否则将极大地影响浦东开发建设的质量、形象和进度。

调查组还听取了上海市有关权威专家（时任上海市建工管理局总工程师的叶可明、时任宝钢总厂总工程师的王铁梦）等各方面的意见和建议，了解到相邻高层建筑深基坑施工管理尚有很多技术上难题需要解决，在当时世界上也无成功的先例可参照。

要解决高层建筑地下工程因同期、相邻施工影响而引发的难题，必须要有创新的思路，组建行政、技术一体化的协调组，建立强有力的指挥协调系统，行业主管部门的监督一并介入，再加上规范现场施工管理，共同探讨行政负责与技术负责相结合的管理新机制。

为此，建筑管理处一是会同上海市权威专家解决应急问题，如当时国家建设部关注的齐鲁大厦（山东省投资建设，现东方路838号）桩基严重位移问题等，探讨行政负责与技术负责相结合的方式方法；二是会同陆家嘴金融贸易区开发公司等制定了协调组方案报城建局，局领导于1993年10月签发了《关于成立陆家嘴地区房屋地基基础工程施工协调组事宜的通知》（简称"《通知》"）。

《通知》明确了协调范围根据应急、重点的原则暂定陆家嘴19平方公里区域，协调组内设领导小组和技术小组并接受城建局领导。协调组有五大任务：提出并确定范围内建筑地下工程施工方案，审定有关设计施工监测技术措施，督促各地块方案实施，依法对违规行为和单位提出查处意见，对拒不服从协调管理的施工单位清退出浦东新区建设市场。

《通知》明确了技术组5人专家：宝钢总厂（宝钢集团前身）总工程师王铁梦，上海市建工管理局（建工集团前身）总工程师叶可明（1995年当选为中国工程院院士），上海市建筑设计院副总工程师黄绍铭，冶建部总院地基研究所副总工程师周志道，华东建筑设计院高级工程师张耀庭。

《通知》还明确了技术组由建筑管理处副处长负责行政、王铁梦和叶可明负责技术。

从突破与创新中解决难题。协调组成立伊始，适逢浦东大开发建设高峰期。1994年浦东新区在建的高层建筑达240多幢，其中有110多幢是 30 层、100 米以上的超高层大楼。而在陆家嘴区域，有 3 幢以上高层建筑集中在一起的就有 12 个地块。

协调组刚成立就遇到 2—6 地块"嘉兴大厦""众城公寓""爵士公寓"相邻地基工程因打桩、挖土相互影响带来的矛盾。如不及时协调好，必将导致工程桩位移、围护体失稳和损害邻近建筑物的严重后果。

协调组发挥了技术措施和行政措施双管齐下的优势，在详细了解各家的工程特点、工期进展和技术要求后，通过协调，确定了合理的施工流程、工期安排和安全措施，并以新区城建局正式发文的形式，指令各有关单位严格执行，从而实现了三项工程互不干扰、同期施工、安全稳妥的目的。

在协调组建立后的 1 年 4 个月内，先后解决了 30 多幢相邻高层建筑地下工程的施工影响难题，获得了良好的经济效益和社会效益，取得了具有突破性的成果。国家建设部专家说：这样的创新，国际上没有先例。

兹举两例为证：

例一：工期同步，4 座大型毗邻高层建筑（中国煤炭大厦、中国石油大厦、上海浦贸大厦、中达化工大厦）两两共享红线。陆家嘴金融贸易区 2—6 号地块内，原煤炭工业部的中国煤炭大厦（现上海浦东假日酒店，东方路 889 号）、原石油工业部的中国石油大厦、上海浦东物资贸易公司的浦贸大厦、原化学工业部的中达化工大厦沿东方路呈"一"字形排列。4 幢高层总建筑面积在 44,000—62,000 平方米，地上 25—33 层，地下均为 2 层。4 栋高层建筑打桩时间几乎同时，基坑面积都在 5,000 平方米以上，基坑深度在 -10 米至 -12.25 米，4 幢大厦两两共享红线。由于条件制约，4 幢楼都选用预制打入桩，数以千计的预制桩在同一地区几乎同期打入，所引起的土体隆起、附近建筑物被震损以及它们之间的相互影响，难以预料；还有基坑的形式和支护，如各自开挖，则共享红线处几乎难以施工，相互之间的有害影响难以避免；如采用联合基坑，则存在同时设计、同时施工、共同监测以及高难度支护等难题。

协调技术组多次到现场调查研究，并召开协调会，特别是经叶可明、王铁梦等专家反复分析、论证，形成了大胆创新的两个联合大基坑工程的施工方案。专家们对4家施工单位实施两两基坑过程中的打桩时间、流程、速率，挖土的进度、方式，基坑围护的方式、位置等技术问题，都进行审定（由于是联合基坑，2家若用一道地下连续墙，围护支撑体系不得不另行设计）；对防挤、排水及各项安全措施都提出了明确要求，并且规定两两施工单位各成立一个现场协调小组，各建立一个监测系统，所有重大措施均需报城建局协调组审查认可后才能实施。由于技术措施、组织措施和行政措施严密，指挥协调有力，这4幢高层的地下工程终于顺利完成，开创了上海乃至全国联合基坑技术的成功先例。

例二：工期不同步，且一家已有危险信号的4幢大厦（银都大厦、新上海国际大厦、世界金融大厦、招商大厦）。陆家嘴金融贸易区1—3号地块有中国人民银行上海市分行的银都大厦（现陆家嘴东路181号）、上海信托投资公司的新上海国际大厦、建行上海分行的世界金融大厦、香港招商局的招商大厦。这4幢金融大厦呈"田"字形排列。银都大厦开工较早，地上共计19层。1994年5月初，在上部结构建到18层时，相邻施工影响显现。招商大厦地上40层，地下2层，总建筑面积7.2万平方米，正开挖深达13.2米的基坑，基坑面积达4,800平方米，维护结构为灌注搅拌。世界金融大厦地上43层，地下3层，总建筑面积8.4万平方米，也要开始打桩。其基坑深度达14.4米，基坑面积达7,225平方米，维护结构为地下墙。新上海国际大厦地上40层,地下2—4层,总建筑面积7.8万平方米,基坑深度13.7米,基坑面积达5,180平方米,维护结构为地下墙。当时已完成地下连续墙并准备挖土。4幢楼虽然开工时间略有先后,但相邻太近,相互影响难以避免,具体影响如下:银都大厦——在近新上海国际大厦一侧曾出现过围护桩位移和直角处结构剪切的问题,因而相邻2家挖土对银都的基础可能造成损害十分担心;招商大厦——分层挖土,第一层2.5米厚土已完成,采用灌注桩围护辅以搅拌桩和旋喷桩加固,担心世界金融大厦打桩影响施工;新上海国际大厦——地下连续墙已完成,准备挖土,担心世界金融大厦打桩对围护结构有影响,且银都大厦和世界金融大厦两侧路面堆载影响基坑开挖。因此,4家地下工程的施工均相互牵制,互受影响。

据此,技术组充分依据实测资料和施工工况,3次召开协调会,2次形成书面意见,较好地解决了问题。

1994年4月1日,当招商大厦混凝土底板浇捣开始时,混凝土泵车要从新上海国际大厦基坑边缘的道路上通过,而此时该基坑支持强度已达到报警值,矛盾冲突骤然加剧,施工双方形成对峙局面,情况十分紧张。新区城建局建筑管理处前一天下午接到行车路线报急后,临时决定次日早上在现场召开技术组紧急协调会。经过实测资料分析及了解现场实际情况,协调后提出应急意见,令双方立即执行:招商大厦混凝土重车立即改道;新上海国际大厦应支持招商大厦底板浇捣,并在第二天下达书面协调意见。

从以上事例中可以清楚地看出,技术措施和行政措施的紧密结合,是解决问题的关键。只有两者结合、互补,才能使技术创新,管理亦更有实效。

规范施工管理成效显现。协调组凭借科学的技术和管理,在实践中树立了权威。为了规范新区基础工程的设计、施工、监理等行为,在总结经验的基础上,技术组又草拟了《浦东新区相邻建筑地下工程施工管理办法(暂行)》,提交给新区城建局审定后于1994年7月予以发布,从制度上确保建设各方有章可循,为上海市建设工程管理提供了宝贵经验,也使协调组在项目日益增多的情况下避免顾此失彼。

据统计,协调组建立以来先后协调了30多项高层建筑工程,取得了较显著的社会成效和经济效果:

一是化解了建设过程中投资方之间、施工者之间和投资、施工方与居民之间的许多纠纷,促进了施工安全和工程质量,维护了社会稳定。例如,浦东大道某工程打桩时影响了邻近民房,居民们冲进工地阻止打桩,矛盾出现激化迹象。由于《浦东新区相邻建筑地下工程施工管理办法(暂行)》中有明确规定的责任,经协调制定措施,矛盾缓解,工程和居民的利益都得到妥善兼顾。

二是优化了方案,节约了投资。经协调组评审和建议修改的方案,排除了事故隐患,不同程度地提高了工程的安全性、质量和工期保障,取得显著的经济效益。特别是采用联合大基坑方案后仅围护桩一项就节约资金千余万元,因而被协调的各方都对协调组的工作表示支持和感谢。

三是推动了工程技术的进步,如上述两个联合大基坑,平面尺寸达150米×90米,挖土深度达10—12米,如此庞大的工程采用两道支撑,在国内尚属首例。又如世界金融大厦的基坑,面积大且不规则,挖土深达13.5—14.4米,是当时上海市范围内最深的,采用三道支撑,也是基坑围护技术上的突破。

四是在建设管理上走出了一条新路子,扩大了技术专家队伍。许多知名专家都以参与浦东开发为荣,纷纷要求参加建设,使新区城建局得以组成水平较高、阵容整齐的专家队伍,作为建设管理的强大后盾。城建局建筑管理处等就此撰写的课题报告于1995年4月通过以时任建设部总工程师许熔烈为组长的专家组的评审,认为该课题"在建设管理和施工技术上开创了新路子。部分工程在技术方案方面有较大突破,处于国内领先水平。论证科学、完备,具有推广价值,可以在有关区域、有关部门推广应用"。

高楼万丈平地起,浦东城建人以自己的专业与担当,为一幢幢摩天大楼甘当默默无闻的"护身符"……

(芮晓玲　陈　标)

城市蜕变里的"基石"
——浦东建材业转型升级历程

有人说浦东是钢筋水泥的"森林",也有人说浦东是在黄砂石子上垒起来的。总之,浦东的今天,同建材业息息相关,它是浦东建设发展的基石。

伴随着开发开放的不断推进,浦东这座充满东方魅力的现代化城区拔地而起。曾经的阡陌纵横已是高楼林立,昔日的冷僻乡间成为繁华艳丽的不夜城,傲然屹立在浦江东岸。

凭借开发开放的浦东,承载着无数人的创业梦想,也凝聚着浦东建材人的辛勤付出。在改革中诞生、创新中发展的浦东新区发展新型墙体材料办公室(简称"墙办")、散装水泥办公室(简称"散办")、建材管理署等管理部门,汇聚了一批来自五湖四海、怀揣梦想的各类人才。凭借开发开放的重要契机,他们积极探索、勇于创新、引领行业发展,奏响浦东大地建材行业革故鼎新的动人乐章。

传统产业革新,为浦东腾飞铸就基石。在当年浦东520多平方公里范围内,尤其是在城郊接合部,分布着近20家大大小小的砖瓦生产企业。这些企业大多数工艺落后,生产环境差,毁田烧砖现象十分普遍。走进这些砖瓦企业,首先映入眼帘的是晒在太阳底下,似长龙般排列的一条条黏土砖坯。清一色的黏土红砖成品堆场,也是一眼望不到边。砖瓦企业周边成片的农田被挖得坑坑洼洼、满目疮痍,毁田现象触目惊心。这些企业中,近半数没有规划许可证,也没有土地使用证。

针对砖瓦企业当时的严峻现实，浦东提出实施"关、停、并、转"的总体改造策略。

对于无证砖瓦企业，按照上海市"三委二局"《关于清理整顿砖窑厂（98）0137号文件》精神，明令停产关厂。新区城建局作为这项工作的牵头部门，多次召开新区规土、工商、农发等相关部门协调会议，建立了推进工作小组，明确工作职责。局领导和局建筑管理处多次深入基层对砖瓦企业实地调研，提出了具体的工作要求。浦东建材管理部门成为清理整顿砖窑厂的主力军。他们制订实施计划，拟定工作方案。会同工商年检机构，联合规土执法大队，协调村镇相关部门，积极推进无证企业停产关厂工作。关闭砖窑厂阻力非常大，企业有强烈抵触情绪，利益相关部门招呼不断。要动真格的时候，有一家企业主全家老小手拿砖块守候在工厂大门，称誓死不让进厂半步。被列入浦东关闭名单的还有两家部队砖瓦企业，其中一家还与新区建材部门开展过军民共建的驻地部队，可想而知，其推进难度有多棘手。

为了有效开展工作，在联系协调相关单位从规划土地、工商年检、采矿许可和产品准用等源头控制和乡镇考核挂钩之外，浦东建材管理部门具体采取了三项推进措施：一是召开座谈会，宣传国家政策，阐明整治理由；二是不断上门动员，耐心做好说服劝导工作；三是组织召开现场会议，扩大影响，大造声势。当时，由新区城建局分管领导带队，在高东镇召开"浦东新区无证砖瓦企业拆除专题现场会"，特邀同济大学的专业爆破团队对砖瓦企业的烟囱实施定点爆破。当地的村民们都来围观，地区民警配合做好工厂周围的警戒。领导按下爆破按钮，几十米高的烟囱瞬间轰然倒下，好像电影拍摄现场一样，场面非常壮观震撼，宣传效果十分明显。烟囱爆破后，继续监督企业自行拆除制砖生产设备，并要求企业尽快实施复耕还田。对于配合政府工作的砖瓦企业，在政策规定范围内给予一定的经济补贴。通过现场会的召开，相关新闻媒体的

难忘的浦东城建岁月

宣传报道,对砖瓦企业产生强大的威慑作用。对于部队所属砖瓦企业,结合军民共建活动,借力部队清理三产的政策,不失时机地进行宣传推进。在砖瓦企业关停工作中,为了缓解矛盾,管理部门不做甩手掌柜,寻求多种渠道给从业人员相应的出路。如以技术或资金入股的形式参与到有证砖瓦企业中;协调地方和村相关部门,提供低租金的闲置场地、厂房,进行砌块类新型建材的生产等。

浦东砖瓦企业关停工作开展得轰轰烈烈、惊心动魄,但稳妥有序,卓有成效。通过几年艰苦努力,浦东相继关闭无证砖瓦企业 8 家,减少黏土砖生产能力 1.5 亿标砖,减少土地占用 400 多亩,保护农田近千亩。

对有证砖瓦企业,通过技术支持、政策倾斜,鼓励其由传统产业向新兴产业转变。一是实心黏土砖改多孔黏土砖,简称"实改空"。这方面也涉及砖瓦企业的设备和生产工艺改造。不要小看这一改动,它能达到节约 30% 黏土资源的目标,也一定程度提高了砖类墙体材料的保温隔热性能。二是有条件企业实施多孔黏土砖向混凝土砌块和石膏板等新型建材产品发展。新区两家规模化的国有和集体砖瓦企业率先试点,带头进行改造升级,建立了多条混凝土砌块、建筑石膏板、水泥压力板等新墙体材料生产线。随后其他砖瓦企业也开展相应的改造工作。

在"关停并转"工作中还碰到有证企业申请移址建厂的案例。新区某家砖瓦厂因规划用地,原厂址新建集装箱承运企业,砖瓦厂老板打报告申请移址新建一个规模相等的砖瓦厂,并称地方上也原则同意给他划一块临时用地,还多次上门游说。针对这一情况,浦东建材管理人员不为所动,严格把关,坚决按照国家土地法以及本市建材业相应法规,明确答复不允许移址建砖瓦厂。还及时与当地政府和有关部门联系,宣传政策,表明态度,采取果断措施,及时制止了有证砖瓦企业移址新建厂房的行为。该砖瓦厂于当年拆除歇业,相关部门对从业人员都作了适当安排。

这一场史无前例的砖瓦企业革新运动,一方面实现了砖瓦企业的转型升级,推动了新型建材的发展;另一方面,通过技术培训和知识更新,实现了相当一部分劳动力向新型产业转移的目标。到2000年,通过革新改造,浦东传统的砖瓦行业发生了翻天覆地的变化,秦砖汉瓦行将退出历史舞台。这是新区各相关部门共同努力的结果,也凝聚着浦东建材人的心血和汗水。

传统模式蜕变,走创新发展之路。浦东原有7家水泥生产企业。长期以来,都是采用传统的模式和工艺生产清一色的包装水泥。当时的水泥包装都是用优质木材纸浆生产制作。每万吨包装水泥要耗掉包装纸60吨。浦东年产水泥100万吨,每年要用掉优质包装纸6,000吨,折合木材3.3万立方米。包装水泥在生产运输储存和使用过程中会产生大量的粉尘污染。包装水泥的损耗率达4%,浪费十分惊人。浦东建材管理部门凭着高度的社会责任心,大力推进新区水泥散装化工作。

一是按照相关政策,拆除不符合产业发展的机立窑和小口径包装水泥粉磨生产线。在此基础上,发挥浦东新区散装水泥专项资金的作用,鼓励企业全面实施水泥散装化改造,支持企业配置散装水泥生产设施,购置专用运输车辆。推动使用单位添置散装水泥接收设备。

经过多年的努力,生产企业全面完成散装水泥专用设施的改造。混凝土砌块、预制构件、混凝土搅拌等企业,全面完成了散装水泥固定筒仓的建设。建设工地也都竖起了不同规格的散装水泥流动罐。这为浦东散装水泥发展打下了坚实基础,散装水泥生产使用率逐年提高。

二是积极与浦东河闸、河道运输和港口监督等管理部门合作,加强进沪包装水泥的端口监管。特别是通过河闸管理部门每天24小时的闸口把关,建材部门也派出人员在闸口蹲点,用经济、行政等多种手段,控制和减少外来包装水泥对本地建设市场的冲击。

三是鼓励相关企业在浦江沿线以及川杨河等沿河码头规划建设散装水泥中转基地。主要通过水路转运的形式，将外省市的散装水泥大批量运到浦东。在高峰时期，浦东散装水泥中转企业达8家，设计中转能力200多万吨，年中转量达100多万吨。浦东新区散装水泥中转能力始终保持全市领先水平，确保了散装水泥的供应。

1996年第二届全国散装水泥装备展销与技术交流会在浦东召开，标志着浦东散装水泥发展到了一个新的阶段。经过多年的发展，到2000年，浦东建材生产企业和建设工程用水泥已经基本实现散装化。水泥散装化工作的有效推进，为国家节约了大量优质木材资源，减少材料浪费，降低粉尘排放，有效保护了环境。这一项利在当代、造福子孙的千秋大业，在一代浦东建材人的执着推动下得以实现。

新型建材成果凸显，腾笼换鸟、不破不立。通过调整和控制规模小、层次低、耗能高的传统建材企业和产品，推动了一批节土、节能、环保和科技含量高的新型建材企业的建设，发展壮大了一些有影响、成规模、高起点的新型建材龙头企业。年产2,000万平方米石膏板的生产企业在浦东王桥开发区率先建立。全市最大，年产2万立方米型材、350万平方米组装生产线的塑钢门窗企业在张江正式投产。全市首家年产10万立方米粉煤灰陶粒生产企业在浦东应运而生。地处白莲泾的混凝土PC大板项目也投入生产，并在小陆家嘴的森茂大厦（现为恒生银行大厦）建筑外墙开展了PC大板的应用试点。从某种意义讲，森茂大厦的建造开启了浦东装配式建筑体系的先河。

浦东地区混凝土砌块生产企业迅速发展，高峰时期有15家，年设计生产能力达60万立方米。浦东新墙体材料示范工程也不断涌现，应用项目全面铺开，新墙体材料占据了浦东建设工程项目的大半壁江山，也一改往日浦东建设工地"一片红"的局面。散装水泥的迅猛发展，也为日后浦东商品混凝土和商品砂浆的快速发展提供了条件，打下了基础。通过改造、升级和实际应用，浦东新型建材行业基本形成了健康的发展格局，并发挥出日益强大的功能和作用。

浦东建材人以改革创新的勇气，脚踏实地做事，取得了较好的成绩，浦东新区新墙体材料和散装水泥生产使用率一直名列全市前茅，连续多年被评为上海市墙体材料和散装水泥先进单位，一批建材管理人员也被评为该行业国家和上海市先进工作者。国家建材局原局长张人为、国家新型墙体材料办公室原主任陈福广，曾到浦东视察调研新墙体材料生产和应用，他们都对浦东新墙体材料推进工作给予高度评价和肯定。

随着新一轮开发建设，浦东建材人又开始了新的征程，描绘新蓝图，在新的起点上，实现新的跨越，继续书写辉煌的篇章。

浦东美好的蜕变，离不开这一块块普普通通的"基石"。

（夏叔远）

在时代嬗变中走向完善
——记浦东住宅建设

"宁要浦西一张床,不要浦东一间房""好女不嫁浦东郎"……这些已经湮没在人们记忆深处的顺口溜,是20世纪末上海普通市民生活中某些方面的真实写照。

1990年,党中央、国务院宣布开发开放浦东。住宅建设作为浦东形态建设和功能开发的重要组成部分,迎来了跨世纪发展的高起点,呈现出前所未有的生机。从"居者有其屋"到"小康不小康,主要看住房",在时代的沧桑巨变中,人们对住宅不断提出更高的要求。新区住宅产业的健康发展也成为全社会关注的热点。浦东新区城建局和局属浦东新区住宅发展署担当了住宅管理的重任。

开发开放初期,浦东作为人口导入区域,大量的动迁安置房在昔日的农田上拔地而起。当时的房产开发尽管规模较大,速度也很快,但配套滞后。一些市政和公建设施已经无法负载,给居民生活带来诸多不便,进而影响了社会的稳定。为使建设管理跟上住宅发展的实际需要,保障新区住宅产业的健康发展,新区分管领导要求:对新区范围内的住宅基地进行全面梳理,盘清家底,逐步还清公建配套的欠账。为此,城建局分管领导会同局建筑管理处、局属浦东新区城市综合开发中心(住宅发展署的前身)组织开展了积极、紧张的梳理工作。

新区住宅基地的梳理工作于1995年3月开始,经过不懈努力,到1996年底全面完成,梳理和统计出浦东新区1990—1996年计有187块住宅基地。其中，27个镇分布着108块，规划可建住宅3,800万平方米；当时共有11个居住区、9个居住小区、25个街坊、57个组团住宅和75个零星住宅小区。

在梳理中还发现，新区住宅建设市政配套的滞后现象相当严重，造成大量住宅建成后无法交付使用。一些住宅基地在建设时缺少配套专业计划，造成煤气、雨污水管道等市政公用管网无法形成体系，甚至有些农村集镇地区的住宅小区，生活污水用"地埋式"简单装置直接排入河道，雨水则用临时泵排入自然水系。住宅空置现象严重，入住居民的生活条件也相当困难。比如花木蔡家小区由于自来水与城市管网连管困难，区域内的自来水厂也没有能力供水，部分居民只能饮用地下水。他们用可乐瓶做容器，将水静置4—5小时沉淀出白色结晶后用作饮用水。夏季用水高峰时，当地政府不时采用消防车供水以解燃眉之急。还有三林凌兆居住区因缺乏必要的变电设施，无法正常供电，只好架"电线木头"让居民使用施工电或临时电。为此，动迁居民怨声载道。

资料显示，1993年浦东居民用电量为2.47亿千瓦时，1994年为3.2亿千瓦时，比上年增加约30%；1995年，新区每天的水缺口是6万—9万立方米，尽管上水公司扩建了杨思水厂，凌桥水厂把原供浦西的每天5万立方米水调往浦东，但还是不能满足新增需求。

住宅小区公建滞后或者缺配也是浦东居民投诉的热点。入学难、出行难、生活不便困扰着居民。一些开发商受利益驱动违反"公建与住宅同步建设"的原则，公建迟迟不开工或干脆不建。比如"万邦都市花园"项目对规划中的幼儿园迟迟不建，居民误认为幼儿园园址为绿化组团。川沙镇因为教育设施配套滞后，曾经出现百名幼儿争抢25个入院名额，最后只能由电脑抓阄录取的现象。

本次梳理工作遵循"边梳理、边解决"的原则，对于梳理出的问题，城建局及时会同有关部门解决历史欠账。如对沿江片的学校通过教

难忘的浦东城建岁月

学楼加层的办法缓解入学矛盾；对于居委会用房配套，则通过内部挖潜、购置房产、相邻住宅区统一设置来解决；绿川小区出行难则是延伸公交线和设立站点来解决，当时小区居民放起了鞭炮表示感激。对新建住宅小区，则加大配套费投资来防止新的问题发生。

1995年8月，浦东新区成立住宅发展署。在深化梳理、调查研究的基础上，开始实施一系列管理新举措，着力解决住宅基本配套问题。

实行住宅基地牵头单位负责制。对40万平方米以上配套条件不够成熟的居住区，实行住宅建设配套费包干使用。也就是说开发商按居住区规划要求，自行投资完成相应的市政公用、公建配套设施的，则无须缴纳住宅建设配套费。在多个开发商共同开发的居住区，则由一个牵头单位负责征收配套费，并统一在居住区实施配套。具体实施过程中，我们编制配套项目计划，定期组织检查，督促项目的落实，使配套牵头单位既有责又有权，推动包干基地的配套建设，也杜绝了"包而不干"的现象。

1995—1996年，城建局会同住宅发展署积极推广"联洋模式"和"金桥新村模式"。

联洋社区总规划建筑面积290万平方米，其中住宅220万平方米，公建配套70万平方米，规划居住人口4万—5万。联洋社区一开始就实行"集中配套"的做法，即居住区内各开发单位将配套费集中到包干牵头单位——联洋集团，由其统一规划和实施配套，保证了整体开发的有序性，有效地整合了社区资源，避免了各开发单位在配套建设中的利益冲突和重复建设，为业主提供了方便舒适的社区生活空间。

金桥新村规划总建筑面积280万平方米，其中住宅246万平方米，公建33万平方米，居住12万人。该项目由于建设在前，规划在后，开发单位多，许多配套难以完成，矛盾突出。新区专门成立由镇政府牵头的金桥新村配套办公室，通过政府直接管理和资金支持，加强配套力度,避免了各开发商因为局部和眼前利益所造成的配套缺失,使金桥新村配套问题得以逐步解决,成为较为完善的成熟居住区。

多渠道筹措配套资金。开发开放初期,浦东住宅建设配套费的收费标准是95元每平方米,由市局收取再划拨浦东的住宅配套费捉襟见肘,无法解决众多遗留的配套问题。本着"谁开发、谁建设、谁配套、谁承担责任"的原则,采取多渠道筹措,通过开发商支付,专项配套经费投入,上海市局的支持,逐步落实了市政和公建配套所需的资金。

实施配套计划管理。1996年初,住宅发展署编报了住宅施工计划、竣工计划、配套费投资计划。开展浦东住宅新开工登记,第一次形成新区住宅建设的计划指导体系。竣工配套计划优先将"市和新区重点工程""市区试点小区及完整街坊""安居房和解困房"列入和上报;对严重缺配公建的包干基地,或者零星住宅小区要求其制定公建实施的具体计划表。对没有同步实施公建的住宅,不予列入竣工计划,以督促开发单位重视配套建设。1999年,整个浦东新区的住宅公建比例已经由原来的10%上升至13.6%。

开展创建完整街坊评选活动。1995年浦东新区城建局开始实施"华高杯"完整街坊创建评比活动。1996年以后,该评比活动更名为"浦东新区住宅发展杯"。目的是通过评比,选出配套完善、环境优美、居民满意的当年度完整街坊。新区专门成立了评比活动领导小组和工作小组,和开发单位签约,聘请社会监督员加强日常检查。对胜出的完整街坊,请电视台、报社等新闻媒体进行宣传报道,起到很好的示范作用。完整街坊的创建活动保持每年10—15个的规模。1995—1998年间,新区共完成60个完整街坊的创建任务,涌现出诸多规划设计一流、质量一流、配套一流、环境一流的跨世纪住宅小区,其中有22个住宅小区获得上海市和浦东新区的优胜完整街坊荣誉称号。

浦东的住宅建设如火如荼,蓬勃兴起。

1995年10月,上海市政府颁发《上海市新建住宅配套建设与交付使用管理办法》(市府21号令),并于1996年1月1日起正式实施。

市府21号令施行后,一批配套政策相继出台,新区城建局会同住宅发展署加强了对住宅建设的管理力度,住宅建设不断规范,配套设施不断完善,住宅建设的质量水平不断提高,为浦东建设一流的现代化新型城区打下了坚实的基础。

浦东新区在华都大厦28楼会议厅召开市府21号令的宣贯大会时,在浦东所有的住宅开发单位的相关人员参加了大会,盛况空前。之后,局建筑管理处会同住宅发展署走遍了浦东新区30个镇、几十个住宅基地,召集各住宅基地牵头单位和开发单位进行宣贯,大大增强了住宅开发建设单位的配套意识。由于住宅建设飞速发展,浦东的住宅竣工量逐年大幅增加。要在有限的时间内完成大量审核,再持续开展相关的协调,工作量、工作难度都很大。城建局在2个月内组织召开了12次协调会,逐个解决了供水、供电、环卫、环保、邮政、通信、交通等一系列问题,使配套严重滞后的培花新村具备了基本入住条件。

1996年夏,新区召开第一次住宅建设工作会议。新区管委会分管领导做了《坚持走可持续发展道路,提高浦东新区住宅建设及管理整体水平》的报告,提出1997—2000年新区住宅建设管理"以人为本,走可持续发展道路",那就是"抓住历史机遇、深化功能开发,坚持以人为本,科学规划、精心施工、强化管理、完善配套,提高浦东新区住宅区的整体质量和建设管理水平,推进浦东的开发开放,建设一批面向21世纪的现代化城乡住宅小区",这次大会上首先提出了住宅建设要"以人为本和住宅走可持续发展道路",意义非凡。

1997年春,新区又召开了第二次住宅建设工作会议。新区党工委主要领导、管委会分管领导、市建委分管主任等出席了会议。新区分管领导做了"精心规划、强化管理,努力提高浦东新区建设管理水平"的主题报告，报告提出住宅建设要精心规划、合理布局，狠抓规划设计、配套建设、加强管理，促进浦东新区住宅建设健康有序的发展具体推进措施。

通过抓规划设计、配套管理、推广和运用住宅四新技术、治理质量通病、开展住宅建设立功竞赛等工作，将"以人为本"和"可持续发展"的理念，始终贯穿在新区住宅建设管理工作的全过程中。

1997年8月，为落实新区领导"住宅要精心规划"的要求，浦东新区举办"97住宅规划设计作品展评活动"。上海市住宅局和新区领导出席了开幕式和展评会。展评活动为期18天，共接待参观团体50余个，参观人数近5,000人次，22个建筑设计单位的39个住宅规划设计作品参加了展评，盛况空前。

再接再厉，浦东住宅建设跃上新的台阶。

1994年，原建设部和国家科委决定在全国各大中型城市建造50个小康居住示范区，营造跨世纪的现代住宅样板。当年年底，上海市政府决定，将居住示范区建在浦东的六里现代化生活园区，定名为"锦华小区"。锦华小区当时的定位是：小区的整体规划、建筑设计、居住环境按照超前20年的目标进行建设。新区分管领导多次强调："浦东住宅建设要强化规划意识、质量意识、环境意识和配套意识""示范小区的建设要在绿化上有所创新，能让住户既住在房子里又住在环境里"。浦东新区示范和引领作用功不可没。

御桥花园民乐苑是建设部第四批城市住宅试点示范小区，也是浦东新区第一个国家级的住宅示范小区。民乐苑的规划和设计以人为本，总体布局以三大组团为基础，着眼于创造更多人与人交往的空间，单体设计充分考虑使用功能的合理和便利，建筑造型在变化中求统一，环境设计力求贴近自然。

还有新里城住宅小区和御桥民星苑也曾被列为浦东新区示范住宅小

区。优秀完整街坊"金桥湾清水苑"是金桥核心板块的示范性楼盘，小区绿化覆盖率高，小区中央建有喷泉等景观水景，重要外宾和国际知名人士都曾经访问过该小区。

随着建设水平的不断提高，浦东新区智能化住宅小区创建也迈上了新台阶。我们通过试点先行、等级评定、举办研讨会和制定政策等措施，激发政府相关部门、建设单位组织参与智能化小区创建的积极性。

智能化技术试点率先在六里锦华小区开展。组织建设部、上海市和新区的专家对浦江茗苑、菊园、万邦都市花园等水准较高的智能化小区的设计方案进行评审，对申报项目的主题、定位、建设内容、设计内容的编制、设施的合理配置等提出意见，还推荐相关项目参加上海市和全国住宅智能化技术示范工程。与此同时，组织市邮电局、房科院专家研究智能化等级评定办法，召开"浦东新区智能化小区建设研讨会"等，稳步推进、积极实施新区智能化住宅小区的创建工作。

特别值得一提的是，1999年举办了"新世纪、新家园"住宅建设管理系列活动，通过该活动推动了新区的住宅产业化发展。活动从1999年3月正式启动到2000年3月圆满结束，历时整整1年。系列活动分为两大板块：一是住宅示范小区观摩及经验交流活动。6月，组织新区相关开发单位参观了"万里""春申""虹康""名都"等市区示范住宅小区。那天大雨瓢泼，城建局建筑管理处处长还冒雨赶到万里小区，和大家一起学习交流。二是开展"九大"评选活动，设立了佳居综合、设计、工程组织、施工、监理、无质量通病、智能化小区、绿色街坊、住宅配套等多个奖项。当年获得"佳居综合奖"的住宅小区分别是锦绣苑一期、晨阳花苑、仁恒河滨园一期、黄山新村始信苑等。

新区城建局非常重视这次系列活动，成立了工作小组和评选委员会，制定评选办法，利用各种途径动员，编发活动简报，并在相关刊物和报纸发布信息等。

"新世纪、新家园"系列活动的重头戏是举办"新区住宅建设新技术、新产品展示暨研讨会",时间是1999年9月,地点在名人苑会议中心。上海市住宅局、新区城建局领导应邀出席会议,住宅署负责人作了主题发言,市建科院专家作了专题报告,9家参展单位作了交流发言,200多家住宅开发、施工、监理单位的代表参加了会议。会上展示了新型墙体材料、门窗、涂料、成套厨卫设备及住宅智能化技术的相关产品。"新世纪、新家园"系列活动所产生的效应,在一定程度上推进了浦东住宅产业化的发展。

浦东开发开放初期的近10年时间里,为了逐步实施浦东新区总体规划,配合市重大市政工程和旧区改造的居民动迁,促进重点小区开发建设,改善居民居住条件,浦东的住宅建设飞速发展,取得了令人瞩目的成绩。新区管委会和城建局各级领导带领浦东住宅建设管理第一线的工作人员,大家戮力同心,浓墨重彩,共同为浦东光辉灿烂的明天交上了一份份出色的答卷。

(王莎梦　陈耀明)

航空港旁的安居乐园
——记浦东国际机场配套工程

1999年9月16日,浦东国际机场正式建成并投入运营。从此,改革开放的浦东和日新月异的上海又增添一副强有力的腾飞翅膀。长三角乃至全中国打造国际航空枢纽的梦想也高歌起航。

如今,当人们俯瞰华东大地第一空港枢纽——上海浦东国际机场时,有谁曾想到,机场建成时有多少为之配套的工程项目?又有谁还记得那些为机场第一期工程、为周边道路建设做出贡献的动迁居民……本文所展现的是1996年8月开始的一场规模宏大的机场配套工程建设。毫不夸张地说,正是当年高起点、高标准、高要求的机场一期动拆迁住宅基地配套工程,才有了让无数动迁居民惬意居住的安居乐园。堪称了不起的配套工程建设,也保证了浦东国际机场的延续发展。

浦东国际机场,跨世纪的宏伟工程

1996年8月23日,在上海市人民政府新闻办和浦东国际机场建设指挥部联合举行的新闻发布会上传出信息:国务院、中央军委已正式批准浦东国际机场工程立项。作为亚太地区重要的国际航空枢纽港,浦东国际机场部分主体工程于1996年10月初启动。1999年9月16日,机场一期工程建成通航;2005年3月17日,第二跑道正式启用;2008年3月26日,第二航站楼及第三跑道正式通航启用;2015年3月28日,第四跑道正式启用。

建设上海浦东国际机场，是进一步发挥开发开放的龙头作用，把上海建成国际经济中心、金融中心、贸易中心的重大战略举措。

"八五"期间，上海航空旅客吞吐量年均增长率为23%，1996年达到1,300万人次。随着上海经济结构的调整和"三个中心"地位的逐步确立，上海地区的航空客运量高速增长。据当时的初步预测，2000年上海地区航空旅客量将超过2,000万人次，而虹桥机场扩建后形成的航空吞吐量仅为960万人次每年，远远不能满足需求。为此，市委、市政府提出"加快浦东、完善虹桥"的上海航空港建设方针。

上海浦东国际机场位于浦东新区江镇镇、施湾镇和南汇县祝桥乡境内的濒海地带。规划占地面积共约32平方公里（包括可选用的12平方公里滩涂）。机场场址距上海市中心人民广场直线距离约30公里。浦东国际机场最终规模确定为年旅客吞吐量7,000万人次，年货物吞吐量500万吨。规划建设80万平方米的旅客航站楼及4条符合当今世界最大飞机起降要求的南北向跑道。

按"一次规划、分期建设"的原则，浦东国际机场一期工程以2005年为限。设计年旅客吞吐量为2,000万人次，年货物吞吐能力为75万吨。一期工程总投资约120亿元，其中主体工程94亿元，包括建一条长4,000米的跑道、15万平方米的航站楼以及5万平方米的商业配套设施和辅助设施。

1995年10月，上海浦东国际机场建设指挥部成立。在市委、市政府直接领导与中央有关部门大力支持下，进行了充分的前期准备工作。

1995年底，浦东国际机场航站区设计方案向国际公开招标。先后有加拿大、美国等32家设计公司报名。经初步筛选，由欧美13家著名设计公司和机场公司组成的6个投标团组投标，经国内外11个权威评委评审，最终由法国巴黎机场公司（ADP）、索德尚金融公司设计的方案中标，主设计者是曾设计巴黎戴高乐机场、英法海底隧道等工程的著名设计家保罗·安德鲁先生。该设计方案构思独特，候机楼侧面形似振翅欲飞的海鸥。入口处有面积16万平方米的正方形人工湖，人工湖旁为汽车通道和轻轨，四周有18万平方米的绿化，体现了21世纪人与自然、环境的高度和谐。

至1996年8月23日浦东国际机场开建新闻发布时，机场总平面的规划方案已经完成；机场加固防汛大堤和围滩促淤工程已于当年汛前建成；机场通道处理方案已确定；飞行区、航站区的初步设计已全面展开；机场场外市政配套规划和建设方案已基本确定。这些都对机场工程动迁住宅基地建设的时间进度和工程质量提出了更高的要求。

浦东新区承担国际机场配套建设重任，浦东城建人一马当先

自上海市委、市政府明确浦东国际机场市政配套工程由浦东新区组织实施后，浦东新区党工委、管委会就把这项工作作为新区1996、1997年的"头号工程"。专门成立了浦东国际机场配套服务领导小组，下设动拆迁指挥部和配套工程指挥部，其中配套工程指挥部就设在浦东城建局。两个指挥部在调查研究的基础上多次召开专题会议，并于1996年9月9日召开了沿线各镇动拆迁动员大会。国际机场配套工程动迁时间紧、工作量大，涉及1,300多户居民、近200家企业，并要求在两个月内动迁完毕。各镇、各级党政主要领导亲自挂帅，动迁工作紧张、有序地进行，很快进入实质性启动阶段。

按住宅小区模式，集中开发建设的两块动迁住宅基地，分别位于浦东新区东南部邻近国际机场的施湾镇和江镇镇。

命名为"施新路南居住小区"（后改名为"思凡花苑"）的第一块动迁住宅建设基地地处施湾镇西南，位于施新路以南、六施路以北，川南奉公路以西，顾江路以东。"思凡花苑"居住小区总用地面积60.56

公顷，整个小区由纵横交错的 20 米或 24 米宽达规划道路划为 8 个组团。规划建造多层住宅 7,450 套，总面积 44.75 万平方米。同时按住户人口及规划指标配置小区中心公交、幼托等公建设施。小区的设计方案于 1996 年 9 月 16 日审查通过。先行启动的小区 #1、#2 地块位于小区的东北部，面积 13.36 公顷，建造多层住宅 1,670 套，住宅面积 11.1 万平方米。地块内安排九年制学校、幼儿园、托儿所各一座及部分商业服务设施。两个地块的组团式住宅初步设计，于 1996 年 9 月 27 日审查通过，当年 10 月底正式开工。

命名为"江镇卫东住宅小区"（后改名为"晨阳花苑"）的第二块动迁住宅建设基地地处江镇镇东部。位于川南奉公路以东，北环镇路以南，东环镇路以西，江镇河以北。"晨阳花苑"住宅小区总用地 21.14 公顷，按已获批准的原江镇集镇总体调整评规，沿东环镇路和卫东路划分成 4 个街坊进行开发建设。规划建造多层住宅 3,000 余套，住宅面积约 21 万平方米，公建配套 2 万平方米。地块内除沿卫东路商业用房，还有可容纳 18 班的小学、幼儿园和托儿所各一座，同时保留原江镇卫生院院址及扩建所需的用地。江镇卫东动迁居住小区 4 个街坊的设计方案于 1996 年 10 月 9 日通过，10 月底开工建设。

与此同时，机场配套工程建设指挥部还就机场配套工程建设问题与上海市机场指挥部作了多次商谈与衔接。根据 1999 年 10 月 1 日前竣工的要求，对配套项目进行了反复论证。整个机场配套工程包括 2 条主要通道、4 条辅助道路、6 项市政公用配套。为满足机场建设及动迁小区配套的需要，在建设 2 条主要通道（北线龙东大道郊区环线远东大道，南线迎宾大道接环南一大道）等骨干道路的同时，结合镇区规划，建设施湾、江镇小区 6 条配套道路和 6 项市政公用配套工程项目。

具体如下：

1. 供水：近期先将龙东路的城市供管向东延伸至远东大道，再沿远东大道向南到机场，建一条3万立方米每日供水管线，1997年底开始供水。1998年起与南线建设同步敷设引临江水厂5万立方米每日管道供水系统。这样就可以保证机场有相对安全的两路供水体系。

2. 燃气：按机场指挥部原实施方案，国际机场规划使用天然气，日供7吨，沿龙东大道、远东大道及施湾镇部分道路敷设燃气管，建调压站和1座掺混站。

3. 供电：机场一期工程用电，场外在镇北路建220千伏变电站1座，电源来自唐镇站和康桥站，架设空线高压走廊；施湾镇顾江路建35千伏输变电站及电缆排管。

4. 邮电通信：按机场指挥部实施要求，新区多次与市邮电部门协调，作多种准备，保证与市政配套道路和地区建设同步完成。

5. 污水干管：按总体规划，污水干管沿远东大道自盐朝公路向北敷设，覆盖盐仓、东海、祝桥、施湾、机场、江镇、蔡路和合庆等地区，最后至龙东大道接入污水总管，工程长度为19.1公里，实际规模为2,463万立方米每日，沿途设4座提升泵站。为适应机场一期工程，先实施3座泵站及新区界河以北的管道、管长15.5公里，管径ϕ1,350—1,800。

6. 内河疏浚：为保证机场建设期间大量内河运输，按机场指挥部要求，将疏浚川杨河及相关小航道，以提高通航能力。

动迁住宅列为安居示范区建设，浦东城建人再出大手笔

为妥善安置为国际机场建设做出暂时和局部牺牲的动迁居民，在施湾、江镇地区，由政府投资，分别建设20万平方米和15万平方米的动迁住宅基地各一个，并将20万平方米的"思凡花苑"列为浦东新区安居示范区建设，"晨阳花苑"二街坊为优质工程创建项目。由浦东国际机场动迁住宅开发建设有限公司、浦东国际机场动迁住宅开发建设指挥

部（设在浦东新区城建局）负责实施。城建局分管领导担任指挥部总指挥，局建筑管理处处长担任该指挥部副总指挥，局公用处、城管处负责人等为指挥部成员。经过不懈努力，整个"思凡花苑"被评为浦东新区完整街坊，"晨阳花苑"二街坊获得上海市建筑工程最高荣誉——"白玉兰"奖。

这两片动迁住宅在以下三个方面起到了引领示范作用：

一、规划指导思想和设计特点

1. 两个动迁小区的规划设计立足动迁房的基本标准，在强调经济性、贯彻实用性的同时，追求环境优美，空间灵活。通过合理的功能布局，优化环境，创造良好的居住空间和高品质的社区环境，达到经济、社会、环境三大效益的整体增值。

2. 借鉴当时上海市优秀住宅小区建设、管理的经验，两小区的组团结构充分考虑物业管理、基层社会管理的需要和便于操作的原则，创造舒适、安全的邻里和社区环境。

3. 住宅户型设计努力创造多样性，提供用户选择的可能性。同时，户型和面积标准严格按规定要求。在设计中重点优化厨卫的使用功能，并为空调、热水器等现代生活设备预留空间，真正把动迁安置与住宅小康有机地结合起来。

4. 景观化的绿化与室外环境设计形成小区的鲜明特色，一方面保障活动功能，另一方面加强生态功能，改善小区气候，净化空气，调节生态平衡。

两个小区严格按上海市住宅设计标准设计，小区大多为5—6层的多层楼房，有多种户型，房型设计新颖，起居室宽敞，厨卫面积适中，布局合理。采用铝合金门窗，海派风格的建筑立面和坡屋面，令外观漂亮雅致。小区总平面容积率控制在1∶1.3以内，绿化面积大于30%，有邮电、学校、幼托、商业网点和社区中心，是环境优雅、配套齐全、生活方便的居住小区。

二、总体结构与布局

"思凡花苑"在20米、24米宽道路形成的街坊分块基础上，以一条环通的次干道作为主线，将所有住宅组团及小区配套公建组织为一个整体。每个街坊的出入口设管理点，空间完整且能分块管理。整体空间形态脉络清晰、简洁、用地经济。设计基本采用小区—组团—院落的三级结构模式，分为8个街坊。街坊有成块的绿化场地作为中心，组团院落也有各自的活动场地，形成富有层次的空间序列，满足居民的生活需求。各街坊及组团形态因地制宜，并结合街坊内干道的处理形成各自不同的个性，具有明确的可识别性。

道路交通系统有着清晰便捷安全的特点。20米、24米道路作为小区干道。9米宽环通小区的次干道作为各街坊的主干道，其断面设计为2米宽，单侧步行道加7米宽车行道。组团院落通过尽端的组团道路与其连接，组团内部有3米宽的宅前路。整体道路系统分三级、成干支式树状结构，避免了组团的穿越，便于分级管理，形成安全宁静的居住空间。组团入口处及组团间设停车场，组团院落内部为步行区。每6户1个停车位，自行车就近停放于院落尽端。

公建布置形成"线、面"结合的形态。小区中心商业、文化服务设施按控规需求设置，并局部沿小区干道延伸，形成"线、面"结合的形态。小区东北部街坊内原定幼托位置较靠近城镇干道，故调整到该小区街坊西南部，与九年制中心小学呼应。可容纳24个班的1所高中、36班的1所小学。2处幼托中心可分别容纳12个班的幼儿园、8个班的托儿所。

住宅设计颇有海派格调。两小区共有8种单元类型多层住宅作板式拼接，住宅大部分为6层，根据不同组合，住宅设南北向入口，均开向步行内院，并有若干种尽端单元，便于院落围合，为居民提供一个安全、舒适的邻里环境。各种单元均以两坡屋顶为主，阳台栏板的处理，形成统一的"海派"格调，朴素典雅、协调统一。而拼接单元端部的跌落或坡屋顶与平屋顶的结合，又沿组团干道形成丰富的山墙景观形态。

绿化环境系统集中和分散相结合。整个小区以小区公园为中心，东西向延伸生态景观轴成小区绿化的主骨架，起到中心景观与生态调节的作用。各组团均有集中绿地，并辅以铺装小品等设施，院落内庭以硬地为主，饰以绿化植被，院落之间以绿地为主，这样既满足居民室外活动的需求，又将绿化渗入每家每户。

三、狠抓施工质量安全建成优质工程

两个住宅区项目施工之前，经过激烈的答辩、竞争和控制成本的比较，指挥部最后选择综合优势明显的浦东建设总公司（浦建集团前身）担任"思凡花苑"项目总施工方，23家乡镇子公司担当建设工期紧、质量要求高的施工重任。

"晨阳花苑"二街坊住宅工程由上海浦拓建设工程有限公司承建。他们严把材料进场关，确保施工质量的第一道门槛。材料未进场前严格采取批量取样、小样、分样的严格化验办法，认真做好各种材料的化验复试工作。三证齐全后方能进场，彻底堵死了劣质材料进场的门路。

确保工程质量还必须在适当加大投入的同时，摸索出一套不同以往的新技术和新施工方法。钢筋布置时，认真分析，在结构承重点做好必要的加固。混凝土浇捣时，严格控制配合比，每种物、料都严格计量，保证砂浆质量。浇捣前认真做施工缝的清理与接浆，避免留振和过振，浇捣过程中，及时做坍落度试验。屋面、斜墙连接处采取一次性成型工艺，严格控制衔接度。

为解决渗漏这一住宅施工的老大难问题，在屋顶装饰瓦加保温层施工阶段，他们采用把排气孔暗设在脊瓦之下的办法，既解决了膨胀可能造成的防水膜破坏，又不影响装饰瓦的美观。用二次补洞的办法，简单而有效地解决了管道与砼交接处的渗漏。

艰苦的努力换来了累累硕果，"晨阳花苑"二街坊住宅工程最终获得代表上海市建筑工程最高荣誉的"白玉兰"奖杯，这是对浦拓建设成绩的最好评价。

"思凡花苑"和"晨阳花苑"两大动迁住宅基地于1996年10月25日开工，1997年1月工程全面展开，1998年1月通过总体验收，进入售后服务，并最终交房入住。确保了浦东新区管委会提出的1998年让浦东国际机场配套工程动迁居民顺利入户目标的实现。

宏伟的航空港旁，崛起一座安居乐园，浦东城建人正是这样为浦东国际机场的建设奉献了一份光和热……

（赵世乐　芮晓玲）

浦东民防那些事儿

1994年，浦东新区民防委员会、浦东新区民防救灾管理署（简称"民防署"）先后成立。之后，又增设浦东新区人民防空办公室（简称"民防办"），与民防署实行两块牌子、一套班子，归属浦东新区城建局，负责浦东新区民防和救灾的日常管理。

民防工程建设和地下空间开发

新区民防办的成立，正值浦东大规模建设开发阶段。在市民防办领导和指导下，新区民防办注重处理上海市与浦东新区的关系，协调好大型建筑物地下设施建设和重点开发区民防工程建设。2000年，浦东地下工程建成的建筑面积已达70万平方米（不含民防工程），为1993年的近20倍。地下工程的管理，是城市管理工作的重要组成部分。新区民防办无论是参与大型建筑物地下工程的初步设计审批、地下工程的竣工验收，还是地下空间的专项整治，不断完善管理体制和工作机制，包括从民防工程的管理（含早期工程的维修养护和工程改造）到民防工程档案的管理，每一项都为浦东开发建设实现"平战结合"做出了应有的贡献。

加强学习完善民防制度

新区人防办根据《人民防空法》先后制定各项人防工作制度，并在

难忘的浦东城建岁月

实践中不断完善。加强学习制度，领导干部坚持每月一次中心组学习，主要学习人防法律方针、政策和上级有关文件指示精神，研究解决本地区人防工作中出现的新问题、新情况，平时以自学为主，工作人员坚持每两个月集中一次学习交流。完善执法检查制度，每年结合民防法规的宣传教育和全区民防工作进行执法检查，重点加强"结建工程"的追踪检查、化工生产企业的执法检查，如1996年对50多家化学危险品生产、运输、经营单位进行检查，对不符合规定的单位发出整改通知书。

改造完善通信指挥网络

浦东新区民防救灾管理署主管浦东新区人民防空工作，对原川沙县通信指挥网进行改造，进一步完善指挥网络。为适应人防战备需要，1997年在六里镇安装1台JDS-G400W全向固定电声报警器，音响覆盖半径1,500米。为加强防空警报建设，1998年在塘桥、花木、浦东煤气厂等安装了通信警报，新区内环线以内警报音响覆盖率达80%，并与市地震局合作，完成新区的一个地震监测井的建设。为适应高技术条件下反空袭斗争需要，加强通信报警器建设，1999年在凌桥等6处新安装防空报警器，在高桥等4处更换防空报警器，确定报警器专管员，建立管理岗位责任制，加快800兆集群网建设，建立专业队伍组网，另建农委所属镇及防汛部门小组网，初步保证专业救援队伍和农委系统应急工作需要。为加强全区防空报警器建设，2000年在全区范围内安装电动报警器10处，全区警报音响覆盖率小陆家嘴为95%，内环线以内为90%。

编制应急预案与计划纲要

1996年，浦东新区编制并印发《浦东新区地震应急预案》，内容包括基本情况调查、抗震救灾行动原则、救灾组织指挥应急行动措施，对应急指挥场所的建设、人员疏散、医疗救护和卫生防疫、运输车辆、通信联络、专业抢险队伍建设、物资储备,以及各联能局、各街镇和各大开发公司制定相关应急预案的具体要求等。2000年,新区人防办联合防火、防汛、气象和生命线工程等管理单位,编制完成《上海市浦东新区防火、抗灾、减灾"十五"计划与至2015年规划纲要》,对"九五"期间防灾抗灾工作作回顾总结,提出"十五"期间基本任务和基本目标,"十五"期间防灾、救灾、减灾建设目标,即建设综合管理工作机制,建立一个监测预警系统,组建一个应急指挥网络,创立灾害救济保障体系,与浦东经济建设同步,基本达到国际大都市防灾减灾整体实力水平。

编制防空袭预案及保障计划

防空袭预案是战时组织防空袭斗争的基本依据。1996年,浦东新区完成《浦东新区防空袭预案》,内容包括基本情况、情况判断、任务与决心、主要目标防护、人员疏散与隐蔽、组织指挥等6个部分。此后,浦东每两年根据具体情况的变化和新的形势特点,对预案的主要任务、区域防空重点目标等作相应修改调整。1998年6月,新区人防办制定完成11种防空保障计划,内容包括人防专业队伍动员保障计划、人防工程建设保障计划、人防通信警报保障计划、战时交通运输保障计划、医疗救护保障计划、防化防毒保障计划、战备物资保障计划、抢险抢修保障计划(含市政工程房屋建筑水利设施、供气管线、供电线路、供水管道)、消防灭火保障计划、社会治安保障计划、政治工作保障计划等。同年,还制订战时扩编计划,提高新区特救队快速反应能力,做好防空袭的应急准备工作,绘制完成了防空袭保障图、组织指挥流程图、通信警报保障图、人防工程建设保障图、化救应急部署图、地震应急部署图。2000年,新区人防办贯彻《人民防空法》和《上海市民防条例》,加强人民防空建设和抗灾救灾工作,修改《浦

难忘的浦东城建岁月

东新区防空袭预案》《人防战备预案》和 11 种"防空保障计划",制定《浦东新区防空袭疏散计划》,确定新区防空袭疏散对象、方法、方向和保障措施等。

紧急处置抗震防灾救灾

新区人防办贯彻《人民防空法》和《上海市民防条例》,加强抗灾救灾工作,以提高干部队伍政治和业务素质为抓手,增强防灾、减灾应变能力为目标,及时处理各种险情事故。1996 年 11 月 9 日 21 时 56 分 55 秒,长江口以东的海域发生 6.1 级地震,上海普遍有震感,浦东新区震感更明显。震情发生后,新区人防办紧急采取 3 项措施。应急值班室在 1 分钟内向市人防办总值班室报告浦东有震感情况,主要领导在 7 分钟内赶到新区人防办值班室,并向市人防办总值班室报告了到岗情况。按预案的规定,新区人防办及时与新区管委会负责领导取得联系,汇报了有关情况,并按管委会指示,在震情发生期间,一直保持与市人防办的联系,及时将震情信息报告新区管委会。震情解除后,人防办主要领导和有关工作人员赶至新区主要地域,向仍滞留在室外的群众进行解释,及时做好社会维稳工作。由于整个处置工作及时、准确、果断,新区范围内未造成直接生命财产损失。1996 年还受理 9 起灾害事故调查,并对上海农药厂发生的 2 起化学事故进行了通报。通过加强业务学习,人防办防灾减灾应急能力有新的提高,1999 年共受理处置事故 78 起,其中化学事故 5 起、重大交通事故 5 起、建筑物倒塌 4 起、清除马蜂窝 23 起、火警 2 起、其他事故 38 起。在处置槽罐车甲醇泄漏、楼房燃爆倒塌、职工宿舍倒塌等大事故中判断正确,措施有力,以最快的速度有效地控制事态的发展。2000 年共接处警 77 起,其中化学事故 4 起、交通事故 37 起、建筑物倒塌 2 起、其他 34 起。如 11 月 6 日,新区人防办与公安交警、治安民警、消防武警、环保监察等部门对放置在中凯化工有限公司三异丁基铅有毒化学品作易地焚烧处置，消除事故隐患。

重视民防知识宣传教育

新区民防办（署）一直重视民防知识教育，早在成立初期就和市民防办合作筹办"民远学院"。1993年至1999年12月，新区民防办会同新区社发局教育处在全区83所中学开展民防知识教育，编制民防教育发展规划，建立健全组织管理网络、民防师资网络、教学研究网络。结合青少年特点，在教育手段上采取教学公开课、多媒体教育、民防夏令营、民防运动会、知识竞赛、抢险自救演练等多种形式。新区民防教育逐渐形成一支包括83人师资队伍的教学研究力量，开课率和受教育率均达100%，历年累计受教育人数达15.3万人。1999年，新区人防办荣获上海市国防教育先进单位称号。这期间，新区人防办先后在全区各街镇组织开展"7·5"化救宣传日、"10·9"国际减灾日宣传周、《上海市民防条例》宣传周等活动。还在部分街镇分别设点，积极开展宣传教育活动，发放防灾救灾知识小册子和民防工程建设规定等宣传资料上万份，通过一系列宣传活动较大地提高了广大市民的减灾意识和人防意识。

（刘加林提供资料　杨琴整理）

第一张基建计划表
——记浦东城建发轫之战

在浦东城建人的记忆中,第一张基建计划表胜过那"出生证",这是分量极重的"进军号令"……

发轫之作始于浦东开发开放的年代。1993年下半年,浦东城建局按照新区管委会的要求,开始编制《一九九四年度浦东新区城市基础设施投资计划》,这是浦东新区大规模基础设施建设战鼓的擂响,更是对新区城建局真正实施建设职能的实战意义上的考验。

编制一个合理的城市基础设施投资计划对浦东新区开发开放宏伟大业而言至关重要。1993年的浦东新区,财力十分有限,每年安排在城市基础设施建设方面的投资尚不足10亿元;要把有限的资金都用在刀刃上,既要体现投资对新区开发形象的提升作用,也要发挥对各开发公司及新区各街镇经济建设的促进作用;因此,对具体项目的取舍就变得非常关键。

首先,对项目的前期工作要求十分高,重任落到新区城建局的肩上。如何编制一份综合性、专业性较强的城市基础设施投资计划,对一个刚成立不久,而且职能、机制、人员还不完整的机构,确实不是轻而易举就能完成的。

按照先前上海市建委的惯例,完成一条道路的建设,要由市建委协调市政局、电力局、公用局、园林局等部门,进行计划配合、施工协调、资金统筹等安排。当时,浦东城建局建局时间短,对基本建设项目开展的前期研究工作也不充分。如污水管道的选线、自来水厂的选址等，都没有认真地开展实施。1994年底，浦东城建局计财处到岗的计划人员仅3人，而且没有一个人有编制过综合基础设施计划的经验。由此可见，当时基建计划编制的难度确实很大。

新区城建局领导当机立断，动员各处室及下属事业单位发挥联合作战的优势，配合计财处共同完成计划编制工作。根据当时的浦东新区发展规划，以及市政道路网初步规划，结合陆家嘴、金桥、张江、外高桥开发区急需配套大市政道路的需求和逐步完善新区内外交通网络的需求，着手编制计划，并依托既有的城道署、排水署、公路署、给水署、园林署、环卫署等机构作为建设单位，着手编写《项目建议书》。为确保计划编制的质量，计财处对各部门编制的项目建议书作了具体的格式要求及质量要求。

项目建议书的主要内容必须包括：建设项目提出的必要性及依据；项目建设内容，如道路红线宽度、长度、道路断面形式、道路两侧绿化及行道树布置，电力、通信、上水、煤气等主要公用设施的规模及数量，公交站点设施、交通信号灯等实物工作量，努力做到在建设内容上不漏项，以确保投资估算的准确性；投资估算及资金筹措的设想；项目进度安排，包括建设工期及开工、竣工的初步安排设想……

为了确保新区城建局编制项目建议书的准确性，计财处会同建设单位对拟实施的重点项目进行了多次实地勘察、调研。对项目实施范围的动拆迁估测、工程实施过程中可能遇到的特殊情况，如沟浜填土处理，已有管线的搬迁等对投资影响比较大的项目一一进行排摸，严格按照技术规范、技术标准来确定项目的建设内容及投资估算，为项目严格履行基本建设程序奠定了良好基础。

全局上下共同努力，在完成大量前期基础资料的基础上，计财处编写了各种基础资料，并形成各个建设项目的单篇资料，进而汇总成《浦

难忘的浦东城建岁月

东新区一九九四年度投资计划表》。同时再收集陆家嘴开发公司，金桥、张江、外高桥开发区的区内基础设施建设项目，汇编成一份整个浦东新区的年度基本建设投资计划。

1994年3月初，由浦东新区管委会分管领导主持，会同新区财政局、新区综合规划土地局等相关单位参与听取的浦东城建局"一九九四年度浦东新区城市基础设施投资计划"会议顺利召开。"年度基础设施投资计划"在会上得到了管委会分管领导的首肯，就此拉开了浦东新区基本建设的大幕，擂响了"五路一桥"的战鼓。

由此，发轫之战的展开，预示着浦东城建的大规模建设高潮来到……

（郑于家 俞 辉）

浦东城建第一次"摸家底"

——首次城市市政公用设施普查小记

1995年5月,浦东新区城建局建局之初,曾会同浦东新区综合规划土地局参与全国首次城市市政公用设施普查工作。

当时,浦东新区的建成区面积已经占全上海行政区划的1/4以上。可以说,浦东新区的普查直接关系到上海市普查工作的成败。上海市按照"以条为主,条块结合"安排布置整体普查工作。根据浦东的实际情况,上海市把浦东新区作为"块"直接对接市政、园林、环卫、公用、电力、水利等市内各条线的普查任务。浦东新区面对十分繁重、无比艰巨的普查任务,浦东城建局等通过出色的协调、组织,使普查工作没有因为新区组织机构设置的特殊性而有所缺失,从而确保了上海市普查工作的顺利完成。

1995年是国家"八五"计划实施的最后一年。为了配合"九五"计划的编制以及制定2010年规划,国务院提出城市基础设施发展纲要。以此为指导,原国家建设部、国家统计局布置开展全国首次城市市政公用设施普查工作。这是新中国成立以来国内第一次城市基础设施普查,主要期望达到以下几个目的:

1. 摸清底细,为制定发展规划、产业规划提供依据;

2. 规范统计管理体系,为国家向新的国民经济核算体系转换提供翔实的数据支撑;

3. 为合理确定公用设施基础价格提供参考依据。

国家相关部门十分重视此项工作，层层部署落实。

1995年5月，上海市建委组织召开全市性的"首次城市市政公用设施普查工作动员会"。5月15日，市建委、市统计局联合发文，就有关普查工作的时间安排、机构组织、经费落实等内容都作了相关安排，并成立上海市普查工作领导小组及普查工作办公室。

整个上海市的普查工作是"以条为主，条块结合"的方式推进的。按照负责城市基础设施建设、维护、运行的市政局、园林局、环卫局、公用局、电力局、水利局等条线管理机构，分头具体实施。

1995年，浦东新区成立还不到两年。按照"小政府大社会"原则构建的新区政府，机构人员精简、精干，但管理职责却对接、对应着上海市的诸多条线，机构职能还在不断地完善过程中。在当时，浦东的建成区面积已经占上海市行政区划面积的1/4，浦东新区的普查工作直接关系到上海市普查工作的成败。对比机构设置齐全、人员配备充足，并经过长期的管理运行已经形成一整套管理体系的其他部门，新成立不久的浦东新区的这次普查工作有难度。由于原有的条线管理体系浦东新区的成立，已被比较精简的新型机构所取代，但管理机构、管理职能相对而言仍是捉襟见肘。与上海市相关条线管理机构相对应的，在新区只有浦东新区综合规划土地局、浦东新区城建局。新区当时还没有建立相关的统计机构。

原来的条线管理已被打破，根据浦东的实际情况，上海市有关方面把浦东新区作为"块"来直接对接市里各条线布置的普查任务。实际上是把浦东新区摆在了一个相对重要的位置。

浦东新区在承接普查任务后，把此项工作交由浦东新区城建局与浦东新区综规局。

浦东城建局主要领导、分管领导对这项工作十分重视，责成局计财处负责落实。相关责任人多次带队与综规局领导研究协商，具体落实如何开展这项工作，并就领导机构成员的推荐、组织机构的设置提出许多有益建议，形成浦东新区城市市政公用设施普查的相关文件，报新区管委会审批同意后，随即开始相关的普查工作。

新区普查工作领导小组组长及副组长分别由城建局分管副局长及其他相关委、局领导担任。领导小组成员单位包括：管委会办公室、规土局、城建局、经贸局、财政局、农发局、陆家嘴开发公司、外高桥联合发展有限公司、外高桥新发展公司、外高桥第三发展公司、金桥开发公司、张江开发公司、土地发展（控股）公司、华夏实业总公司、星火开发公司、外高桥保税区管委会等。

领导小组下设办公室，主任由新区城建局计财处处长担任，副主任由综规局有关处长担任。

新区普查办公室地点设在浦东城建局计财处，并由新区综规局相关部门一并派员参加新区的普查工作。

根据上海市统一安排，浦东新区的普查工作分阶段稳步推进。

1. 准备阶段：时间为5—6月，主要包括落实普查机构、经费、组织人员培训、印制表格等。

2. 调查摸底阶段：主要工作包括对浦东地域内，凡列入调查范围的市政、公用设施单位及其设施的种类名称、地址、行业类别、隶属关系摸底确定调查对象。

3. 调查阶段：从7月底始至9月结束，对普查的设施进行现场调查，丈量和测算，并填表登记。

4. 资料分析整理阶段：从10月始至12月结束，主要是对普查资料按行业分门别类，进行审核、汇总、整理、分析等。

开弓没有回头箭。从1995年6月落实组织机构始，至当年底要求普查工作结束，可谓时间紧、任务重。浦东新区的普查工作更要克服城建局组局时间不长、业务条线管理机构尚在完善、相应的统计组织机构不完备、人员业务不熟悉等种种困难。

尽管基础条件不足，但城建局领导对普查工作的质量要求还是十分严格的。分管领导再三强调：本次普查是对过去资料的检验与检查，是为城建局城市基础设施统计资料的进一步完善创造条件，也是为今后加强城市建设领域的微观管理创造条件。特别提到对合理测算城市基础设施有偿使用价格的重要意义。

新区的普查工作在各级领导的支持下，建立起有效的覆盖网络。通过城建局系统内相关单位，有效地覆盖了城建局直接管理的市政、公用、园林绿化、环卫等设施。

参与普查工作的城建局局属单位有浦东陆上运输管理署、浦东公交总公司、浦东园林管理署、浦东环卫管理署、浦东公路建设管理署、浦东城市道路建设管理署、浦东排水建设管理署、浦东给水管理署、浦东燃气管理署等。通过城建局开发处，将普查又覆盖至市级开发公司及浦东土地控股有限公司等区级开发公司的建成区。

通过综规局统计处，覆盖新区的建成镇及新村内非区属的无名道路等，努力做到统计口径的全覆盖。在普查的培训工作方面，由城建局牵头参与市里各条线组织的普查工作培训，并在新区分头组织相关条线的培训。在普查工作中充分体现上海普查工作的特点："以条为主，各块结合。"新区则反过来"以块为主"，与上海市的各条线机构进行紧密衔接，并及时在"块"里做好工作布置。

在普查的质量控制方面，通过普查指标培训，填报软盘培训，填报手册培训等方式，提高参与普查人员的普查水平，并通过自查、互查、抽查等方式确保普查工作的质量。普查完成的资料由新区城建局负责上交上海市的相关机构，并参与上海市有关局的统计数据录入等工作。

新区城建局出色的协调组织工作，使得上海市各条线的普查工作没有因为新区组织机构设置的特殊性，而使普查工作缺少重要一块，确保了上海市普查工作的顺利完成。在当年10月10日召开的全市普查工作大会上，浦东新区还重点介绍了如何协调市局条线与"块"之间关系的工作经验交流。新区所开展的相关工作得到了上海市普查领导小组及办公室的首肯。浦东城建局计财处俞辉同志被评为建设部、国家统计局"全国首次城市市政公用设施普查先进个人"。

新区普查中进行的现场调查、丈量和测算及填表登记等工作在1995年9月底结束。经过10月、11月与市专业条线普查机构一起按行业分门别类审核、汇总、整理、分析，最终通过上海市的互查及抽查。在1995年底至1996年2月，国家也组织了全国范围的普查及抽查活动。1996年3月，全国性的普查工作结束。

浦东新区的首次城市市政公用设施普查工作在时间紧、任务重、组织机构不健全的情况下得以顺利完成，充分体现了新区城建局的战斗力。

一是领导重视。浦东新区管委会分管领导十分关心此事，新区城建局分管领导亲自挂帅。

二是新区相关委、办、局及各大开发公司的大力支持。从职能管理上看，相关单位当时并没有系统的直接管理关系，临时组建相应机构，对各委、办、局及开发公司的相关人员而言，只有任务，没有报酬。在新区开发初期，大家都能有如此的全局意识非常难能可贵。

三是具体经办人员精益求精，一丝不苟，为普查工作的开展奠定了坚实的基础。按照当时国家建设部、国家统计局的要求，此次调查的数据，有些是现有日常管理中本身具备的统计数据，主要进行填表复核等工作即可；有的则是在日常管理中没有体现的，必须根据上海确定的统计指标重新进行现场调查、测量。比如，浦东园林署为便于今后管理，结合本次普查，专门将调查摸底的公园、中心绿化、街头绿地、古树名木等形成普查地图并一一标注。

在当时，上海市城市投资发展有限公司承担了大量城市基础设施的投融资和建设等任务，如跨越黄浦江的大桥、合流污水总管等大型项目。学习借鉴上海市的模式，浦东城建局也在拟定浦东城投公司的发展设想及规划，为浦东的基础设施建设开辟一条新路。新区城投后来并入了浦东发展（集团）有限公司，并孕育了浦东建设、浦建集团、浦东设计院等一大批在上海具有一定知名度的设计、施工企业，为浦东的城市建设发展做出了卓越的贡献。

浦东城建第一次摸家底，为后来的浦东城建大发展描绘了蓝图⋯⋯

（俞　辉）

甘当浦东城建的"精算盘"

1993年,浦东新区城建局成立之初,需要接收来自浦东区域内,原属杨浦、黄浦、南市及川沙(以下简称"三区一县")等行政区划的城市管理和建设系统整建制的行政事业单位,还要组建适应开发开放需要的城市管理基层组织机构。当时,新区城建局陆续接收和新组建的独立核算单位计有45家之多,其中包括环保监测站、环保监理所(全额拨款,以下简称"全")、环保科技咨询事务所、城市道路署、城市排水管理署、园林绿化所(全)、园林绿化总公司本部(全)及下属8家独立核算公园(差额拨款,以下简称"差")、环卫清洁服务总公司本部(全)及下属9家独立核算环卫分公司(差)、市容监察支队(差)、公路管理署、城市综合开发中心、建筑质量监督总站、建设管理署、招投标管理所、陆上客货运输管理署、航务管理署、墙体办公室、防汛救灾民防管理署(全)、局培训中心、建筑勘察设计所、给水管理署(差)、煤气管理所(全)、交通运输总公司、建设总公司、自来水总公司、城投公司、公交总公司、局本部机关等。

主管城建局系统预算内、外资金运作和管理的计划财务处,刚组建不久就要面对如此庞杂的事业单位,以及原"三区一县"划转过来的基层单位。这些单位的开办费、人员工资、办公经费等,常常处在嗷嗷待哺的状态。计财处每天除了处理基层单位经费缺口报告,及时统筹安排下拨急需资金外,还要做好基本建设计划,预算资金管理、财会核算,预算内、外收支规范等管理工作。那个时候，计财处人手少、任务重、工作量大，每个人都要身兼数职，压力特别大。

计划财务处为了保障浦东新区城市建设、管理的正常运转，第一，与人事、财政部门协商，确认全额、差额、自收自支单位预算性质，明确预算体制；第二，保证管理运转所需要的经费及时到位，包括人员经费、事业专项经费、工程性专项资金等；第三，与浦东新区财政部门和上海市各委、办、局、处等部门，核实行政事业性收费项目，沟通协商上缴和留存比例；第四，与新区国资委一起登记确认划转中的固定资产数额，以及大量的清产核资工作；第五，要区分解决城市维护费、环保事业费、航运港务费、陆上运输费、汽管费、公路养路费、民防管理费等，不同结算分配体系所带来的会计报表编制和结算体系的适配；第六，帮助各基层单位理顺和建立内部的财务、资金、资产管理制度。

当年，由于正常运转经费严重不足，尤其是城建局系统管辖的环卫、绿化、市容、城道、排水、环保、航运、公交等条线，资金缺口的警笛不断拉响，计划财务处经常处在整个城建局工作的风口浪尖上。局主管计划财务的领导同志始终"压力山大"。

但是，浦东城建的计划财务处干部胸怀开发开放早期"八百壮士"成员的豪情和责任感，没有被眼前暂时的困境所压倒，在分管领导的带领下，全处上下团结一致，知难而进，分工协作，全力以赴，群策群力，挖掘潜力。积极通过各种渠道筹措财力，统筹预算内、外资金，满足基层单位正常工作的开展。历经曲折地解决了开发开放初期城市建设和管理领域的资金困难，确保浦东新区城市建设、管理的顺利实施。

加强调查研究，深入基层现场

"没有调查就没有发言权"是我们党的优良工作作风。面对划转来和新组建的所属事业单位，在接到通知的第一时间，计划财务处的同志们就马不停蹄地深入基层，现场办公，了解情况，及时掌握第一手资料，包括：事权职能、人员编制、预算性质、资金资产状况等。然后根据所掌握的情况及时与财政、人事部门沟通协商，确认各单位的预算性质，理顺财务预算体制。几经周折后，商定：全额行政机关1个，全额事业单位6个，差额事业单位20个，自收自支事业单位11个，企业化管理的事业单位3个，企业4个。职工总人数超过万人。

针对基层单位组建和划转过程中普遍存在的开办费、装备费等急、难、愁问题，计财处正视开发开放初期新区财力资金短缺的现实，依照"量力而行"、节约办事的原则，先从内部挖掘潜力，不足部分及时与财政局协商解决。让基层单位体会到划转浦东新区后，虽然上级主管部门有了调整，职能也变了，"费"随事转了，但经费保障仍然做到不断不乱。比如：新区排水管理署以前归属上海市市政局排水处，当时有11座泵站、47台机组等主要设备，有183名职工。以往，市排水处每年只下拨100万元左右的泵站运转费，存在较大的缺口。排水署划入浦东城建局以后，经多次与新区人事财政部门协商测算，同时考虑接收雨污水泵站会相应新增职工的因素，计财处采用急事急办、专款专用的原则给以落实。次年的预算计划包括人员经费、专项经费、备品备件费用等项目保障到位，每年预算安排601万元。又比如1993年中期，为了配合"东亚运动会"的举办，浦东城市化区域实施环境整治、环卫车辆更新、杨高路整治、市容支队新增执法车辆、城市综合开发中心开办等，计财处以紧急专报的形式与新区财政沟通，急需2,000万元的专项经费。当时以原川沙县财政局为班底新组建的浦东新区财政局，全年预算内财政性收入已捉襟见肘，但还是倾全力支持。通过开展道路、绿化、市容整治，浦东城市化区域面貌得到良好改善，既保障了东亚会的顺利召开，也促进了浦东投资环境的提升。

针对面广、量大、条线多、机构复杂、人员五湖四海的局面，计财处干部在接纳和组建基层单位的同时，迅速建立全局系统计划财务人员管理网络。建立双月财务例会，及时传达宣传财经政策，相互交流财务管理经验。开展局系统计划财务业务培训，邀请新区财政局、国资委业务老师讲解指导，以提高大家的业务能力和执业水平，尽快适应浦东改革开放高效率的发展节奏。同时，根据财政部行政事业单位财务管理制度结合局系统管理特点制定《局系统财务管理暂行办法》《预算外资金收支两条线管理办法》《浦东新区港航建设专项资金征收管理办法》等规章制度，从制度上确保预算内外资金的收支合规、合法、合理。

加强预算管理，规范经费收支

编制年度预算计划是全年开展业务管理工作的龙头。预算计划的编制和统筹安排，直接关系到全年工作的顺利进行。我们在布置年度预算计划时，首先，加强对下属基层单位的指导，提高他们的编制能力。要求各单位按照全年的工作重点及轻重缓急，结合新区改革要点和重大整治活动所需资金，安排预算计划，把财力资金真正用在刀刃上，以提高资金的使用效率和经济效益，特别是城管条线的绿化、环卫行业，都是财政用款大户。除了日常养护经费外，对于专项项目必须按照次年的重点工作纳入部门预算盘子。比如园林绿化总公司行道树养护工程需要新增10辆5吨级树木运输车，预计需要300多万元资金；环卫署为了改善城区面貌，需配套改造30多座老旧公共厕所，约需400多万元资金；还有，主要人行道要设置1,200只垃圾废物箱，需50多万元专项项目资金等。这些专项必须在编制次年的部门预算计划时及时纳入明年预算计划，才能确保财力资金的真正落实。其次，在资金收支上严格做到专款专用。做到项目有预算，支出有计划，并且在执行中严格按预算下达数额操作，按实际验收合格数入账结算，事后再落实专项审计，确保专款专用执行到位。

对于正常性的业务经费，结合一年一度财税大检查，注重核查业务合同的合法性、费用支出的合理性、支票支付签字手续的规范性等。

随着浦东新区城市化进程的扩展，管理范围、管理职责、管理成本也逐步提高。在浦东新区城建局成立最初的5年时间里（1993—1997年），部门预算拨款支出增长了316.53%，平均每年增长63.3%。

1993—1997年部门预算支出

年 度	合计（万元）	其中：正常经费	其中：专项经费
1993年度	5,513.66	2,224.2	3,289.46
1994年度	8,593.04	4,340.55	4,252.49
1995年度	10,075.77	6,130.1	3,945.67
1996年度	12,673.7	6,777.7	5,896
1997年度	17,453.59	8,618.6	8,834.99
合 计	54,309.76	28,091.15	26,218.61

注：上表数据反映浦东城建局系统城市维护费及行政经费的科目内容，主要用于人员经费、公用经费、城市化区域公共设施日常养护经费。

加强沟通协调，确保资金到位

浦东城建局计划财务处与上海市各委、办、局的对口业务较多，涉及上海市市政局、园林局、环卫局、环保局、交通局、公用局等，还包括业务局之外的管理处，如市航务处、市排水处、市公路处、市陆管处等。这就需要我们加强与上级机关的沟通协调，主要解决预算外收费的分配比例问题。浦东开发开放需要事权下达，存在"费随事转"的问题，因此沟通协商的内容较多。具体涉及的有航务署港务费

难忘的浦东城建岁月

按一定比例上缴市航务处；陆上管理署汽管费、陆管费按一定比例上缴市陆管处；环保排污费、公路养路费全额上缴市环保局和市公路处后的返回额度；园林绿化环卫市容市局项目补贴；全市公交改革1.68亿元中切块浦东1,070万元补贴等。除了在浦东区域的排水收费因全市排水建设有世界银行贷款事项，收费结算分配体系特殊外，其他都依照协商比例返回用于浦东的建设和管理。

除市各委、办、局外，其他预算外收费与新区财政也存在收支两条线，罚没款上缴，办案经费返回比例等，需要大量沟通协商的事项。比如绿化保证金、绿化赔偿补偿费、掘路代办费、道理赔偿费、占路费、广告费、垃圾清运费、民防结建费、工程监督管理费、建设管理费、墙体办的矿产资源费、住宅配套费、渣土运输管理费、加价水费、增容费等，都存在条线多、项目多、费用杂的"两多一杂"复杂现象。在浦东开发的初期阶段，由于收费单位基本是自收自支和差额性质的预算体制，所以，每年预算外收费资金量的多少，直接关系到本单位生存和事业发展。如何做好留用、上缴的分配比例，需要与新区财政、收费单位进行大量的沟通协商。既要按照相关文件精神做好收支两条线，又要发挥收费单位的积极性，做到应收尽收，同时也防止乱作为、乱收费；既要安排好收费单位年度正常运转所配套的预算经费和事业发展应留存的资金储备，又要从全局出发统筹预算外资金，用于弥补浦东开发开放过程中城市建设管理财力资金的短缺等。

这些千头万绪的复杂事项，始终考验着计划财务处的统筹沟通和协调能力、把握政策水平能力、坚持原则盘活资金能力。尽管计划财务处的领导和职工来自五湖四海，但普遍具备开发开放的信念和创新意识，具有政策水平高、业务能力强、大局观念强、执行能力强的宝贵素养，他们紧密团结、依靠全局、同心同德、齐心协力，在浦东新区大开发的城市建设、管理进程中，积极统筹预算资金，安排基建计划，规范财务管理，落实财经政策，及时、认真地完成了预算计划、财务管理相关工作，并取得了一定的成效，得到浦东新区财务、国资等委办局的认可和称赞。他们为浦东城市建设、管理事业的稳步健康发展打下坚实的基础，也为浦东开发开放做出了自己应有的贡献。

难怪，这些浦东城建人被称为浦东建设的"精算盘"！

（王微良）

回忆"七路建设"独特的
资金筹措和建设过程

"一年一个样,三年大变样",这是20世纪90年代浦东大开发大建设的真实写照。大开发、大建设资金哪里来? 1993年"当年立项、当年设计、当年开工、当年竣工"的7条道路建设资金的筹措过程,至今仍令业内人士难以忘怀。

1993年浦东新区管委会成立之前,浦东大道和浦东南路是浦东的主要城市骨干道路。浦东南路是沿黄浦江南北走向,经过黄浦区和南市区的浦东部分,与同向的南泉路、崂山路、文登路等路平行,以及东西走向的东昌路、栖霞路、乳山路、潍坊路等路交集,形成了当时除原川沙县的川沙镇之外浦东最热闹的地区。

浦东大道是通往川沙名镇高桥镇和高桥石化总厂的一条骨干道路。它沿黄浦江东西走向,经过黄浦区和杨浦区的浦东部分,沿江有上海船厂、4805厂等造船大厂。道路两边也有一些零星的居民新村,居住着许多来自市区的市政动迁居民。这些居民新村大都集中在黄浦江各个轮渡码头附近,以方便浦东、浦西的通行。那个时候,一江之隔的浦东、浦西交通往来非常不便,人们普遍还是处于"宁要浦西一张床,不要浦东一间房"的认识状态。

浦东大道、浦东南路之外,还有一条通往外高桥的老杨高路也算是市政道路。当时,浦东地区除个别镇外,原川沙县境内全部是公路,南汇后来划入浦东的大部分地区也基本如此。

1990年4月18日浦东开发办挂牌后，陆续成立的陆家嘴、金桥、外高桥等开发公司，由临时借用的由由饭店搬入各自的开发地块办公。张江开发公司也从租借的文登路（经拓宽重建后改名为"东方路"）浦东童涵春药厂迁到张江。当时，各开发公司现场办公地点的道路状况都非常不理想，直接影响到招商引资和地块开发。

1993年1月1日浦东新区党工委、管委会成立之后，浦东新区进入实质性开发阶段。俗话说"若要富，先修路"，浦东新区党工委、管委会的领导首先想到了浦东的道路建设问题，研究决定为每个开发公司修一条路，作为1993年新区基本建设的首选项目。同时，也成为浦东新区城市建设局的开局之路。

相关会议在浦东大道141号的小会议室举行，由管委会常务副主任主持，管委会分管领导、城建局主要领导和分管领导及市政处和计财处负责同志、综合规划土地局主要领导及经调处、产业处、规划处等负责同志参加了会议。

会议决定总共要修建7条道路：同高路、汾河路、滨州路、东徐路（现洲海路）等4条新建道路和源深路、龙东公路、上川公路等3条拓建道路。"七路工程"以"一区一路"为重点，总长18.18公里，总面积1平方公里，形成沟通开发区（指陆家嘴金融贸易区等）连接大市政的新区道路网络。该工程建设由新区领导任总指挥长，新区分管领导和城建局主要领导任副总指挥长。建设资金由新区政府和各开发公司共同筹集，各占50%。

七路建设作为特事特办项目，目的是为浦东开发建设和招商引资创造更为有利的条件。七路建设誓师大会召开的同时，城建局主要领导和分管领导，以及工作人员已经分别日夜奔忙在各个施工现场了。

记得当时，七路建设的项目建议书刚刚开始编制，资金落实也不明朗……看起来像是在打无把握之仗，然而并非如此。

城建局主要领导曾就职于上海规划设计院，参加过上海市人民政府浦东开发联合咨询研究6人小组，后任浦东开发办副主任，他对浦东规划十分清楚；局分管重大工程的领导参加过1978年开始的宝钢一期工程的重大市政建设，调来浦东前曾是上海市政二公司的经理，现场管理和施工经验非常丰富；局分管计划财务的局长曾任山西省驻沪办主任，后为浦东开发办开发处处长，经济管理和对外协调能力很强。如此强悍的建设领导班子为七路项目的实施提供了坚强有力的组织保障。

在那时候七路建设资金确实是"无米之炊"。记得当时川沙县的财政收入已并入浦东新区，但还是无法支出如此数额的建设资金。相关领导创新思维，依靠国家和上海市的政策支持，使得七路建设的资金难题逐步得到化解。新区分管经济的领导多次找到时任工商银行浦东分行行长、建设银行浦东分行行长、交通银行浦东分行行长、招商银行浦东分行行长等，联系七路建设资金的贷款事宜。城建局分别介绍工程建设概况和资金需求情况，尽管各银行资金调度有难度，但对浦东开发建设都非常支持。七路建设资金经由综合规划土地局经调处按施工进度陆续由银行贷入，再由浦东新区财政局预算处，下拨到城建局计财处，从而保证了50%建设资金的落实。

综合规划土地局对七路建设十分支持，综规局经调处紧盯银行方面，落实资金来源。这种政府与银行间互利合作形式形成了创新的日后银团组合贷款最初形态。

财政拨款是七路建设资金的重要保障。新区财政局预算处负责按施工进度拨付。为了使资金尽快到位，解决施工现场火烧眉毛般的人工、材料、机械的用钱荒，城建局计财处派专人在财政局预算处等候，以便资金下拨不隔夜。城建局上下热火朝天、大干快上的劲头，令财政局领导和同志们十分感慨："你回去好了，告诉你们领导，资金一到我们即刻下拨，请他放心！"

在新区综规局、财政局的大力支持、团结协作下，政府财政拨付的建设资金全部及时到位，为七路工程的顺利进展起到了关键作用。

由各开发公司负责筹措的七路建设另外50%的建设资金，同样得来不易。俗话说"家家都有一本难念的经"。1990年相继成立的陆家嘴、金桥、外高桥3家开发公司，最初都是以借浦东开发办20万元办公费用额度起步的。工商银行浦东分行行长了解到各开发公司的实际困难，为支持最先成立的陆家嘴、金桥、外高桥等开发公司的开办，各为他们贷款200万元。在上海市主要领导支持下，每个开发公司实际到位的注册资金是3,000万元。

1993年，要从各开发公司两年来"空麻袋背米"的招商引资中拿出七路建设资金来，对各开发公司来说着实不易。因为在当时，各开发公司还要完成已签约地块的开发，资金也捉襟见肘。

尽管各开发公司对七路建设非常欢迎，充满期待，但是数额大即时性强的建设资金支付，相对而言他们的积极性也受到影响！可是，施工现场已经热火朝天，人工、物料、施工机械样样离不开钱。那时候，七路建设各分指挥部天天派人来催工程款，城建局计财处一方面向综合规划土地局经调处和财政局预算处请求支援，另一方面则派专人天天往各开发公司跑，开发公司一旦有土地批租的资金入账，就争取或多或少拿些回来，以解工程的燃眉之急。为了保证建设资金的用途安全，城建局自1993年下半年起，还请上海建设银行浦东分行行长，专门派了两位有经验的老同志来计财处合署办公，以确保建设资金专款专用。此外，在工程结束后，局里还请上海建行的审价公司对工程决算进行了专门审核，以确保建设资金安全和合理使用。

浦东开发开放初期，资金全面紧张的状况，管委会常务副主任是心如明镜。在定期的工程例会上，每次提到开发公司的七路建设资金问题时，他都毫不含糊，明令各开发公司一把手必须到会，以确保建设资金

难忘的浦东城建岁月

及时到位，对七路建设的资金保证到位起到了关键作用。

七路工程的动拆迁同样是个巨大的难题。源深路拓宽时就碰到钦赐仰殿道观的保护问题。钦赐仰殿相传最早为三国时期东吴孙权为其母亲祈福所建；又据传始建于唐代，这是因为清代道观翻修卸大梁时，发现上面有"信官秦叔宝监造"字样，秦叔宝是唐太宗麾下名将，因而，清代秦荣光在《上海县竹枝词》中有言"东岳行宫在浦东，相传唐敕建兴工。信官叔宝秦建造，钦赐还称仰殿雄"。这便是钦赐仰殿道观名称的由来。道观主殿供奉的是道教中掌握人间生死之神的东岳大帝，因此钦赐仰殿又称为东岳行宫。

因传是唐太宗敕建，钦赐仰殿道观一直香火鼎盛。盛时占地20余亩，共有泥、木、石神像600余尊。明、清时期曾经有过两次修复。清末国弱道观被移作他用，民国期间又遭到严禁和捣毁。直到新中国成立，道观才恢复如初。1966年道观再次遭劫，到1978年时，钦赐仰殿仅剩下一座危房——东岳大殿。1983年开始虽经修复开放，但规模和设施都极其有限。

1993年源深路拓宽时，影响到钦赐仰殿的部分场地。城建局经与综合规划土地局和浦东新区社会发展局等相关部门协调，确定道路建设不影响钦赐仰殿道观主体，在道观后面再让出更大的空地，为钦赐仰殿留下以后更大的发展空间。该方案令当时的道观住持张文希道长以及道士和香客们都非常满意。2000年，浦东新区对钦赐仰殿道观进行了全面改造和建设，该道观占地达4,000多平方米，成为全国重点道观，是浦东新区文物重点保护单位。钦赐仰殿这座千年古观已经焕然一新。

因道路施工，一棵300多年的古银杏树在移位后得到了很好的保护，至今已过近30年，傲然屹立在源深路旁，更加郁郁葱葱。

七路建设的资金来源分散、批次多、时间紧，为确保不出现纰漏，总指挥部制定了严格的资金下拨规定：先由各分指挥部书面提出申请，经计财处负责工程的同志审核，再依次由计财处处长、分管副局长、局长签字后才能下拨。七路项目的整个建设过程中，大笔、多渠道、多批次资金的拨付运用，没有出现任何问题。

值得一提的是，城建局直属"浦东新区城市投资发展总公司"事先定价收购大量建设中的新房，以作七路建设动迁用房之用，既节约建设成本，又加快了建设进度。

经过5,000多名建设者的日夜奋战，在新区各局、银行、开发公司及有关单位的共同努力下，新区城建局全局上下同心协力，仅仅用了半年时间，万众瞩目的"七路会战"胜利完工通车。七路的建成大大改变了浦东新区道路建设的落后面貌，改善了投资环境，加强了各个开发公司的招商引资力度，使浦东新区的开发开放驶入快车道。同时，这种成功的资金筹措新形式也为日后的银行联合组团贷款创新提供了实例佐证。

七路建设是浦东新区城市建设局开局之路，也是团结之路、成功之路。

（曹益生）

从 LPG 到 SNG
——浦东燃气过渡的成功实践

燃气,一个现代化城市的基础。浦东城建人始终如一为之努力践行着……

为尽早实现浦东新区建设外向型、多功能、现代化新型城区的宏伟目标,在开发开放初期的1992年,有关部门依照浦东新区总体规划的指导精神,陆续制定了一系列高标准的城市基础设施发展规划。其中,从能源的有效利用,以及经济发展、社会进步、环境效益等方面综合考虑,燃气发展规划确定浦东新区要全面使用天然气,大力建设发展管网供气系统设施;形成以天然气为主、瓶装液化气为辅的现代城区燃气供应的基本格局。

20世纪90年代之前,浦东地区的燃气供应主要来自浦东煤气厂。该厂每日平均生产200万立方米左右的人工煤气,但大部分输往浦西。浦东居民用户的很大一部分使用的是瓶装液化气。按照规划预期,到"八五"期末(1995年),浦东地区可以用上东海天然气,"九五"期末(2000年),方能用上"西气东输"的天然气。

如何度过新区4—5年的天然气供气"空窗"期,怎样细致谋划替代方案、实施科学合理的接驳过渡,是摆在浦东城市建设和管理者们面前的一件大事!当时的浦东城建局领导曾严肃地提出要求:"这个问题解决不了,还要你们这个部门干什么?"

事关荣誉,事关生存!浦东燃气行业的建设、管理者们不畏艰险,同心协力，以大胆探索的精神、敢想敢干的气魄、科学严谨的态度，实施推广高效合理的液化石油气管网供气替代方案，较好地完成了浦东新区燃气过渡期的各项预定目标。

浦东燃气人首先要解决好新区大量的新建小区在短期内无法接通使用天然气，瓶装液化气又不宜搬进居民楼的矛盾。经过认真分析、比选，新区燃气管理署决定试行一种高效合理的替代过渡方法：液化石油气（英文：Liquefied Petroleum Gas，简称"LPG"）管道入户方案。

由于人工煤气（煤制气）普遍存在污染大、易中毒等缺点，当时正处在逐步被淘汰的过程中。与天然气相比，人工煤气的热值要低得多。如果继续勉强沿用，待日后与天然气进行切换时，必定要增加更多的成本。于是，新区燃气行业的建设、管理者们设想中的液化石油气管道供气工艺，是将液化石油气经气化处理后，再通过燃气管道输送到每家每户的供气形式。这在当时是一种有效的过渡和拾遗补缺办法，它以"小、灵、快、省"为设计原则，可以尽可能地满足过渡期新建小区管道供气的需求。

新区燃气管理署经过精心的前期准备，相继在川沙申华小区、金桥浦明小区等新建住宅小区开始实施液化石油气管道供气。在探索实践中慢慢总结摸索出如下几种过渡模式：

1. 供应 500 户及以下的居民小区，可采用大瓶组自然气化供应方式或 LPG 自动供气箱串联供气法供气。其工艺流程是：大瓶组（一开一备）→自动切换调压器→庭院管道→户内管道→用户。

2. 500 户以上 1,000 户以下的居民小区，可采用瓶组强制气化供应方式。工艺流程：瓶组间→汽化器→庭院管道→户内管道→用户。

3. 供应 1,000 户以上 2,000 户以下的居民小区时，如果各住宅楼相隔距离比较近，供气管网长度不超过 1 公里时，可采用建一个或几个储气罐强制气化供应方式。

难忘的浦东城建岁月

4. 2,000户及以上的居民小区（各住宅楼相隔距离比较远，供气管网长度超过1公里），就采用代天然气（SNG）供应模式。其工艺流程为：储气罐→汽化器→液化石油气空气混合器→调压器→庭院管→户内管→用户。

在此期间，有关方面自主开发的液化石油气自动供气箱技术，经浦东新区科委推荐，于1996年8月9日获得国家专利，并在1997年4月国家知识产权局举办的"中国专利技术博览会"上一举夺得金奖。该项技术后来还被推介到浦东新区老领导的家乡——河北省遵化市实施应用。

所有这些成就极大地鼓舞了新区燃气署职工的创新热情。回想那个时期，大家积极主动学习，努力钻研新技术蔚然成风。在国内燃气界的科研领军人物——同济大学姜正侯教授的帮助指导下，新区相关部门又研发成功了代天然气供气新工艺，并开始在浦东的各个新建小区广泛推广应用。

SNG是代天然气（Substitute Natural Gas）的英文缩写，是一种在纯液化石油气（LPG—Liquefied Petroleum Gas）中掺混一定比例的空气后形成混合气的工艺，是一种热值稳定、干净无毒的新型气源。具体混合比例按LPG的成分及其所要替代的天然气（CNG—Compressed Natural Gas）性质要求而定。

与浦东随后即将使用的东海天然气和"西气东输"天然气相对比，代天然气的各项气相指标与目标天然气各项气相指标基本相同。由于设计施工的工艺标准全部按天然气要求来规范；输配管网的设计方案也考虑到将来与天然气的转换，均按照天然气标准设计；相应施工则根据供气规模大小，从管网压力级制、管道走向以及供气保障等因素，全部按天然气技术指标实施。在切换天然气时，只需将预留的接口同天然气管网衔接，再把气化站根据要求转化成天然气高中压调压站即可运行。居民用户家中的燃气器具则完全不需要再行更换。

1999年，在"西气东输"天然气开始提前供应上海时，SNG工艺已经先后在张江建中、北蔡鹏海、六里艾东、合庆、川沙等几十个居住小区，还有上海外国语学校等企事业单位，共计770多万平方米的住宅和公用建筑实施了燃气配套，解决了2.8万多户居民生活燃气的管网供应。到2003年，浦东全部顺利实施了天然气切换。至此，该项技术圆满完成新区燃气发展的过渡任务。SNG技术还先后被应用于浙江省金华市等城市天然气的过渡。如今，此项技术在我国许多海岛以及数不清的乡镇中依然被广泛应用着。

浦东城建人以改革创新勇于探索的精神，在浦东燃气的过渡中，从LPG到SNG，为浦东的千家万户送来了城建人的爱……

（张宝良）

千家万户的笑声

——浦东新区公用事业民心工程掠影

20世纪90年代是浦东开发开放的前10年，以道路交通为代表的城市基础设施建设更多地反映了城市的形象，公用事业建设蕴含着党和政府对群众疾苦的关怀。使人民满意，让群众放心，这是我们党和政府工作的出发点和归宿点。

让千家万户有更多的笑声，成为浦东城建人孜孜不倦的追求……

浦东城建人积极投入城市公用事业建设活动中，生动地体现了这一宗旨。从1993年到1999年，一件件见成效、得民心的公用事业建设工程相继完成，如自来水管网切换、城镇水厂扩建、城区和城乡接合部低水压改造、天然气切换、架空线入地等，每一件公用事业工程背后都留下许多动人的故事，生动地描绘出政府和人民群众之间的亲密关系。

水是生命之源，饮用和生活用水的水质直接关系到一座城市、一个地区人民的生活质量。随着浦东开发向纵深推进和城市化水平不断加快，大批居民动迁到浦东腹地的新村小区，新区原有的供水设施越来越不能适应群众的要求，特别是部分水厂原水水质受到污染，管网老化，更使供水水质受到严重影响。

浦东城建人按照新区领导的要求，抓紧调研，在短时间内制定出浦东部分地区自来水管网切换的方案。以供水压力偏低、供需矛盾突出、群众用水困难或用水质量差的地区为重点，计划从1995年起，用多个三年计划分期分批解决外环线内自来水管网切换问题。这些地区包括：

张桥集镇、花木集镇、三林地区、六里南新小区、北蔡地区、高桥潼港地区、金桥集镇、杨园新园新村和顾路民建小区等10个地区，覆盖面积51.26平方公里，人口31.6万人。在市公用事业局、市给水管理处和市自来水公司等部门的协同下，整个工程按计划顺利进行，到1998年底，上述地区的自来水管网切换工作全部完成。在尽可能的情况下，用最短的时间解决老百姓的"急、难、愁"问题，这是政府办实事、开展民心工程的准则。毕竟，群众盼望从根本上解决这些问题，已经等了好几年，不能再拖下去了。

然而，自来水管网切换工程又牵涉到种种矛盾和利益的冲突；原有管网并入城市管网，地方上的镇、村级水厂马上就要关闭，就业问题如何解决？这样的矛盾首先摆在各级政府和基层组织面前。此外，还有由此引发的种种利益和矛盾冲突，按照通畅的"先调整利益化解矛盾，再解决问题"的思路，不知道要拖上几年？在实事、民心工程面前，在人民群众的根本利益面前，浦东新区的乡镇、各级政府和各有关部门、各个单位，表现出令人感慨的奉献精神和大局意识，自来水切换工程得以超常建设、顺利推进，边远地区的群众在最短时间里享受到实事、民心工程带来的实惠。

浦东南新小区完成自来水管网切换工程就是最生动的一例。南新小区位于浦东新区西南部，北邻川杨河，南至新浦路，西邻浦三路，东至锦绣路，规划面积1.5平方公里，总建筑面积112.29万平方米，规划人口4.6万人。从1992年起由上海绿化集团、上海欣顺和上海永业等房产公司负责开发，当时已建住宅60多万平方米，入住2万多人。出于历史上的种种原因，南新小区的供水情况形成了复杂的局面，一是靠提取深井水，二是通过农村改水供水，三是自建川杨河小水厂供水。由于深井水矿物质含量高，水质较硬；农改水输送管道小、水压低、水量少，无法满足居民要求；川杨河水质污染严重，且自建水厂规模小，水

难忘的浦东城建岁月

处理工艺落后，供水水质和供水量难以满足要求；对此，居民呼声强烈。南新小区管网切换是1996年新区城市化地区实施自来水管网切换计划的"第一仗"。从1995年10月起，在市给水管理处、市自来水公司等部门的支持配合下，浦东新区城建局公用处、公用署和上水浦东供水所就派特派员进驻小区，同六里镇政府一道研究实施切换工程的方案。为了在1996年春节前让该地区所有居民喝上放心水，城建局公用处、公用署、上水浦东供水所和地方政府组成的联合工作小组多次放弃休息时间，夜以继日，加班加点，排出时间节点。在各有关部门的配合协调下，从规划、设计到施工，仅用了两个多月时间，2.2公里长的跨川杨河输水管线就铺设完成，在居民喜庆的鞭炮声中，汨汨清水流入了小区的家家户户。

与此同时，浦东新区部分地区低水压改造工程和村级工厂关闭，也在紧锣密鼓地进行。按照市政府不把村级水厂带入21世纪的要求，三林镇水厂、张江新盛村水厂、唐镇机口水厂结束了历史使命，管网切换也同时完成通水，市郊接合部的居民终于喝上了干净的自来水。为深井安装处理装置可以说是为新区小区的居民做了一件善事。由于深井水铁、锰含量普遍超标，引起水质变深、发黄，对人体造成危害，影响了群众尤其是动迁居民群众的生活质量。浦东新区为此将深井水加装除铁除锰装置列入政府实事工程计划。按照原计划，新区用了3年时间，完成66口深井除铁除锰装置的安装，为此新区管委会从主任基金中拨出专款80万元，政府贷款贴息80余万元，补贴40万元，专项资金安排366万元等，多渠道解决经费来源。到1998年底，就全部完成安装任务。饮水思源，人民不会忘记，当甘洌的深井水流进农村地区的千家万户，群众的笑意写在脸上，感激刻在心里。

降服"乌龙"换青天。悬浮在城市上空的烟尘就像人们心头挥之不去的阴云。当年，治理城市大气污染成为政府工作的一项重要内容，人民群众的呼声也日益高涨。据测算,城市上空大气污染很重要的一个源就是汽车尾气,在工厂成批迁出市区以后,汽车尾气甚至可以说是污染大气的"罪魁祸首"。要使我们这座城市的上空焕发昔日光彩,呈现碧空如洗的景象,就必须降服汽车尾气这条地上"乌龙"。

液化石油气(LPG)作为一种新替代燃料是解决这一难题的"金钥匙"。在西方发达国家,液化石油气汽车改造研究已经进行了较长时间,并以其易改装、成本低、动力性能好、燃料来源充足得到广泛推广,它最大的优点,就是对环境的污染极低。目前,全球大约有500万辆LPG汽车在行驶,车用LPG加气站超过23万座,并形成了网络。

浦东城建人又在这一新兴事业的开发中站在了前列。1997年底,上海成立了由市建委牵头的上海市发展LPG汽车推进协调小组,对上海LPG汽车的发展进行统一领导、规划和协调,并明确新区作为这项工作的示范区。之后,对出租车及公交车LPG改装、试装,建设LPG加气站也列入浦东新区实事工程计划。占全市动态交通流量近1/5的浦东新区运用清洁能源这一武器对尾气"乌龙"宣战。1998年,新区投资750万元,上海第一座完整意义上的LPG加气站——浦东六里LPG加气站宣告建成。这使得上海完成改装的LPG汽车终于拥有了固定的清洁燃料来源,并拉开了发展LPG汽车工作实质性启动的序幕。

此番更向光明行。"三年大变样",上海长高了,路变宽了,城市亮起来了。小陆家嘴的璀璨灯光照亮了一个繁华的不眠之城,第一八佰伴商厦的灯光通明显示浦东这块土地应有的人气。

然而在浦东的一些地区,甚至处于中心区域的老街坊,还在为夜晚黑灯瞎火、不见路灯的境况所困扰。由于一些开发商不负责任的行为,或是市政建设某些环节出现的问题,到1997年底,浦东新区还有150

余条道路路段路灯没有亮起来。黑灯瞎火，隐患无穷。且不说漆黑一片给居民出行带来的不便，更严重的后果是，这些灯光照不到的地方，往往成为交通事故和犯罪案件多发之地。

这些情况引起了新区政府的高度重视，新区党工委、管委会领导责成新区城建局抓紧研究解决此事。很快，"亮灯工程"在新区城建局的全面负责下开始实施，城建局公用处、公用署会同有关部门制定了由外而内，由沿江向腹地推进的方案。自1997年起，连续3年作为政府工程，在沿江地区实施加装路灯工程。1997年、1998年两年共投入金500万元，加装路灯600余盏，使225公里的道路复见光明。至1998年底，浦东沿江地区基本消灭了"盲区"。1999年这项实事工程继续得到大力推进。经过实地勘察调研，新区城建局对居民较为集中的浦兴路（五莲路—长岛路）、羽山路（民生路—桃林路）、寿光路（五莲路—利津路）3条无灯道路增装路灯。浦东供电所接受城建局委托，在短短几个月内完成设计并开始施工。1999年9月1日，浦兴路、寿光路加装路灯工程宣告完成，1.95公里长的边远新村小区道路告别黑暗，迎来光明。屋外的灯亮了，居民的投诉少了。

路灯亮起来了，使入夜的浦东变得更加光明璀璨。而与此同时，在浦东新区的部分景观道路，往日密如蛛网的架空线和各类电杆却一点点从人们的视野中消失，代之而起的是绿树成荫，蓝天在人们的眼中忽然变得如此通明透亮，阳光似乎也更加明媚了。带来这一系列变化的，就是浦东新区实施的又一个公用事业建设即政府实事工程——架空线入地工程。

为了进一步改善投资环境，美化浦东的空中景观，1999年，景观道路架空线入地工程列入新区实事工程。实施这一工程的3条道路是浦东大道（浦东南路—洋泾港桥）、浦东南路（浦东大道—浦建路）、东方路（浦东大道—浦建路），3条道路总长11公里。横在空中的架空线可谓种类繁多、五花八门，其中有电力架空线、市话局联通公司架设的通信线缆、有线电视线缆、无轨电车架空线网、广播电视信息网、交通信号灯线缆，还有公安"110"专用线缆。拆除这些架空电缆，使其改道入地，拆除过程中必然给上述各个部门的工作带来不便，其难度可想而知。

然而，正是靠着浦东城建人这支特别能吃苦、特别能战斗的队伍，四处奔走，积极协同，在有关部门、单位的支持下，顺利地实现了各节点目标，1998年12月这项工程全面启动，仅用了7个月的时间就拆除了各类架空线102公里，拔除各类电线杆1,226根，铺设各类电缆、光缆74.9公里，新装路灯450盏，新装各类配电箱柜87只，浦东大道、浦东南路、东方路以它们最美丽的姿态展现在人们面前，成为群众休闲游憩的好去处。

笑声，从浦东的千家万户中飞扬而出……

（苗建华）

超常发展的"巨轮"

——新区"小政府"与浦东"大公交"

春风拂面的浦东大地上，新型的公交车穿梭于城市郊外，车轮滚滚，你来我往，浦东公交已成为一道亮丽的风景线……

1995年3月，在浦东新区城建局开局的第三个年头，仅有8个人员编制的综合交通处，接受浦东公交公司这个拥有8,400多名员工、年亏损额高达5,100多万元的"庞然大物"。综合交通处原来负责新区客货运输和水路运输管理以及与浦东机场和越江交通协调管理的职能，是名副其实的"小政府"部门。

如何破解"出行难"矛盾，实现浦东公交的超常发展？本文讲的就是这个故事。

公共交通，是社会公共产品，它关系市民日常出行和经济社会的正常运行，也是衡量社会文明进步的一个窗口。近30年来，伴随浦东开发开放的不断深化，浦东公交锐意改革、大胆探索，从破解"出行难"矛盾到目前已与国际接轨、做到市民"可视化"候车的发展过程……真可谓硕果累累！

浦东公交的改革酝酿于1994年，启动于1995年3月，标志性事件是浦东公交公司由市公用局公交总公司划归浦东新区城建局管理。

整体思路，破解难题，浦东城建人的大思路、大手笔

1993年，上海公交已连年亏损，从年亏损1.4亿元，至2.8亿元，至 4 亿元，至 8.2 亿元。

1995 年初，市委、市政府决定把浦东公交公司划给浦东新区作为全市公交改革的试点。

当时，在浦东开发热潮中诞生的浦东新区管委会及其职能局，是一个高度精干的"小政府"，具体分管新区公交客运、道路货运、水路运输和静态交通以及与浦东机场、越江交通、轨道交通等部门协调管理的综合交通处，其人员编制仅为 8 人。

1995 年 3 月，当拥有 8,400 多个员工、756 辆车、60 条营运线路（其中市区线路仅 28 条）、年亏损 5,100 多万元的浦东公交公司从市公交总公司划归浦东新区时，一个个严峻的难题摆到了"小政府"面前：浦东公交公司原是国有企业，历史长、人员多、底子薄、装备差，公司设置 28 个科室，管理机构庞大，"小政府"怎么管理"大公交"？

新区的外资企业、新建企业和住宅小区在浦东大地上如雨后春笋拔地而起，企业员工日常上下班出行需要公交，大批浦西的居民不断导入浦东，出行也需要公交，这些问题曾一度困扰着"小政府"，也一度成为社会与媒体关注的热点。大家都亟须浦东公交的发展与市民的出行需求相适应！

那么，发展浦东公交，钱从哪里来，人到哪里去？

如果按照老一套公交体制管理，"小政府"将不堪重负，难以驾驭近万人的大公交这艘"船"，更难以化解市民的"出行难"矛盾。所以，必须打破传统思维，用改革的新思路，超常思维，才能超常发展浦东公交。

这是一项涉及政府体制改革与企业机制的"双重改革"难题。浦东新区城建局根据新区领导的要求，借助"外脑"，从浦东公交改革的整体思路着手，先后会同同济大学编制了《浦东新区"九五"期间公交线网、场站发展规划》，提出到 2000 年浦东公交的总体目标和各项指标，

难忘的浦东城建岁月

需投资8.4亿元。又会同复旦大学经济管理学院编制了《浦东公交体制改革研究报告》，深入分析了浦东公交公司10年财务报表，首次对公交的公益性亏损和经营性亏损进行了量化分析，提出了引进竞争机制，借用上市公司和社会力量办公交的多种方案。

这两份报告一"硬"一"软"，似一对姐妹篇，为新区领导对浦东公交实施"打破垄断，几家竞争，政府调控，统一管理"的决策提供了理论依据，也为超常发展浦东公交、从多渠道筹措资金提供了新思路。

新区城建局于1995年10月组织实施浦东公交改革方案，先把原浦东公交公司的房屋、车辆设备、场站设施等实物形态的有形资产，以及线路资源等无形资产提交新区国资办评估。同时对积极参与浦东公交合资经营的浦东大众和香港冠忠等企业的资产也进行了评估，从而将实物形态的物化资本转变成价值形态。然后本着"积极稳妥，分步推进"的原则，从浦东公交公司的全部国有资产中划出1/3，再分成2家，运用参股方式，分别与浦东大众出租汽车等4家上市公司合资，进行资产重组，组成浦东大众公交股份有限公司，由浦东大众控股，注册资金为1亿元。与香港冠忠公交这家上市公司和浦东大桥实业有限公司合资，组成浦东冠忠公交有限公司，由香港冠忠控股，注册资金1亿元。新组建的公交公司按人车比1∶8.77配置，从原浦东公交公司吸纳劳动力，与留存的浦东公交公司母体在同一起跑线上，形成3家公交企业公平竞争的新格局。

经过一年试点取得成功。新组建的浦东大众和浦东冠忠公交公司发展迅速，当年分别消化了预计亏损的720万元和1,100万元，实现"0"号工程，即收支平衡，并推出第二年的盈利目标。

于是，新区城建局又在1997年5月把留存的原浦东公交公司剩余的48条公交线路、4,500余人与上海巴士实业这家上市公司"嫁接"，进行资产重组，组成浦东巴士交通股份有限公司，投资总额 1.1 亿元，于 1997 年 5 月 22 日挂牌正式营运。

新区城建局在搞活企业的同时，加强公交客运的行业管理，于 1997 年 5 月 30 日组建了浦东新区公交客运管理署。

浦东城建人以改革创新的魄力，实施政企分开，各司其职

浦东公交的"嫁接"改革，改出了"三个分开"的新机制，即把政府的行政管理职能与国有资产所有者代表职能分开，把国有资产管理代表的职能与国有资产的经营职能分开，把国有资产经营机构的资本经营职能与被其控股、参股的企业的日常经营职能分开。

在以社会公益性为主的公交行业构造出经济性而非行政性的经营主体，这种新机制的优势，突出表现在政企分开，各司其职，"小政府"不膨胀，公交企业焕发出很强的服务意识、竞争意识和创新能力。

浦东新区城建局综合交通处作为新区管委会分管公交客运等交通行业的职能部门，其主要职责为编制新区综合交通规划，编制和下达新辟、调整公交线路和新增车辆额度的年度计划，编制和下达公交场站建设的投资计划，拟订新区综合交通发展的法规、政策，组织协调浦东公交发展的各种事项。其下属的新区公交客运管理署则是政府职能的延伸，负责受理浦东公交客运的日常事务，依法监督检查浦东公交客运企业对其社会公益性服务的执行情况。这种体制保证了新区"小政府"对浦东公交客运行业的控制权。

浦东新区公交投资发展有限公司是浦东公交国有资产的授权经营企业。它以资本经营为主要职能，努力盘活存量资产，实现公交国有资产的保值增值。它与 3 家公交公司的关系是参股、监督，选派产权代表参加 3 家公交公司的董事会，参与企业的决策。同时，具体实施新区政府在 1996 年设立的"公交发展基金"。这一经济杠杆主要用于浦东公交企

业新增车辆的贷款贴息、下岗职工的再就业培训、公交场站等基础设施的建设，以及提高公交科技含量的项目研发。国有资产参股每年所获利润，除用于增资扩股扩大再生产外，其余都返回到浦东公交发展基金，滚动发展。

3家公交公司分别实施由上市公司控股的新机制后，大大激发了企业讲服务、争效益、谋发展的动力与活力。通过市场配置资源，有力地提高了资源配置效率。

过去，公交公司变更线路和车辆营运时刻表按行政计划，每年只在春秋调整2次。自1996年起，新公司根据客流和市民出行需求，适时灵活地调整营运时刻表，优化了客流与车辆资源的配置。

3家新公司应用上市公司机制，精简科室人员，归并原浦东公交公司28个科室为"五部一室"，管理人员从原占职工总数的7%缩减到仅占1%，使全员劳动生产率提高了75%以上。

3家新公司比服务、争市场，竞相购置车辆，增扩营运线路，促进了浦东公交的超常发展。

浦东巴士公司实施资产经营目标责任制，以15%的资产回报率考核经营者，做到"营运围绕市场配，车轮随着客流转"。

1997年新组建的浦东巴士公交公司当年也做到了扭亏为盈，1998年起净资产回报率达到15%以上，还先后购并了城联等5家社会客运单位，营运线路和车辆分别从组建时的43条和559辆车，扩展到70条和1,002辆。

浦东冠忠公交公司1996年元旦正式营运时仅有17条线路217辆车，经过一年就发展到31条线路535辆车。

浦东大众公司1996年元旦正式营运后，把大众出租汽车的服务特色移植到浦东公交服务上，在全市公交行业率先推出航空式服务，落实在980路的15辆空调公交车上。该公司积极推广明星服务，以群星带先进，在竞争中树立服务品牌，吸引了大批客流，也提高了企业的经济效益。1999年初，这个公司的日均营收已是1996年初的3倍。

由于新区实行政企分开、引入3家公交适度竞争的新体制和新机制，整个浦东公交改革做到"新体制新班子，老班子妥善安置"，平稳过渡，无一人员上访。

到2000年短短4年时间，1996年9月23日新区城建局在《解放日报》向广大市民承诺的到"九五"期末，浦东公交车辆要比"八五"期末增加2倍，达到2,400辆；公交线路翻倍，达到150条；万人拥有公交车辆增加到12辆，超过部颁10辆标准；以及在全市率先与地铁2号线浦东段新建6个公交换乘站的目标都提前完成。

浦东城建人立足于扭亏为盈，良性循环。

在浦东公交超常发展，扭亏为盈，进入良性循环后，新区城建局破除大公交是劳动密集型企业的传统思维，努力增加浦东公交的科技含量，进一步提高服务质量。

1998年通过"浦东公交发展基金"取得500万元的投资，应用GPS信息技术，在81路和82路这两条行驶于浦东大道和浦东南路上的88辆公交车上试用GPS定位技术。在沿途16个公交站点安装了电子显示站牌，通过卫星定位技术，及时把营运车辆的动态信息传输到调度中心。同时，又把营运车辆的动态信息传输到公交站点的电子显示屏。在全市公交系统率先试行动态管理，做到"公交调度无纸化，市民候车可视化"，受到广大市民的欢迎，也为下一步浦东公交推广信息化打下了基础。从此以后，特别是2008年12月根据市政府新一轮公交改革的总体部署，成立浦东新区公共交通有限公司，进一步加大对浦东公交科技含量的投资。

到2019年底，浦东公交377条线路的4,100多辆营运车辆、226个公交首末站、1,700多根公交站杆上的太阳能电子站牌做到车辆运营动态的信息全覆盖,市民在公交站点等候车辆,可以从公交电子站牌上看到或从手机上查到所需车辆的实时动态信息,大大提高了为市民出行服务的质量,并且与国际一流大都市的公交信息化水平全面接轨。

浦东公交正是以超常发展的势态,以无数的车轮形成蔚为壮观的"巨轮",为浦东的发展加速……

历史,为浦东公交的超常发展,记下这浓墨重彩的一笔……

(陈志坚)

熠熠发光的"黄金水道"

——破解"水运难"确保大开发

纵横交错的水道，构成了浦东的城市血脉；波光粼粼的清水，倒映着一个现代化的城区……

水运，是浦东建设的"黄金水道"，关系着国计民生，成为浦东城建人的大舞台。

20世纪90年代，浦东是举世瞩目的一片热土。以大规模、高质量的交通基础设施建设为特征的开发开放，真可谓热火朝天、日新月异——南浦大桥、杨浦大桥相继开工；地铁2号线工程正在穿越黄浦江；陆家嘴、金桥、外高桥和张江四大开发区的市政道路、管线设施与主体建筑的施工现场，都在夜以继日地快速推进。

特别是1996年浦东国际机场工程开建后，新区每天需要成千上万吨的砂石料，供应到几千个建设施工工地。一批批的砂石料通过默默流淌的川杨河与浦东运河等内河航运通道，抵达不同码头装卸再分别运输到每个工地。

川杨河是上海为数不多的人工河之一。它西起黄浦江，向东直达川沙海滨的三甲港，全长28.7公里，河道笔直，宽约70米。川杨河始建于1978年，1984年7月竣工，它的建成对于浦东航运、水利枢纽与改善水环境具有举足轻重的作用。

据统计，在浦东开发开放进入高潮的1993—2000年的8年时间里，川杨河等内河航道总计通过237万艘船舶，运送9,401万吨砂石料等各

难忘的浦东城建岁月

类建筑材料。其中，1993年开发开放进入高峰时，有34.2万艘船舶运送总量高达1,778万吨建筑材料；1997年浦东国际机场施工建设进入高峰，计有36.5万艘船舶，运送了1,341万吨建筑材料；1998年，有32.3万艘船舶，运送1,278万吨砂石料等货物。在抽查统计的这3年时间中，每天平均有近千艘船舶"重船进港、空船出港"，日日夜夜、川流不息，为浦东的建设施工现场运送必需的砂石料等货物。

1997年3月24日，川杨河被上千条船舶完全堵塞，各种船只前后"接龙"居然长达4公里多，河面上一眼望去"只见船舶不见水"……

浦东新区航务管理署紧急动员，组织全体人员，千方百计，夜以继日地排拥堵、保通畅，确保开发开放建设施工所需的砂石料及时供应。

当时主要采取了如下得力措施：

抓紧疏通航道保畅通。川杨河自20世纪70年代末开挖通航后一直没有疏浚过。航道底宽仅7.8—10米，通航能力与激增船舶的矛盾非常突出。经实地测试，亟须疏浚70万立方米的土方，才能维持基本的通航。新区航务管理署通过专题申报上海市航务处批准，很快落实了经费，抓紧组织施工队伍日夜赶工，确保70%以上进入浦东的船舶，经由川杨河航道顺利通行。

实行24小时"把口管理"制。为确保船舶能够"进得来、过得去、卸得下、出得去"，新区航务署6个港监站打破以往的分管界限，重点加强杨思、六团的现场管理。抽调50多名港监员和港务纠察，组织5条巡逻艇，安排5艘趸船，还借用3艘拖轮，实行24小时"把口管理"。全署上下团结一致，心往一处想，劲往一处使，通宵达旦，废寝忘食，奔忙在确保航道畅通的现场上！

制定作业办法，坚持船舶作业许可制，实行源头管理。为了控制船舶流量，确保船舶航行与装卸秩序，新区航务署下发了船舶装卸作业许可证。严格规定没有许可证，船舶不能进入码头，码头也不能进行装卸作业。以码头控制船舶，又以船舶制约码头。这样，有效控制了船舶流量，码头乱装卸现象也大为减少。

集中力量，排堵疏港。浦东国际机场建设，加上浦东远东大道和龙东大道等重点工程的相继开工，新区建设用材需求量骤然加大。面对如此紧迫的情形，新区航务署同心协力，大家自觉放弃节假日，风风雨雨坚守在一线。特别是在1997年3月下旬的川杨河大堵塞疏通现场，全署科室人员全部出动，与港监站人员一道奋力排堵，哪里需要就奔赴哪里，一直忙到疏通。

实行船队与单船分开进出船闸，避免交叉航行，堵塞航道。一般来说，进入浦东内河的船舶会先在黄浦江待泊。按照1997年3月20日采样统计，当日等待驶进浦东的船队有96列，挂机船计200多艘。新区航务署据此规定：以48小时为单位，其中36小时集中通行船队，另外12小时通行挂机船和单船；夜间多安排船队通行，白天则放行单船。实施如此的限行管制办法后，保证了新区内河航道船舶航行和停泊秩序良好，明显提高了航运效率，增加了航道的通行能力，安全事故也明显下降。最多时，一昼夜通行达9万船舶吨位，相比增加了30%。

浦东，那些逶迤而去的水道，成为浦东建设名副其实的"黄金水道"……

（冯永高）

那些年浦东公交那些事

——浦东新区公交客运超常发展纪实

那些年，有多少无奈，有多少喟叹，更有多少彷徨？

那些年，有多少梦想，有多少热望，更有多少期待？

然而，改革开放的春风，唤醒了人们曾经被禁锢的思想，给我们带来了多少新的希冀？改革开放的上海，雨后春笋般的新生事物，脱颖而出，给我们带来了一片片新的天地。

正是那个风起云涌的20世纪90年代，天时地利人和，造就了浦东公交的新天地……

20世纪90年代的浦东公交客运市场很精彩，也很无奈！一方面，所有制不同、体制各异的社会性公交企业应运而生，争相开线，精彩纷呈；另一方面，作为公交客运市场主体的浦东公交公司却缺线少车，亏损严重。当时，浦东开发开放正如火如荼，新区经济迅猛增长，人口急剧导入，需要超常发展的浦东公交与之相适应。在这样的历史背景下，新区城建人和公交人一道开动脑筋，发散思维，通过一系列的改革创新，引领浦东公交事业驶入超常发展的快车道。本文所要说的就是在那激情燃烧的岁月中令人难以忘怀的往事。

1993年，浦东开发开放进入实质性的启动阶段。四大开发区横空出世，功能开发逐步展现，招商引资取得突破，国民经济稳步增长，居住人口大量导入。浦东新区开发开放的迅猛态势以及经济发展和人口剧增的实际状况，要求浦东公交必须以超常规的发展与之相适应。

浦东新区城建局成立伊始，就与上海市公用局商议浦东公交公司划归浦东新区管辖的具体事宜。浦东城建局领导清醒地意识到，要实现浦东公交的超常发展，必须掌握一支在公交营运市场中听指挥、能调动、善营运的公交队伍。

在新区管委会的授权下，浦东城建局与市公交行业管理部门加紧沟通洽谈。1994年7月，浦东城建局与上海市公用局签订《关于浦东新区公用事业、规划、建设、管理分工协议书》。在此基础上，1995年3月8日，市公用局、财政局、浦东城建局、财税局共同签订了《关于浦东公交公司改变行政隶属关系的协议》。这两个协议的签订，标志着浦东新区城建局受市公用局委托，对浦东新区范围内的公交客运行业有了实质性的管理权，对浦东公交公司有了实质性的管辖权。自此，新区政府终于有了调控和管理浦东公交客运市场的权限，有了一支能在浦东公交营运市场上冲锋陷阵的队伍。

当时，浦东公交公司虽然是公交客运市场的主体，是浦东最大的国有公交企业；但是，由于长期在计划经济模式下经营，企业体制和机制缺乏活力，加上公交基础设施又严重滞后；这种状况极大地制约了浦东公交的正常发展。那时，浦东公交公司仅有756辆营运车辆，年亏损达5,100万元，人车比达1∶8.77。经营成本居高不下，营运效率难以提高，企业缺乏竞争活力……

怎么办？"必须进行公交体制和机制改革！"这是浦东城建局领导班子商议后的一致结论。当时的设想就是：只有通过浦东公交公司的体制和机制改革，才能解决困扰浦东公交超常发展的三个主要问题：一是钱从哪里来？二是人到哪里去？三是市场竞争机制如何激活？

1996年1月，浦东公交公司在其经营的国有资产中划出1/3，以参股方式分别组建了浦东大众公交公司和浦东冠忠公交公司。1996年8月，上海巴士集团公司上市，成为上海公交企业的"航空母舰"，主导

 难忘的浦东城建岁月

了上海的公交客运市场。1997年1月浦东公交公司（浦东公交投资公司）由上海巴士集团控股，建立了浦东巴士公司。这一轮改革将浦东公交公司的国有资产与上市公司、港资嫁接重组，引进上市公司和合资公司的资金和机制，在浦东公交客运市场中营造了3家骨干公交公司相互竞争的市场格局。

在浦东公交公司的改革过程中，浦东城建人创新思路，帮助企业解决实际问题。一是建立"浦东公交发展基金"，将浦东公交缴纳的养路费和税费注入基金，取之公交，用于公交。公交养路费免征后，浦东新区财政每年又划拨资金注入基金。二是帮助企业分流人员，将体制改革中调整下来的干部和职工，充实到区属开发公司和局属事业单位。三是组建浦东公交管理署。为强化浦东公交行业管理，1997年成立公交署，与陆管署合署办公。

浦东新区城建局与浦东公交公司一系列的改革创新举措，较好地解决了浦东公交的发展资金、人员安置、竞争机制等三大问题。为浦东公交的超常发挥奠定了基础、创造了条件，使浦东公交走出一条良性发展的超常之路。

1996年1月，浦东公交第一轮改革基本完成之后，立即步入公交发展的快车道。1996年1月4日，为快速发展浦东新区与浦西各区域的公交客运联系，浦东新区城建局与市公用局共同商定开辟9条越江公交线路的计划。由浦西各公交公司开设5条，浦东公交开设4条。一次性拍定开设9条越江公交线路，这在上海公交线网发展的历史上是绝无仅有的。这也是市政府相关部门和行业管理部门对浦东开发开放鼎力支持的实例。计划拍定后浦东新区城建局紧锣密鼓地进行操作，本着新组建的线路资源向相对薄弱的浦东大众公交公司和浦东冠忠公交公司倾斜的思路，浦东开辟的4条越江线路，由"大众"和"冠忠"公司各开2条。由浦东新区城建局负责联系线路踏勘和线路

报批。新辟公交越江线路需经市交警总队路设处踏勘审核，行文批复，一般周期要一个月。然而浦东公交4条越江线路上报之后，市交警总队仅用了一周时间就完成了线路踏勘和批复。市相关部门为浦东开发开放所秉承的"高效率，讲奉献"敬业精神，着实令人感动。

1996年2月17日（小年夜），赶在春节之前，浦东大众和浦东冠忠公司分别开辟了783路、521路和781路、782路4条越江公交线。在783路金杨新村公交起点站举行了4线通车仪式。那一天天气寒冷，雪花飞舞，而浦东城建人和浦东公交人却欢欣鼓舞，热情洋溢，与严寒的天气形成极大反差。浦东新区主要领导出席了开线仪式，并宣布浦东4条越江公交线路正式开通。同一天开辟4条越江公交线路，刷新了上海市公交线网开线的历史纪录，也成为浦东城建人、公交人创造"浦东效率、浦东速度"和体现"浦东精神"的一段佳话，更是浦东公交超常发展的一个起点。

1996年春节之后，浦西各公交公司负责的另外5条越江公交线也相继开通。这样，浦东到浦西的打浦路隧道、延安东路隧道、南浦大桥、杨浦大桥等越江通道上，共新增了9条公交越江线路，极大地改善了浦东与浦西区域的公交客运联系，方便了广大市民的越江出行，优化了浦东改革开放的交通环境。

由此开始至20世纪90年代末，浦东公交的发展令人瞩目。浦东公交基本实现了超常发展的目标：公交线路从60条发展到154条；公交营运车辆从756辆发展到2,483辆；人车比由1∶8.7下降到1∶4.5。基本解决了浦东新区公交"乘车难"问题，基本适应了高强度的浦东开发开放、经济增长、人口导入的公交客运需求。

跨入2000年时，浦东公交营运效率提高，经营成本下降，实现了扭亏为盈的目标。同时，企业竞争力不断增强，展现了前所未有的活力。

公交线网扩展成为实事任务。浦东每年新辟、延伸、调整公交线路达 20 条之多。

率先实现了地铁与地面公交的零换乘。在地铁 2 号线陆家嘴等 5 个站点，浦东共投资近 1,800 万元，建成 1.5 万平方米可容纳 15 条地面公交线的始发站，引入 11 条公交线与地铁衔接。

开辟了市（区）通郊（区）的号码平价公交线。791 路由浦东中心区域的世纪大道开至川沙、曹路地区，率先改变了市通郊多级票价的"文字线路"为单一票价的"号码线路"。

重点改善开发区出行条件。实施了张江开发区大桥五线、六线与地铁 2 号线的衔接，加密、延伸外高桥和金桥开发区的越江和区域公交。

创建了公交示范线路和站点。983 路成为首批 4 条市级品牌线路之一，陆家嘴公交集散点被评为市文明集散点。

率先建成 GPS 卫星定位调度系统。完成 981 路等 3 条线路 95 辆车、28 块电子站牌的 GPS 系统，率先实现"公交调度无纸化，市民乘车可视化"。

加强了公交基础设施建设。分别建成成山路公交保养场二期高保车间和金桥公交停车场，缓解了公交修车难和停车难矛盾。

研究建设了 GIS 公交地理信息系统。对公交线路站点资料进行收集整合，为浦东公交线网优化提供科学依据。

牵头编制了《浦东新区综合交通十五计划》。对浦东 118 条越江和区内线路进行客流运量实测，统筹计划浦东公交线网均衡发展。

一系列相关工作的开展落实，将浦东公交的服务水平提升到一个新的层面，这也是浦东城建人和浦东公交人敬业、创新、努力、奉献的结果。

那些年，浦东公交就是这样一步一步改革创新走过来的……

到 2008 年下半年，浦东公交进行了新一轮改革，将浦东巴士公司、大众公交公司、冠忠公交公司合三为一，成立了全国资的浦东公共交通有限公司。有人戏称：浦东公交是"分久必合，合久必分"，在上演一出"三国演义"。笔者认为，对此，要结合当时的历史背景，用辩证的观点来解析。1996 年，浦东公交公司实施"一分为三"的改革，"分"基本解决了浦东公交的三个问题：一是市民"乘车难"问题；二是公交经营亏损问题；三是市场竞争意识的问题。有了 1996 年的"分"，才有了浦东公交的超常发展。到了 2008 年，经过多年的市场竞争，浦东公交线路重复、运能浪费的情况已逐步显现。各公交企业自行其是，公交场站综合效能削弱，造成资源浪费。同时，政府管理部门对公交车辆性能和排放提出更高标准，对公交公益性服务提出更高要求，这些都需要投入更多财力予以支撑。2008 年浦东公交进行"合三为一"的新一轮改革，成立浦东公共交通有限公司，体现了新区政府公交为"公"的观念，并且，政府有财政能力支撑公交企业实现公益性举措。2008 年的"合"是为了更好地解决浦东公交的三大问题：一是公交线网平衡优化问题；二是场站、运能资源优化配置问题；三是公交公益措施落实问题。"合"不是简单的重置，而是浦东公交进入新发展阶段的更高起点。

（戴　星）

巨龙，一路向东

——地铁 2 号线浦东段建设往事

以地铁为代表的轨道交通体系具有容量大、能耗低、运能高等优势，是各个国家城市现代化的一个显著标志。改革开放以来，在广袤的中国大地上，地铁的建设与运营已成为城市现代化进程的重要象征，更是新兴城市经济、社会飞速发展的主要助推器。

地铁 2 号线的建成和运营，圆了浦江两岸快速交通的百年之梦，根本上改善了上海城市交通状况，极大地促进了浦东、浦西的联动发展，对开发开放中的浦东新区城市形态和城市功能的大幅提升更是意义非凡。

在 1984 年 2 月 9 日报送中央，1986 年 4 月国务院批准的《上海城市总体规划方案》中的《上海市地铁网络规划方案》里，地铁 2 号线是不通到浦东的。2 号线的规划设计初衷主要是解决中原小区居民的出行，大致线路是由西郊公园沿着黄浦江西岸一直到杨浦区这样一个走向。

1988 年，上海市地铁公司、上海规划院、上海市综合交通规划院（后改为上海市综合交通规划研究所）几家联合，与德国柏林交通咨询公司（BVC）合作，编制了上海地铁 2 号线可行性研究报告。1990 年，在地铁 1 号线建设正值高潮阶段，柏林交通咨询公司开始帮助地铁 2 号线进行选线工作。当时的线路走向是由虹桥机场到河南中路后折向北，跨苏州河向东，到达终点站殷航路共青森林公园。

上海市领导在这方面决策非常有前瞻性。他们认定疏解上海的交通、住宅难题，解脱老旧城区发展的困境，必须把目光投向浦东。只有开发开放浦东，才能从根本上解决上海的进一步发展问题。

1990年4月，党中央、国务院正式宣布开发开放浦东。地铁2号线东端线路随即做出了调整：考虑到浦东的开发建设，要以基础设施建设推进带动日后的超常发展，最终确定地铁2号线由河南路穿过黄浦江，到小陆家嘴沿着当时还在规划中的世纪（中央）大道通向花木地区。远期将延伸至张江高科技开发区，最后与通往浦东国际机场的轻轨线路相衔接。也就是说，地铁2号线整条线东西向贯穿上海市区，连接浦江两岸，最终连通虹桥国际机场和浦东国际机场。

负责规划设计的外方人员对此非常有意见，抱怨说："你们怎么变来变去的！"

地铁2号线线路走向的改变，意味着人们当时对"交通先行"的规划理念有了新的认识。地铁2号线的建设不仅为浦江两岸的市民提供了一个安全可靠、便捷高效的大容量客运交通工具，也使沿线的黄浦、静安、长宁等区域直接受益，还形成了以（浦）西促（浦）东，东西联动的发展架势，地铁2号线特别是对浦东投资环境的改善，促进浦东新区进一步开发开放具有不可低估的作用，从而也为上海的社会经济发展打下了良好的基础。

地铁2号线是上海市"九五"期间的一项重大工程，也是浦东功能开发的形象工程。它给上海浦东插上了腾飞的翅膀。

1995年6月，地铁2号线二期工程开始筹备。一期工程从静安寺到浦东龙东路，全线长13.6公里，设10个车站、1座停车场，其中在浦东新区范围内长约7.9公里，设陆家嘴站、东昌路站、东方路站（现世纪大道站）、杨高路站（现上海科技馆站）、中央公园站（现世纪公园站）、龙东路站（现龙阳路站），共6个车站。

1995年12月28日地铁2号线浦东段杨高南路车站率先开工，1996年浦东段其余5个地铁车站先后开工。

2000年底，地铁2号线向东延伸到张江高科站，全线车站增加到13座，里程增至19.1公里。繁华的南京路商业街、陆家嘴金融贸易区、竹园商贸区、花木行政中心、上海科技馆、世纪公园、张江高科技园区，由地铁2号线这条地下长龙连为一体。进入21世纪之后，地铁2号线东西两端一步步延伸，东接浦东国际机场，西连虹桥国际机场，最终成为21世纪连接浦江两岸的快速交通干线。

独创的"两三四"建设模式。针对地铁2号线一期工程规模大、耗资多、技术难度高等特点，有关领导决定试行（上海）市、（浦东）区联动，两级政府、两级投资、两级管理的建设新模式，这在当时是首创。"上海市地铁建设工程指挥部"作为具体执行机构对2号线工程实施总负责。浦东新区则成立"地铁2号线浦东新区段车站工程建设领导小组暨分指挥部"。之后，经新区管委会批准，又成立浦东新区交通建设发展有限公司（简称"交建公司"），专门负责地铁2号线前期动拆迁、站场等辅助设施的施工建设。

地铁2号线的建设资金采用"三三"制的多元化筹措模式，即由浦东新区等沿线区级政府承担一部分，用于前期动迁和车站建设；上海市政府委托市城投公司，以地铁2号线市政府的借款人身份作为投资主体，承担一部分，主要负责区间隧道和车辆段建设；利用外资再筹措一部分，由市政府归还，用于购买车辆和各类设备。

多元化的融资渠道，开创了上海地铁建设市场化运作的新思路。

1995年底地铁2号线浦东段工程开工不久，建设单位就曾遭遇"身无分文"的窘况。浦东新区主要领导登门与农行、工行、浦东发展银行等金融单位磋商，很快筹措到第一笔2,500万元资金。

为拓宽融资渠道，多方筹措地铁建设工程资金，浦东新区决定采取新区财政与陆家嘴金融贸易区开发公司、浦东土地控股公司共同出资的方法，很快落实了工程建设所需的14.89亿元资金。

开工以来，新区主要领导对地铁 2 号线建设大力支持，始终关注工程进展。多次亲赴工地，听取汇报，了解情况，无数次开会研究处理协调解决工程中的重大急迫问题。保证了地铁建设工程的顺利推进。

自 1996 年 6 月开始，地铁 2 号线工程建设相关各方确立了浦东、黄浦、静安、长宁"四区"联席会议制度。由各区轮流主持，协调进度，交流经验，取得了显著的效果。首次"四区"联席会议就是在浦东召开的。

攻坚克难一路向东。在 20 世纪 50 年代，上海市就已经有建造地铁的设想。1958 年，上海曾邀请苏联专家到沪实地考察，苏联专家断言："上海的地质条件不适合建造地铁。"

当时，由于西方国家对华实行封锁，我们除了苏联"老大哥"几乎没有什么依靠，就连相关的系统性资料都无处查询。在没有外援、缺少参考资料的情况下，凭借仅有的几本教科书，以及少量 1949 年前遗留下的西方书刊，以刚刚跨出交大土木系大门的刘建航（1929—2016）为代表的朝气蓬勃的上海地铁筹建团队，不断地钻研、探讨、实践。在 1960 年至 1962 年间，由上海隧道工程局地铁筹建处设计组负责实施的地下铁道盾构掘进试验段，在浦东塘桥段正式开工。上海地铁建设的第一只盾构从浦东塘桥入土。靠近南浦大桥浦东引桥的塘桥地区，就成为名副其实的上海轨道交通的发源地。

1963 年，经过反复试验形成了具有上海特色的网格挤压切削式盾构施工的基本工法。由刘建航主持研究和设计的含水软弱地层中盾构法隧道的单层钢筋混凝土拼装式衬砌，率先攻克衬砌结构防水关键，用以建成第一条黄浦江越江隧道及地铁试验段，打破了苏联专家曾经的断言。之后，取得了在饱和含水软弱土层中进行直径 4.2 米盾构法隧道试验的成功。为验证该试验的可行性，刘建航主持建造的直径 6 米的地铁试验隧道和直径 10 米的黄浦江越江隧道工程施工都取得了成功。这一

难忘的浦东城建岁月

系列壮举开拓了隧道和地铁中采用盾构法和钢筋混凝土衬砌的技术路径，标志着已经掌握了上海饱和含水软弱土层隧道施工的基本技术，并形成了可以指导上海地铁大规模建设的系列工艺方法。

也就是说，在地铁2号线开工时节，上海隧道工程的建设者早就具有了越江工程的经验积累、位置预留和核心技术储备，可以充分保障相关建设工程的顺利实施。

地铁2号线浦东段建设过程中，难度最大的是东方路车站（后改为世纪大道站）。在当时不仅要高质量地完成车站的建设，还要为后续交叉接入的地铁4、6、9号线预留通道，全部建成后该车站将成为上海最大的地铁枢纽站之一。经过一次一次反复的讨论、修改，一个全新的换乘通道设计图终于呈现在人们的面前。

施工单位凭借多年的实践大胆创新，采用连续沉井法，以"阶梯式盾构"的开挖方式，通过"Z"字形隧道实现多重线路的换乘连接，高质量地完成了换乘通道的复杂工程。

小陆家嘴地块是连接浦东与浦西的"咽喉"，地铁2号线陆家嘴站的建设，面临已有的地下工程设施和恶劣的水文地质条件，施工过程中必须保障延安东路隧道、世纪大道的交通不能中断。工程首次采用顶管法施工并一举获得成功，解决了交通无法封闭情形下高难度地下工程施工的难题。

地铁2号线的设计非常有特色，在1号线经验的基础上有很多改进和创新，如上下双向自动扶梯，车站与毗邻建筑尤其是公共建筑、商业设施的开发融合，沿线地下、地面的开发，换乘方式，优秀建筑保护等都可圈可点。地铁2号线的整体设计曾荣获全国勘察设计金奖。

大"十"字的交通骨架。历时三年半的建设工期，在工程技术人员和全体建设者的共同努力下，地铁2号线浦东段工程按时完工。1999年9月20日试通车，在庆祝浦东开发开放10周年之际，2000年6月

11 日举行了地铁 2 号线一期工程建成通车仪式。

浦东人的地铁梦终于成为现实。地铁 2 号线与已经建成的地铁 1 号线纵横相交，呈现出一个巨大的"十"字，解决了上海东西走向的交通问题，有效缩短了居民的出行时间，让浦东、浦西跨越黄浦江的一小时出行成为可能，极大改善了上海城市的交通状况。

随着地铁 2 号线有效运营和不断延伸，它已成为上海最重要的快速交通干线，是上海地铁网络中真正的大动脉，是上海交通的生命线。

地铁 2 号线建成通车，实现了浦东、浦西快速交通的百年梦想，让浦江两岸真正成为一体。

地铁 2 号线浦东段把陆家嘴金融贸易区、竹园商贸区、花木行政中心、张江高科技园区等几大开发区块连为一体，生动鲜活地展现出交通引领，基础设施先行，联动发展的倍增效应。

地铁 2 号线建成通车让浦东在开发开放过程中，交通设施与经济社会发展严重不匹配现象得到了根本的改观，使浦东新区的城市功能和城市形态有了高质量的整体提升，极大地改善了浦东的投资环境，真正实现了新区的跨越式大发展。

地铁 2 号线浦东段建设时，浦东开发开放的基本格局还未形成，基础设施相对薄弱，沿线途经的许多地方一片田园风光，既有大片的农田，也有许多猪棚……

地铁 2 号线也为浦东的城市建设、经济和社会进步带来了质的变化。市民开始不习惯乘坐，刚开通时，车站空空荡荡，车厢里乘客少到可以横躺在座椅上。人们还没有从坐公交车、摆渡船的出行习惯中改变过来。为鼓励乘坐，地铁 2 号线曾经实行优惠票价。这与后来的摩肩接踵、日均近 150 万人次的客流量形成了巨大反差！

（杨景林）

"信访大户"的口碑

1996年,浦东新区城建局荣获浦东新区信访工作先进单位的荣誉称号。浦东城建人都知道:这个成绩来之不易,是许许多多城建人的心血与汗水换来的……

大规模开发建设,浦东到处筑路、造桥、建房,就像一个大工地,也引发了一波波的提案、信访高潮。

浦东城建局每年收到各类人民来信1,300余件,收到"两会"提案约137件,主要涉及水、电、燃气、噪声、公交、环卫、绿化、粉尘、油烟污染等与老百姓生活息息相关的问题。为此分别被信访办和区办公室"誉为"信访大户和提案大户。戏称城建局的提案办结了,那么新区一半提案就办结了;城建局信访办结了,那么新区一半信访也办结了。

由于浦东小政府、大社会的定位,行政机关人少事多。城建局机关大部分是一人多岗,办提案、信访工作都是兼职的。白天忙各自手头的工作,晚上要带回家看信访、阅提案,还要对每件信访和提案提出拟办意见报相关领导。凡重复信访、重要提案除督办外必须实际参办。每季度形成信访工作分析报告并在局简报上刊登。

为把矛盾化解在基层,认真抓好信访和提案工作,城建局从来不做表面文章,不敷衍,工作落到实处说干就干。

一是建立机构。局党组成立了信访工作领导小组,局分管领导挂帅，各处室设有负责提案和信访工作的兼职干部，各基层单位相应搭建班子，工作步步推进，层层落实，强调"兼职要到位，兼职要尽心，兼职要尽职"。

二是业务培训。对处理提案信访工作中一些职责不分明、界限不清、职能交叉的问题，召开专题会议，制定措施，落实到人；对工作推诿、拖拉、扯皮现象及时进行通报；对办结率高，群众满意率高的提案和信访件进行现场交流；承办"两会"提案明确经办人必须与提案人沟通，复杂问题上门征询，争取提案人满意。统一提案回复格式、办结时间等。定期公布局系统提案、信访分析报告，有效促进全局提案、信访办结率，有效提高工作质量，提高人民满意率。

三是把握规律。每年第二季度是提案高峰，第三、四季度是信访高峰。断水、停电、垃圾恶臭、工地噪声、交通不便、道路积水、窨井盖"飞"了等问题接踵而来。为此，我们及时开通夏令热线、城建服务热线，畅通老百姓与政府沟通渠道。针对信访工作内容多样性、时效急迫性、整改的反复性等特点，制定回访制度、监督制度，有效减少重复信访、群访、集访现象。

四是建立提案、信访分析机制。城建局领导班子非常重视每季度信访分析例会，对群众反映的急、难、愁问题，帮助大家找出问题的关键，分析原因，多部门协调，群策群力，组织力量破解难题，及时把矛盾化解在基层。在各级领导的重视下，全局通力协作，提案办结率达98%，信访件办结率达95%，为老百姓解决了大量实际问题，为政府决策提供了很好的依据，努力把矛盾化解在萌芽状态，得到老百姓的肯定，收到无数锦旗和表扬信。

1996年，城建局不但被浦东新区授予信访工作先进单位，提案工作也得到新区办公室高度肯定和赞扬，并在新区提案工作会上予以表彰。在浦东大开发、大建设中，城建局培育出一大批德才兼备的优秀

难忘的浦东城建岁月

信访干部，如城管处刘长流同志，虽年过半百，黝黑的脸庞，说话有点沙哑，他总是骑着一辆破单车走街串巷处理信访、化解矛盾。休息天、节假日只要是提案、信访的事，哪怕晚上居民呼他BB机，他也照样出动。为解决油烟扰民、噪声扰民、粉尘污染等问题，他恪尽职责奔波一线，走访企业，了解情况，依靠居委，协调居民，及时处理了许多棘手的难点问题，得到企业和居民的好评，也被新区信访办授予优秀信访工作者。

市政处梁宏根同志主要处理道路问题、积水问题的信访件。在防汛防台季节、大雨及灾害性天气他坚持值班。雨伞、雨衣、电筒是他的标配。接到来电来访，他立马骑着助动车，像救火一样赶到问题发生处。路面积水、窨井盖掉了、道路坑洼的现场总能找到他。市政处同志都说梁宏根同志熟悉业务，像个活地图，哪个路段积水，哪里的管道、哪里的窨井问题他不用翻图纸、查地图，就能准确报出在哪地方，是谁家管的，并马上找到相关单位现场查看，督促整改，事后他又督促回访。

市政处贝咏敏同志在处理"两会"提案时遇到许多职能交叉的问题，由于提案时效性强，回复要求高。她数次电话与提案代表沟通都未能使代表满意，贝咏敏同志就利用业余时间上门与代表沟通，通过上门，分析原因，坦诚相告，取得代表理解，代表对处理结果表示满意。为此，市政处的提案、信访工作质量得到新区领导的多次肯定。

建管处陈标同志虽然说话腼腆，但处理信访工作从不含糊，对野蛮施工、夜间施工、泥浆横流、尘土飞扬的问题，他会及时赶到现场，直接找到施工企业负责人，严厉指出施工中存在的问题，并对照文明施工的规范，要求立即整改，达到要求才同意恢复施工。随着整改工作的落实，工地乱象少了，群众信访逐步减少，陈标同志坚持督办并做好回访工作，巩固整改成果，得到信访居民高度肯定。

严桥地区因五四农场修建职工住宅而断水达半月之久，居民苦不堪言，公用处在处理信访件中，考虑到老百姓实际困难，想百姓所想，急百姓所急，跨前一步，主动会同有关部门，多次召开现场协调会，成功解决断水问题。又见甘泉，当地居民万分感动，露出久违的笑容。事后公用处作了多次回访，群众恢复了正常生活，大家非常满意。

真是金杯、银杯不如老百姓的口碑。

（胡蓓菁）

人才辈出的"工地大学"

当年,在浦东一个个重大工程的建设工地上,活跃着一批又一批年轻矫健的身影,在红火的事业中唱响一首首凯歌,走出了一大批建设人才。浦东建设的"大熔炉、大课堂",被人们亲切地称为最难忘的"工地大学"!

所谓"工地大学",其实就是浦东城建局所管辖的一个个建设工地。

当年,城建局从四面八方汇聚了一大批高学历并有专业技术知识的中青年干部,其中许多人没有到过工地或者对工地一点都不了解。说实在的,对工地没有感情,又怎么能成为热爱建设、热爱工地、热爱基层的好干部呢?

城建局党组清醒地意识到:要在浦东开发开放的大事业中培养更多合格的好干部,必须要到重大工程第一线去锻炼培养。"筑一流道路,出一流思想,育一流人才,出一流成果",争取赢得"四个一流"新成绩!

城建局党组就是这样去筹划、实施干部培养的长期计划和战略的,历年的成功实践和丰硕成果,使之成为浦东开发开放和城市建设中的一个"亮点"。

1996年,被列为浦东新一轮十大工程之首的浦东国际机场开始进行建设。机场市政配套工程的远东大道和龙东大道也拉开了建设的序幕。当时的城建局领导为了确保将远东大道、龙东大道建成一流工程,在全局系统内选调了 30 多名中青年干部支持机场配套工程建设,成立了指挥部和工地党组织。放手让年轻人冲在第一线,其中就有刚来城建局参加工作不久的同济大学博士生庄少勤,并委派他担任远东大道工程建设指挥部的指挥。

当时的指挥部设在蔡路镇一个向工程公司租借的小院子里,是一栋二层有十来间房的简易楼。庄少勤带领局系统抽调来的十几名中青年干部与公路署派来的几位工程技术人员和后勤保障人员,利用短短的几天时间,就布置、整理好办公室,建立了各项工作管理制度,并根据各人的专长进行了工作分工。很快,指挥部的工作得到正常运转。

分管城建的新区管委会副主任李佳能和城建局局长臧新民等领导对工程建设和干部队伍建设倾注了大量的心血。对安全生产、质量、施工组织、立功竞赛等方面都关心备至。他们经常深入指挥部进行工作调研指导,协调解决工程建设中遇到的各种困难,鼓舞和促进建设者的信心和工作。

1996 年 10 月 25 日上午,在川杨河边的"铁三局"工地上竖起了一面鲜红的党旗。党旗前,127 名来自远东大道工程建设指挥部和各标段的共产党员,在远东大道工程建设指挥部年轻的指挥庄少勤的带领下,举起右手庄严宣誓:"我们是战斗在远东大道工程建设中的共产党员,要吃苦在前,团结拼搏,廉洁自律,勇挑重担,为把远东大道建设成浦东一流的道路而奉献一切!"新区管委会领导、城建局领导及总指挥部同志也兴致勃勃地参加了这一活动。

自此,以让党旗在"远东"闪光为主题的活动拉开了序幕,掀起了远东大道建设和立功竞赛活动的高潮。

远东大道长约 14 公里,路幅 100 米,双向八车道,是当时上海最宽的一条城市快速干道。道路施工条件相当艰苦,施工段内河浜纵横交错,平均每 100 米就有一条河浜。土质天然含水量大于 35%,地下水位平均值高达 2.9 米。在这样的情况下，仅用一年时间，修筑一条长约 14 公里的高等级黑色路面的城市快速干道，困难重重。

面对困难，庄少勤没有退却，白天，他带着指挥部人员深入一线，亲临现场，调查研究；晚上查阅资料，寻找解决问题的办法。其间，他从来没有休息一天，其他干部在他的影响下，也从来不提休息日。

为了解决施工中的困难，他多次邀请上海和国内的著名道路、桥梁专家来指挥部传经送宝，也多次组织工程技术人员去山东、江苏等地学习取经。

功夫不负有心人，在他的带领下，在各路专家的指导下，远东大道建设者一连创下了"上海五个第一"。为了解决地下水位高，河浜回填的薄弱环节，远东大道的建设者在浦东第一个全线采用无纺布包裹石灰、粉煤灰进行回填的工艺。

为了提高路基强度，解决地下水位高对土路基的影响，远东大道的建设者在浦东第一个采用路基土掺生石灰的施工工艺，并用塑料薄膜覆盖灰土路基。

为了提高沥青混凝土面层的平整度，减少裂缝，增强行车舒适度，远东大道的建设者在浦东第一个改变了三渣的配比和三渣拌和工艺，全线采用小三渣。

为了真正做好小三渣的保温养生工作，减少裂缝，远东大道的建设者在浦东第一个采用了浇铺透层油的施工工艺。

为了防止雨水渗入三渣基层，增强沥青与三渣基层的连接，提高路面的使用寿命，远东大道的建设者在浦东第一个采用了摊一厘米下封层的结构……

以上这些技术问题，谈起来虽然枯燥乏味，看看也不觉得有什么特殊，但这背后却饱含了庄少勤等人的无数心血和远东大道建设者们的辛勤汗水。

远东大道指挥部在创建一流道路的同时，始终不忘培育锻炼一流人才的工作。

根据庄少勤的建议，在工程建设时期，指挥部建立了职工夜校，结合工程的实际情况，每周利用一个晚上组织各标段工程技术人员和指挥部的管理人员听工程专家的技术讲座。对工程建设的每道工序进行讲解并提出要求。确保了远东工程从土路基、基层以至面层的施工有一个统一的施工标准和要求。同时，对施工中产生的问题，通过夜校活动，及时进行讨论、纠正、解决。

为了加强挂职锻炼干部的思想教育和廉政建设，庄少勤指挥利用晚上夜校的时间，对指挥部的工作人员进行廉政建设教育讲座和党课教育，充分发挥了工地党组织的战斗堡垒作用。

那段日子里，在庄少勤指挥的带领下，大家心往一处想，劲往一处使，浑身有使不完的劲。几乎天天吃住在工地。大家学到了知识，更得到了锻炼。经过近一年的艰苦努力、奋力拼搏，远东指挥部不负众望，终于建成了质量一流，科技含量较高的高等级城市快速干道——远东大道。

1997年12月18日，远东大道举行了通车仪式，上海市领导和浦东新区领导都来到现场，并对道路建设的质量给予了高度的评价和赞扬。

通车一年后，经过上海市政行业和国家市政行业的专家评议、审核，远东大道分别荣获了上海市市政工程金奖和全国市政工程金奖的荣誉称号，为浦东新区争了光，也为上海市市政道路行业添了彩。

浦东新区公路署原副署长虞才根深有感触地说："重大工程第一线就是一座没有围墙的大学，她培养了几十上百的建设人才，为浦东建设大发展奠定了坚实的人才基础！"

浦东新区建设监理有限公司副总经济师王蕾，是第二批重大工程挂职锻炼干部，当他回忆20多年前的这段经历时，还是那么自豪。1996

 难忘的浦东城建岁月

年的 7 月,他大学毕业来到了浦东这片正在开发的热土,入职浦东城建局下属的浦东新区排水建设管理署。最难忘的是 1998 年的 3 月 23 日,浦东新区城建局召开城建系统第二批参加新区重大实事工程挂职锻炼欢送大会,33 名青年干部到指挥部报到并开始工作。他荣幸地被排水署选派出来,成为当时最年轻的一员,和大家一起到重点工程第一线锻炼成长。

挂职锻炼是加强干部队伍建设的重要举措,浦东城建局基层党委选拔局属单位优秀年轻干部到重大工程挂职锻炼,通过挂职工作,加强各层级干部的培养,促进干部担当作为。通过挂职发现培养锻炼干部,加强思想淬炼、政治历练、实践锻炼、专业训练,引导优秀干部提高工作站位,拓宽视野格局,培养战略思维,提升履职能力。

重大工程指挥部为此成立临时党委负责青年干部的日常培养和阶段考核。在此期间,临时党委除了通过重大工程提高锻炼他们的工作能力、协调能力,还组织了丰富的党建活动,提升他们的思想和政治素质。

1998 年 9 月,临时党委组织赴延安革命根据地参观考察,并参加浦城希望小学落成典礼暨开学典礼。他们看到在这里有这样一群孩子,身处大山之中,物资缺乏,教育落后,为了改变自己的命运,每天要翻山越岭,来到学校艰苦学习。王蕾感叹:"虽然我们改变不了他们现有的生活,更改变不了他们所生活的环境,但我们可以做的是少抽一包烟、少买一件衣服,给他们买一些学习用品和书籍等,给他们带去关怀和温暖。"

在开学典礼上,王蕾他们带去了同学们急需的书包、文具等学习用品,并在现场发起捐助活动,贡献自己微薄的力量,并祝福他们有朝一日能够凭借坚韧的信念和对美好的憧憬,为自己的生命涂满希望之光。

1999 年 4 月的清明节,党委组织全体挂职干部前往高桥烈士陵园

祭扫，缅怀为共和国牺牲的革命烈士们。饮水岂能不思源，英烈精神永垂不朽，祖国和人民永远不会忘却。

1999年7月，党委组织全体挂职干部赴嘉兴南湖党的一大会址进行革命传统教育和党的历史知识教育活动。"红船"是中国共产党的"母亲船"。"红船精神"是教育当代中国共产党人的无价瑰宝，是用以提高党的执政能力，始终保持党的先进性的宝贵资源和精神财富。

多年以后，王蕾一直勉励自己要沿着南湖红船开辟的革命航道奋勇前进。

1993年，浦东新区首次面向全国招考40名公务员，陈申发同志就是其中之一。他从杨浦区城管大队进入了城建局机关工作。1996年，城建局首次决定选拔一批年轻干部赴重大工程建设工地一线挂职锻炼。陈申发任远东大道工程建设指挥部办公室副主任。他们奋战在工程第一线，"星期六保证不休息，星期天不保证休息"。通过开展"岗位职责""民工夜校""献金点子""技术比武""党员宣誓"等活动，切实提高了工程质量，圆满完成了工程任务。

以后，陈申发在组织的安排下，担任过浦东新区固体废弃物管理署副署长、上海九段沙湿地保护区管理署副署长、浦东新区环境事务中心副主任，尤其在分管辐射监管工作期间，使浦东新区的辐射监管和执法工作，连续5年在上海市环保局对各区的考核中名列第一名、大比武第一名。其分管的辐射科也获得了上海市工人先锋号、上海市劳动模范先进集体等荣誉称号。

在荣誉面前，陈申发践行着一名浦东开发开放建设者的初心使命。他感慨道："重大工程这座大学，叫我终身受益！"

长江后浪推前浪。浦东城建人在"工地大学"竞相茁壮成长……

（供稿：虞才根　王　蕾　陈申发　组稿：吴琴芬　撰写：叶永平）

勇闯新路的"人才工程"

时钟悄悄拨回到20世纪末,浦东开发开放热火朝天,每一项新的建设工程和城市面貌的巨大变化都同样引人瞩目。

当时,浦东国际机场及其配套工程——龙东大道、远东大道的建设正在快速推进。浦东城建局在夜以继日地组织、实施一项项建设工程之外,也在不断探索和实践着另一项特殊的工程——"育人工程"。

"育人工程"是浦东新区城建局党组为加强精神文明建设而实行的一项重要举措,目的在于"在重点工程中锻炼、考察、培养干部",让建设工地不仅为浦东开发"出一流形象"增光添彩,更要为新区城建"出一流人才"铺路奠基。

从长计议育人才。在党的十四届六中全会精神和邓小平同志建设有中国特色社会主义理论,以及江泽民同志关于党建和干部队伍建设的理论指导下,新区城建局党组结合自身的工作实际,从培养干部角度出发,高度认识到城建是开发开放的基础,做好这项工作,需要大批高素质、能力强的中青年干部,这样的骨干力量要从哪里涌现出来呢?

实践出真知,真正的好干部离不开工作第一线的锻炼和培养。重大工程的建设工地是浦东开发建设的主战场,更应该是造就中青年干部的最好课堂。大规模的市政建设是要造就一座与世界接轨的现代化大都市。浦东的开发需要人才,未来的社会是人才的社会,人才的挖掘、培养是全社会的任务。城建局领导想的是:不仅要为浦东新区造出一流的道路、桥梁、楼宇，还要为开发开放培养出一流的人才；铺路造桥是现代化大都市的基础，培养人才更是开发开放的宏伟工程。

于是，利用当时良好的环境优势，在重点工程中锻炼、考察、培养干部的计划应运而生。新区城建局党组和基层工作党委提出了"在重点工程中锻炼、考察、培养干部"的要求。浦东国际机场市政配套工程指挥部率先做出表率，本着在重点工程中"建一流工程、出一流思想、育一流人才"的精神，遵循实事求是的原则，担负起"筑路育人"的重任，为城建局党组培养、推荐一批有用的干部，也为浦东的建设储备人才。

在重点工程中锻炼、考察、培养中青年干部的工作始于1996年。由城建局党组召集各单位开会，委派各单位选送2—3名年龄在35岁以下，大专以上文化程度的处级后备干部名单，然后由局党组从中选出40多名符合条件的干部送到基层单位锻炼、培养。消息传出后，各单位踊跃参加推荐。也有一些年龄在35岁以上的干部自愿申请到基层锻炼，原市容监察支队副政委虞才根，原城投公司经理金逸敏等就是被局党组破例选拔的自愿者。

浦东国际机场市政配套工程指挥部专门为被选中的40多名中青年干部召开了欢迎大会。欢迎会上，40多名干部身戴大红花与局领导合影。那天，正在视察外环线工程的上海市领导也亲临会场。会后，40多名干部被分送到龙东大道指挥部、远东大道指挥部和动迁住宅开发建设指挥部，并根据他们本人的专业技能及业务水平，安排一定的职位及工作。

筑路育人结硕果。40多名干部"安家置业"后，浦东国际机场市政配套工程指挥部采取了一系列的步骤、措施，从政治上、业务上、生活上对他们进行全方位的教育培训和安置保障。

首先强化他们的政治意识。机场市政配套工程指挥部把党的组织建

难忘的浦东城建岁月

在第一线,市政配套工程指挥部建有党委,每个基层指挥部建有党总支,每个施工队建有党支部。党组织主要抓中青年干部的学习,一个月组织学习一次,形成了一整套的教育学习计划。当时的重点任务是学习党的十四届六中全会精神,学习江泽民关于"讲学习、讲政治、讲正气"的讲话精神。

在理论学习的同时,市政配套工程指挥部还定期组织中青年干部外出参观,有意识地引导他们由浅入深地领悟和体会,培养他们树立正确的人生观、价值观和为人民服务的思想。同时,市政配套工程指挥部还制定了一系列的规章制度,如廉政建设十条规定、党组织会议制度等。

其次建立考核制度。机场市政配套工程指挥部签发了《关于对支援国际机场配套工程中青年干部考核的实施意见》,明确在艰苦的工作环境中加强对中青年干部的考核,不断提高中青年干部的总体素质。

各基层指挥部党总支每3个月考核一次,机场市政配套工程指挥部每半年考核一次,时间分别定为1996年12月底、1997年6月底和1997年12月中旬。

整个工程结束后,由机场市政配套工程指挥部及其党委根据平时考核情况报局党组织和局基层工作党委。

考核的内容分为德、能、勤、绩四个方面:"德"是指思想政治和道德品质、遵纪守法、团结互助、群众关系等;"能"是业务知识、组织能力、协调能力、独立工作能力等;"勤"是指工作态度、吃苦耐劳、勤业敬业等;"绩"是指工作数量、完成质量,开拓创新等指标。

在业务培训方面,机场市政配套工程指挥部对40多名中青年干部采取了以一带一的方式。一些本身素质高、思想好、作风硬、能力强的老干部、老党员主动做带头人,以身作则,言传身教。不仅仅在技术上、在业务上对40多名中青年干部进行指导、培训,而且在思想上、综合能力上加以培养。

40多名中青年干部则虚心好学，主动拜师，勇于在第一线中提高业务，学习技能；勇于在艰苦的环境中培养自己的组织能力、协调能力。

老干部有好作风、好传统，中青年干部有热情，肯努力，从而在整个工程队伍中凝聚了一股朝气蓬勃、奋发向上的力量。

在生活方面，机场市政配套工程指挥部无论是在交通、通信，还是在日常生活方面都给予40多名中青年干部无微不至的关怀，并在紧张繁忙的工作中开展一系列多姿多彩的活动，丰富大家的精神生活，陶冶大家的情操。此后，这些干部被分送到各个重大工程第一线，他们很快就适应了浦东建设的艰苦性、快节奏及超负荷工作量，同时找到了发挥自己潜能的平台。

他们顾全大局，任劳任怨，以工作为重，个人利益在后，为浦东国际机场及其配套工程的建设注解了许多"凡人小事"。他们在筑路中激励自己奋发图强，在建设中增长才干、发挥才能。

当浦东国际机场及两条现代化的道路——龙东大道、远东大道展现在人们面前时，更有一批出类拔萃的中青年干部脱颖而出，再为浦东的开发建设谱写新乐章。

"十年树木，百年树人"，城建局党组正是这样为浦东的开发开放培养输送了众多的人才。

"路在延伸"，浦东国际机场及其配套工程的建设是一项跨世纪的工程，历史将记载着建设者，也将铭记着这项特殊的"育人工程"。

自力更生办党校。浦东城建局党组十分重视对局系统内的中青年干部培养，党组的主导思想是：浦东建设的主力军是城建局，而城建局工作的成败关键在于领导干部。因此，局党校的设立为建设系统培养中青年干部人才搭建了一个有利的平台，中青年干部通过学习培训无论从思想上还是在理论上，都有了质的飞跃，提升了自身的工作能力，从而带好一群人，去完成浦东开发建设的每一项重大工程。

城建局党校在局党组的领导下，在局基层工作党委的指导下，每年都会有计划、有步骤地开设一些处级领导干部培训班、中青年干部培训班、青年干部培训班、入党积极分子培训班等，并且每期培训班都邀请上海市委党校和新区党校的教授授课。

党校授课的内容生动，贴近形势，由浅入深，由表及里，循序渐进。

为了丰富培训的内容，党校组织中青年干部培训班赴井冈山进行革命传统教育。每一期培训班结束，学员们都会不约而同地在自己的总结中写下"受益匪浅"这四个字。

一篇篇总结，一颗颗感动的心，充分表明城建局党校达到了教学目的，学员们可以把成果带回工作岗位了。

局基层工作党委负责人，经常深入基层指导局党校的开办工作，和大家一起制订教学计划，出面协调解决选择培训场地、联系用车等问题。

做事讲原则，工作认真负责，思维敏捷，是局基层党校领导的工作作风。无私忘我，精益求精，这就是他们的敬业精神。

记得党校第一期青年干部培训班开学那天，正遇上局基层党校领导身体不适，她在开学典礼上讲完话就去医院打吊针了。带班老师对她说："明天你不用过来，好好休息吧！"没想到第二天她打完吊针，拖着疲惫的身躯又赶了过来，参加学员们的讨论会。"工作狂"般的工作作风，令人难忘。

楼磊，1994年7月从城建学院（现同济大学）毕业后投身浦东的大开发、大建设。1999年，她作为城建系统第一期青年干部培训班的成员，和其他27名同志编在一个班。她回忆说，局党校从思想政治、业务能力、交流沟通、革命教育等方面对他们进行全方位的深入培训。从课堂授课、小组讨论到部队集训，以及井冈山革命主题教育，都在他们心里留下了深刻的印象。进入井冈山，青年干部培训班的学员们一路唱着"红米饭，南瓜汤，秋茄子，味好香，餐餐吃得精打光"的歌谣。参观革命圣地、接受革命传统教育让她至今仍深有体会：青年干部培训班的学习、讨论、知识的积累对日后的工作一直是一种宝贵的积淀和促进。当时的学习让她进一步开阔了视野，拓展了思路，对党的信仰更坚定，对党的理论认识更扎实，她在2000年加入了中国共产党，并愿意为此奋斗终生！

勇闯新路的"人才工程"，为浦东建设留下了浓墨重彩的一笔……

（供稿：白利民　叶兆伟　楼　磊　朱雪卿
组稿：吴琴芬　撰写：叶永平）

春风化雨　润物无声
——回眸浦东新区城建系统事业单位改革

淅淅沥沥的春雨，烟雨江南，梨花深院，红墙碧瓦下，笑靥如花的追逐嬉闹岁月。4月的浦东，花剪雨，春水碧于天，大地涌春潮。改革创新的热潮正在浦东城建人的心目中澎湃兴起，像春风化雨，润物无声……

20世纪90年代初，事业单位改革是浦东开发开放进一步深化的必然要求，其成功与否，既关系到国有企业改革的推进，也影响行政机关的调整和公务员制度的完善。

浦东新区城建系统事业单位的改革可以说是开了先河，力度和成效甚至走在了全上海的前列。其实践和探索为浦东乃至上海的相应改革积累了宝贵经验。当年，浦东新区城建系统这项重大的改革得到了局领导的高度重视，给予了扎实有效的支持和保障。

改革作为一项系统工程，需要相应政策的配套以及相关部门的通力合作。改革过程中所遇到的诸多问题，光靠改革先行的单位和直属领导是难以解决的，更需要制定、解释政策的主管部门的大力支持。

20世纪90年代初，浦东城建系统事业单位的基本情况如下。

1993年，刚刚成立的浦东新区城市建设局根据"小政府、大社会"的构想，为保障相应职能的切实履行，先后组建25家事业单位（包括原"三区两县"划归浦东新区的机构），共有职工5,484人。

这25家事业单位，按当时的标准属于公务类的有5家，职工499

人，分别占事业单位数和职工数的20%、9.1%；属于中介类的有1家，职工13人，占事业单位数和职工数的4%、0.24%；属于事业类的16家，职工4,900人，占事业单位数和职工数的64%、89%。按机构规格分类，25家事业单位中，相当正处级的5家，占事业单位数的20%；相当副处级的15家，占事业单位数的60%；不定规格的4家，占事业单位数的16%；暂时未定规格的1家，占事业单位数的4%。按经费来源分类，属于全额拨款的3家，职工114人，占事业单位人数的2.1%；差额拨款的6家，职工3,274人，占事业单位人数的59.7%；属于自收自支的12家，职工2,000人，占事业单位人数的36.4%；实行企业化管理的4家，职工96人，占事业单位人数的1.75%。按行业分类，属于市政口的3家，职工1,747人，占事业单位人数的31.85%；属于公用事业口的2家，职工30人，占事业单位人数的0.55%；属于综合交通口的2家，职工189人，占事业单位人数的3.45%；属于建筑建材口的6家，职工320人，占事业单位数的5.84%；属于城市管理口的10家，职工3,142人，占事业单位人数的57.29%；属于其他的2家，职工56人，占事业单位人数的1.02%。

时间是最好的试金石。事业单位作为新区城建局基本职能的重要载体，多年来为浦东的城市建设和管理发挥了不可替代的作用。同时，在实际运作中也存在诸多问题，主要有如下几方面：

机构设置不尽合理。如属于园林口的2家单位，一家负责浦东新区园林产业管理、园林绿化的建设和养护；另一家则代表政府行使管理职能，在具体运作中职能含混，影响了专业管理职能的发挥。又比如同属市政口的2家市政建设管理机构，其职能都是负责道路、桥梁、道路护栏等市政设施的建设管理、维修、养护；不同的是一个负责城市道路，一个负责公路，并分别对口原国家建设部和交通部。随着浦东开发的全面推进，城市化地区不断扩大，城市道路还是郊区公路其实已经很难区别界定了。

用工制度滞后。在当时企业已普遍推行劳动合同制,就业的终身制已被打破,职工与企业的关系已由过去的"从一而终"变为合同关系,职工可以选择企业,企业也可选择职工,但在事业单位却依然沿袭传统的用工制度,缺乏应有的活力。

分配制度不够完善。一方面,当时的分配制度未能充分体现激励作用;另一方面又存在事业单位之间及单位内部之间在分配上的不平衡,差距过大且缺乏透明度。除此之外,上级主管部门对下属单位也缺乏宏观调控力度。

浦东城建人面临着新课题,该如何作答呢?

只有改革,才能有出路。只有改革,才能有生路!浦东城建人抱定这个信念,大刀阔斧搞改革,一门心思谋发展。

浦东城建人设定改革目标。(1)精简机构。通过组织机构的调整,进一步强化机构职能,保证政令畅通,提高管理工作效率。(2)建立新型的聘用合同制度,引进竞争机制,科学合理定岗、定编、定责。第一步先推行聘用上岗,第二步全面实行聘用合同制。(3)建立比较合理的分配激励机制,既要使职工的收入与其岗位职责相适应,适当拉开差距,又要打破分配上的大锅饭,加强总量的宏观调控。

他们坚持改革原则,就是岗位靠竞争获得,权责靠合同明确,报酬靠贡献取得;体现按劳分配,多劳多得,少劳少得,不劳不得;做到区别对待,稳定多数职工,照顾老弱病残;坚持总体设计,试点先行,分步实施。

在改革创新路上,浦东城建人一步一个脚印地探索着……

改革的主要做法和内容:

实行聘用合同制。整个浦东新区城建系统除了参照公务员制度管理的浦东新区市容监察支队、浦东新区环境监理所(后改称环境监察支队)、浦东新区民防管理署、浦东新区航务管理署、浦东新区陆上运输管理署外,均实行聘用合同制。

实行竞聘上岗。在全系统实行聘用合同制的单位,其内设机构负责人(含以下)均采用公开竞聘上岗,择优聘用。在环卫署下属的环卫四公司先行试点。还在新区党校开展面上竞聘工作的业务培训,请当年城道署的李红模拟竞聘,给各单位以示范。

进行组织机构调整。根据中办发〔1996〕17号文件的精神和城建系统的实际,将园林口的园林管理署与园林实业合二为一;环保口的3家调整为2家,撤销浦东新区环保事务所;市政口的3家撤并成2家,撤销浦东新区城道署、浦东新区排水署,建立浦东新区市政工程建设管理署;撤销浦东新区给水管理署、燃气管理署,建立浦东新区公用事业管理署。实施上述调整后,局管事业单位由原来的25家减少至19家,压缩了24%。

专业技术职务实行聘任制。根据中发〔1986〕3号文件《关于改革职称评定,实行专业技术职务聘任制度的报告》,和国发〔1986〕27号文件《关于实行专业技术职务聘任制度的规定》精神,建立专业技术职务聘任制度。各个单位(参公单位除外)根据实际工作需要设立专业技术岗位,在定员定编的基础上确定高、中、初专业技术职务的合理结构比例,由行政领导在经过专业技术评审委员会评审(外省市评定的职称须经本市复核通过)的符合条件的专业技术人员中聘任,有一定的聘期并兑现专业技术职务工资。

事企分开。保留管理职能,将占事业单位人数近80%作业层面的机构和人员转制为企业,"放水养鱼"并逐步推向市场。1997年6月新区编办批复明确:浦东新区公路建设管理署717名人员编制中,270名为事业编制,其余实行企业化管理。

如果没有独创精神,不去探索更新的道路,只是跟着别人的脚印走路，总会落后别人一步；要想赶过别人，非有独创精神不可。浦东城建人另辟蹊径，正是这样以独创精神走出了自己的事业单位改革之路。

他们取得了成功经验：一是变固定用工为合同用工，单位可以选择职工，同样，职工也可以选择单位，单位和职工都拥有充分的自主权。二是培养了竞争意识，转制为企业后，由过去业务主要靠政府而变为逐步靠市场。从某种程度上讲，企业能否在市场经济中站稳脚跟，关键靠经营团队，甚至是企业主要负责人。三是从适应市场经济环境的角度看确实是达到了"先改先适应""先改先得益"。由此，在整个社会引起极大的反响和关注。

曾经有这样一种说法：改革改革，自己走改革之路，才能赢得一片新天地！

当然，改革不会是一帆风顺的，也不可能一蹴而就，还需要做许许多多的善后工作，这样，才能保证改革的顺利推进……

阳光总在风雨后。改革是积极的正面的，但也伴随着痛苦，因为它涉及权力和利益的深刻调整。有道是：风风雨雨几缕阳光，坎坎坷坷几多喜悦。

春风化雨，润物无声。浦东城建人的改革，带来了一场巨变。历史证明：浦东城建人"锐意改革，不断进取，顽强拼搏，无私奉献"的精神，早已写在浦东建设发展的历史上，彪炳史册……

（厉忠良）

创新谋突破，改革破万难
——浦东城建系统改革历程

"忽如一夜春风来，千树万树梨花开。"1990年，党中央、国务院宣布浦东开发开放的重大战略决策。从此，浦东开启了一日千里的发展序幕，向世界展示出日新月异的迅猛变化，成为上海现代化建设的缩影和中国改革开放的象征。

1993年浦东新区管理委员会（简称"新区管委会"）成立，按照"小政府、大社会"，转变职能、简政精兵、高效服务的原则设置行政管理机构。其中，浦东新区城市建设局（简称"浦东城建局"）就是城市建设和城市管理多种职能合并运行的精干机构。它的职责权限和业务范围涵盖对应当时的上海市建设、交通、市政、园林、环卫、环保、公用事业局等十几家政府部门和机构。

建局之初，浦东城建局既要承担繁重的基础设施建设和管理职能，还得承接原来计划经济体制下遗留的政府机关直接管理企业的职能。那时，城建局所属各类大小企业合计有241家。这些企业一部分是由上海市以及原来的川沙县等遗留和划转而来的。普遍存在经营艰难、队伍不稳等状况。比如建设总公司，主要领导有严重经济问题，公司内部管理混乱，经营状况很差。又如川运总公司，由于业态老化，转型无方向，造成所属企业普遍不景气，各类矛盾和问题突出。再如浦东公交公司，由于缺少灵活的经营机制，造成新区"乘车难"矛盾突出，市民极为不满。

局属企业中还有一部分是城建局下属事业单位投资组建的。这部分企业说白了就是事业单位的"皮夹子",其存在的主要目的就是解决部分事业单位的经费不足问题。出资的事业单位普遍利用手中的权力,人为划定市场,设置垄断经营,以此增加灰色收入。在社会上造成不良影响,还引发出胡乱投资、擅自出借资金等一系列问题。

当初由于政企不分,城建局领导相当多的时间精力被这些企业所分散,经营性事务也为城建局的日常管理工作增加了难度,甚至严重影响到城建局城市建设、管理职能的正常履行。

面对种种困难,城建局党组积极应对,决心高举邓小平理论的伟大旗帜,坚决贯彻党的十五大提出的改革新思路,在新区党工委、管委会的领导下,解放思想、抓住机遇、积极探索、勇于实践,以创新的思路解决改革中遇到的各种矛盾和困难。

在新区管委会的大力支持下,城建局充分发挥自身独特的优势,依靠一支拉得出、打得响、能打硬仗的干部队伍,分阶段、有步骤地对所属企业实施脱胎换骨的调整和改革。

首先,对浦东公交公司推出改革举措。对其体制做出重大调整,把原来浦东公交一分为三,并进行了公司制改造。改造后的浦东公交公司,引进竞争机制,完善法人治理结构。新区政府为此专门配套建立了公交基金,以支持公交的改革。经过一段时间的实践,浦东新区公交增加运能、新增公交线路的积极性得到提高,乘车难得到有效的缓解。浦东公交的改革实践也为上海市的公交改革提供了思路和借鉴。

在浦东公交改革顺利推进的同时,城建局党组又对川运总公司进行了拆分。由各企事业单位分别托管其下属子公司,使川运总公司员工队伍不稳定的局面得到有效改善。

两家企业试点改革的成功更坚定了局党组的决心,浦东新区城建系统全面改革的序幕也由此拉开。

"不经一番寒彻骨，怎得梅花扑鼻香。"为了使改革能够稳定地推进，局党组做了充分的准备。

思想准备。城建局专门举办中层干部学习班，学习有关文件精神；举办各种类型的改革工作交流会，介绍改革取得的成功经验。

组织准备。局党组专门成立了改革领导小组，并抽调一批干部组成改革工作小组，具体负责推进面上的改革工作。局党组还决定做强做实浦东城投公司，并充实了领导班子，使其成为承接局属企业的平台和国有资产投资管理的平台。

做好改革方案的准备工作。城建局党组制定改革责任书并下发14家试点企业。在此基础上，局党组认真听取下属各单位的意见，有针对性地对各单位的改革方案提出了指导性意见。

改革春风之下，浦东新区城建系统的改革工作分三个阶段进行。

第一阶段是对下属企业进行改制。经过"关、停、并、转、清"等举措，取得显著效果。一是一大批不规范企业得到了清理，并实施了关闭，暂时无法关闭的企业也明确限期停止经营的要求，止住了"出血点"。二是在推进改制的同时，对相关事业单位的职能进行了梳理。对事业单位中涉及城市建设的职能，进行剥离和归并，相应成立浦东建管公司、东大公司、浦东设计公司、联合房产公司、浦东建设监理有限公司和动拆迁中心等专业化公司，以便更好地履行职能和面向市场。三是对一大批企业进行了公司制改造，探索公有制的多种实现形式，吸纳城建系统外的法人单位参股以及职工入股，相应组建了股份有限公司、有限责任公司和股份合作制企业，在体制和机制上进行转型，使得这些公司股权清晰、决策科学，如路桥公司、巴士公司、泛华能源公司、浦建集团、清溪公司、百通公司、检测公司、新瑞基公司等。四是明确这些改制企业国有资产的最终归属，均划入浦东城投这一大平台，明确出资人，以利于进一步加强国有资产的管理。在公司制改造的同时，城建局

难忘的浦东城建岁月

对南干线工程4万吨水泥采购实施"招投标",开创了浦东新区重大工程项目"招投标"的先例,培养和建立有形市场,有效控制建设成本。

经过第一阶段改革工作的推进,城建局属各单位拆除了"围墙",打破地区、行业和所有制的界限,以控股和参股的形式,盘活了国有资产的存量,扶持和壮大一批骨干企业。同时,局属各事业单位基本实现建设和管理职能的分离,专业化运行的能力得到加强,乱投资和擅自出借资金的情况得到有力遏制。

"大鹏一日同风起,扶摇直上九万里。"第一阶段工作基本完成后,城建局党组又及时明确了第二阶段改革部署,重点是对涉及城市管理的事业单位职能实施进一步调整。当时,这些单位主要的问题是"管养一体"体制,形成管辖区域内的相互扯皮,已不能适应浦东高速发展的需要。另外,财政拨款的模式与城区的日益扩大也不相适应。

如果说第一阶段主要针对企业的改革还是有章可循的,那么第二阶段的改革则找不到先例,完全是摸着石头过河。对此局党组进一步研究,统一思想,明确方案和实施步骤,重点是实施"管养分离",并在此基础上,实行区域性的综合管理和综合养护。

"纸上得来终觉浅,绝知此事要躬行。"由于改革涉及部分事业单位人员的"铁饭碗"将被打破,因此难度可想而知。为实现这一目标并尽量减少对现有人员和对体制的冲击,城建局党组决定实施如下措施:一是成立城建实业公司,并实施改制后综合养护公司的组建。二是保留环卫二公司的事业单位编制,以承续临近退休人员的最终归属。三是加大养老保险的购买,以减少"事改企"人员的收入落差。四是对管理和养护区域的划分,做出了相应的明确性保障。五是及时与财政进行沟通,为最终实施养护"招投标"打下基础。城建局引入市场竞争机制,首次组织对东方路市政、环卫、绿化和综合养护的"招投标",让以往的"以钱养人"变为"以钱办事",开创了上海乃至全国的养护先例,引起了较大反响。六是对养护企业已中标的作业任务提出适当保护年限，以使"事改企"的员工队伍得到进一步的稳定。

在对事业单位实施改革的同时，城建局党组也明确对原川运公司下属困难企业的经营进行重大调整。在加大培训的基础上，鼓励他们参与养护招投标。经过局党组的精心组织和下属单位的认真执行，分别成立5个区域性的管理署和若干综合养护单位，对环卫的清运职能也进行"事改企"改造，成立了3个清运公司。经过几年的实践，实现了改革的目标，浦东新区的综合养护管理质量也得到显著提高。

"欲穷千里目，更上一层楼。"经过两个阶段的改革，浦东城建系统所属企业的资产关系得到了理顺，浦东城投公司的国资管理职能得到了落实，政企分开的条件已趋成熟。临近21世纪，恰逢浦东新区的建政工作开始进行。如何使改制企业平稳地脱离新区城建局，顺利划转至浦发集团就成了关键所在。

为做好划转工作，城建局主要领导分别到下属企业做工作，根据下属企业的实际运营状况，"扶上马，送一程"，尽一切力量支持改制企业的成长。

截至2010年底，浦东城建系统所属企业除个别之外，几乎全部并入浦发集团。其中一些企业成为浦发集团的骨干，继续为浦东的开发建设、为改革开放大业贡献力量。

改革创新带来了无尽的原动力。一系列改革的成功实施，为浦东新区城建系统日后的健康发展提供了强有力的支撑和保障。一是浦东的各项建设任务均圆满完成，新区的基础设施日益完善，其中，专业化的代建公司起到了决定性作用。二是划转到浦发集团的企业得到了较好的成长。其中的佼佼者——浦东路桥公司顺利上市，成为浦东建设的主力军；公交第二轮改革也顺利完成，"乘车难"问题得到极大改善；川运公司下属困难企业的经营状况均有所改善；改制后的养护企业，积极参

难忘的浦东城建岁月

与市场竞争,养护质量和经济效益都得到了提高。三是区域性的城市管理署工作得到理顺,管理水平不断提升,市民的满意度越来越高。新区城建系统的各项改革措施,得到上海市委、市政府领导的认可和推广,为上海的整体改革事业做出了应有的贡献。

"沉舟侧畔千帆过,病树前头万木春。"今日的浦东已取得巨大成果和显著成就,一个崭新的跨时代新城区已经展现在世人面前。只要我们坚定开发开放的信念不动摇,进一步发扬创新精神,锐意进取,顽强拼搏,相信浦东的明天会更加灿烂辉煌!

"君不见长江之水天上来,奔流到海不复回。"浦东城建的改革创新浪潮,汹涌澎湃,一往无前……

(顾　坚)

科技撑起浦东建设

——记浦东新区城市建设科技委员会

科技为浦东建设助力，使城市建设仿佛插上腾飞的翅膀……

20世纪90年代初期，正值浦东大规模开发开放的早期阶段，新区的建设管理者们以非凡的智慧创新思路，勇于探索大胆实践，及时有效地解决高层建筑群地下工程同期、相邻施工影响的管理难题；在国内率先实施行政、技术一体化的建设工程新型管理模式，有效服务于新区城市建设和现代化管理的实际，取得了显著的经济和社会效益，为浦东乃至上海的建设工程管理提供了宝贵经验；依托高等院校、科研院所的技术队伍和建设领域的著名专家，组成专业领域的高水平科技专家网络，保证了新区城建系统依靠科技手段、充分协调各方力量、有效服务建设工程实际的新型运作机制的常态化和制度化。

1994年9月，浦东新区城建局专门成立了负责组织、管理、协调建设系统科技工作的常设机构——浦东新区城市建设科技委员会（简称"浦东城建科技委"）。多年来，城建科技委结合新区城市建设和现代化管理的实际，依托重点工程，充分发挥专家网络和系统内专业技术人才的优势，积极开展科研攻关，提升科技咨询服务水平，努力完善教育培训等职能；为浦东新区的现代化城市建设和管理事业做出了应有的贡献。

提及科技对浦东新区城市建设和管理的作用，一般人可能都会想到"四新"（新技术、新工艺、新材料、新设备）应用等技术层面。在开发

难忘的浦东城建岁月

开放初期,新区建设管理者们所遭遇的却远远超出了单纯的技术范畴。在当时,按照规划相继开工兴建的一个个高层、超高层建筑群,不断出现地下工程因同期、相邻施工影响而引发的难题。其中有些已经濒临诱发事故、带来严重风险的极端情形。这当中,不乏项目投资巨大,施工难度奇高,建设单位(甲方)"来头"也不小等普遍状况。

新区的建设管理者们清醒地意识到:处理此类难题,像先前那样依靠简单的行政命令和纯粹的技术手段肯定是行不通的。要解决"相邻高层建筑深基坑施工管理"等类似难题,必须要有创新的思路。建设管理者们直面挑战开拓进取,根据新区建设项目施工现场的实际,协调组织专业技术力量,组建行政、技术一体化的协调组,形成各方协同、有效介入的强有力的指挥协调系统。

协调组先由技术小组依据地块内各家项目的工程特点、工期进展和技术要求,协调确定合理的施工流程、工期安排和安全措施。再以新区城建局正式发文的形式,指令并督促各有关单位严格执行。协调组依法对违规行为和单位提出查处意见,对拒不服从协调管理的施工单位清退出浦东新区建设市场。

协调组模式经过陆家嘴超高层建筑地下工程施工现场的实践检验,技术措施和行政手段双管齐下的优势十分显著,有效确保了高层、超高层相邻工程互不干扰,实现同期施工、安全稳妥的目标。协调组在运作中树立了权威,促进了行政与技术相结合的建设工程管理新机制的逐步成型,更为依靠科技、高效协调、有效服务建设工程实际的新型运作模式的常态化、制度化提供了典范。

以工程院士叶可明和著名专家王铁梦为主的技术小组在浦东陆家嘴超高层建筑建设中的显著成就,以及如火如荼的浦东建设,吸引了建设领域众多专家纷纷愿为浦东开发建设做出自己应有的贡献。在此基础上,经过半年多的筹备,1994年9月,浦东城建局成立"上海市浦东新区城市建设科技委员会"。委员会不断发展壮大，由84位顾问和技术顾问、225位委员，以及236名在上海和国内有较高知名度的建设领域的专家和科技人员组成，他们来自上海各高校、科研院所、机关、企业等单位和部门，对应当时浦东城建局主要的工作条线，又分为9个不同的专业委员会。浦东城建科技委的主任由浦东城建局主要领导担任，常设机构是城建科技委办公室。

浦东城建科技委自成立以来，顺应浦东新区改革开放先行先试的优势，积极探索，努力确立完善由政府部门、相关企业、科研院所以及系统内技术力量相互协调、良性互动的运行体系。依托重点工程，组织科研攻关，帮助引导相关各方解决技术难题，增强自主创新能力。结合新区现代化城市建设和管理工作的实际，制定相应的政策措施，为浦东城建系统科技创新体系的正常运转、科研活动的蓬勃开展创造良好的环境。

——充分发挥专家网络的优势。汇集上海市建设和环保领域众多科技精英的专家网络是城建科技委极其宝贵的资源，也是浦东与全国乃至世界联系的重要窗口，更是浦东城建系统科技创新的辐射源。随着新区现代化进程的不断深入，城市建设和管理领域也面临着更多新问题。为适应现代化城区建设与管理实际需求，浦东城建科技委的专家网络不断调整和充实，专业委员会的数量持续增加，由最初的9个增加到14个。

围绕浦东建设系统各条线的主体工作，聚焦热点、难点问题，把专家网络的综合优势，更加合理有效地发挥出来，是保障城建科技工作健康运行的关键所在。城建科技委充分发挥桥梁和纽带作用，抓好城市建设和管理领域重大问题的联合攻关。精心组织各专业委员的评审专家，为各类建设项目的设计方案审定、工程质量事故处理等事项，提出高质量的咨询意见。

1995年4月20日，浦东城建科技委会同城市规划委员会和浦东土地控股公司，组织规划、园林、市政、水务、建筑等方面专家，对5个国家设计师编制的"中央公园"概念设计方案进行了为期两天的讨论评审。最终建议采纳英国LUC公司的总体方案。

在全面拓展咨询服务范围的同时，城建科技委在提高咨询质量和服务水平上也创出了特色。

几年来，城建科技委组织有关专家对各类建筑物的工程性裂缝、结构偏位等多起质量事故进行协调处理。在涉及面广、工艺技术复杂、相关方各执一词的情形下，通过专家检验、分析得出的结论以及提出的处理办法，对于责任认定、处理措施等都具有权威性，得到业主、设计方、施工单位、材料商等有关方面的普遍认可。

为体现咨询意见的权威性、公正性和实用性，在咨询服务中，受托专家必须从委托单位的利益出发，在切实保证工程质量的前提下，提供最经济合理的设计、施工方案。如汤臣张江住宅小区的建设单位提出减少该工程的试桩数。城建科技委在向有关建筑基础领域的专家进行初步咨询并获得肯定答复后，又同有关建设管理单位联系，邀请市内著名建筑结构、基础专家组成评审组，对该项目的方案进行了系统分析，最后肯定减少试桩数的意见，使建设单位节约了大量投资，同时加快了工程的进度。

科技咨询工作的深入开展及其所提供的良好服务，不但得到了新区建设管理部门和项目委托单位的充分肯定，也赢得了市内外其他建设管理部门的信赖。

——解决各类技术难题。以重大工程、重点建设项目为中心，城建科技委组织开展各种形式的技术攻关。结合重大工程实际，每年评审确定一批重大科研攻关项目。通过多种合作途径，组织开展技术攻关，不少项目达到了国际、国内先进水平。其中以提高道路质量为核心的"远东大道实用技术研究""浦东国际机场南干线道路工程提高耐久性和使用性能研究"等项目是国内首次研究应用土工布包裹二灰土填浜、二灰土代替砾石沙基层、改性沥青 SMA 及开级配沥青碎石排水层等先进技术的重大应用性课题。经上海市科技情报研究所的国际联机检索和市科委组织的专家鉴定,一致认定达到了国际先进水平。成功应用上述技术的远东大道工程,荣获当年度的国家"市政工程金奖"。为解决砂浆起壳、开裂、脱落、渗漏等建筑质量通病,城建科技委组织开展"高性能抹灰砂浆研制与应用技术"课题研究,成功开发了新型砂浆改性材料,其技术成果经鉴定达到国内领先水平。在重点工程成功开发、应用新技术的基础上,协调各有关单位继续在罗山路延长线、外环线等工程中开展道路路面结构体系方面的攻关研究,使新区的道路建设水平更上一个新台阶。

——激发青年科技人才的潜力。多年来,新区建设系统引进、吸纳了大批高素质的青年科技人才。发掘、激发、调动系统内部青年科技人才的潜力,开拓科研工作的新途径,也是城建科技委的重要工作。与有关部门共同努力,城建科技委积极创造条件,发挥青年技术骨干的能动性和创造性。建设系统内部的青年科技人才,具有直接面向一线,亲身体验难题的实践优势,但却缺乏开展科技创新活动所必需的组织、指导以及设施、条件等保障。鉴于此,在有关领导的大力支持下,城建科技委会同同济大学、城建局团委等单位,联合主办了"99浦东—同济城建科技信息发布暨青年交流会""2000年浦东—同济城市建设与管理青年研讨会"等大型系列活动。系列活动内容包括:定期发布新区城市建设和现代化管理方面的科研动态,以及科研攻关、科技成果应用转化方面的供求信息;浦东建设系统和同济大学的青年专家分别作主题报告和交流发言;与会代表就新区城市建设和城市管理两大主题展开范围广泛的探讨和交流。

实践证明,该项活动对激发青年人才科技创新热情,拓展科技创新活动的领域和运作方式等具有十分积极的作用，效果也比较明显。

——编修专业规划制定实施细则。1995年11月，城建科技委组织规划、园林、建筑、环保等各领域专家对《浦东新区绿地系统规划》进行专题论证。经过修订，当年12月该规划最终编制完成。1996年经浦东新区管委会批准《浦东新区绿地系统规划》纳入浦东总体规划予以实施。

1997年7月，为加强新区建筑物智能化系统工程的建设管理，新区管委会颁布了《浦东新区建筑智能化系统工程建设管理暂行规定》。为便于有关方面更好地贯彻执行该项规定，城建科技委专门会同上海市邮电管理局，联合编写了《浦东新区建筑物智能化系统检验实施细则》（试行）。该实施细则是国内第一份有关建筑智能化系统工程建设领域的专业管理法规，为新区各类建筑物智能化系统的建设、管理以及智能化系统的等级评定提供了科学的依据。为此，浦东新区管委会沪浦管〔1997〕214号文件特地审核批准《浦东新区建筑物智能化系统检验实施细则》为浦东新区智能化系统工程中检验、测试、评定等级的试行文件。

多年来，城建科技委积极与相关单位协调、沟通，积极拓展各类软课题项目科研经费的来源渠道，广泛组织发动各有关单位申报各类软课题项目。经专家论证后，确定如"浦东新区燃气规划""浦东新区522,km^{2}环保功能区规划修订""浦东新区集中供热管理暂行办法""浦东新区排水系统现状与发展对策""浦东新区公共交通发展规划"等十多个研究项目。1999年，新区管委会沪浦管〔1999〕124号、186号文件分别审核批准了《浦东新区集中供热管理暂行办法》和《浦东新区燃气规划》，使之成为有关部门实施行业发展规划、管理的有力依据。

——强化以岗位培训为主的继续教育。为提高新区建设行业的管理水平和职业技能，城建科技委不断强化以岗位培训为主的继续教育体系。做好施工现场各类专业技术岗位的培训工作。适应职能、业务的不断变化，积极把岗位培训的范围，向土地和房产部门扩展，相继举办土地、房产、物业等专职人员培训班。还协助基层党委举办领导干部读书班，中青年干部、入党积极分子培训班等。

——积极调整、努力办好《东方建设》杂志。1998年，有关领导决定，将新区建设系统的内部刊物《东方建设》杂志划拨到城建科技委，由城建科技委担任该杂志的主办单位。城建科技委充分利用自身的优势，加强原有的"城建科技""研究与争鸣""环境与生态"等科研探讨类栏目。开辟系列新栏目，加大反映建设系统科技创新内容的篇幅，对国内外先进技术、先进管理方法进行系统推介。努力提高办刊质量，积极拓展发行渠道，充分发挥杂志作为新区建设系统重要宣传阵地的作用，努力使《东方建设》真正成为科技创新活动的重要舞台。

——成功举办"浦东开发开放10年建设精品项目评选活动"。2000年初，为庆祝浦东开发开放10周年，新区举办"浦东开发开放10年建设精品项目评选活动"。城建科技委作为经办单位，齐心协力，对方案制定、广告宣传、项目征集、专家初评、室外展评、专家终评、奖杯奖牌制作及颁奖大会等一系列环节都倾注大量的心血。活动期间，聘请包括5位院士、1位国家级设计大师在内的40名国内知名专家、教授组成建筑、市政、园林绿化、城市雕塑4个专家评审组。为扩大宣传效果，激发广大市民的参与热情，还特地在新世纪广场举办室外展评活动，详细介绍入围精品项目，吸引了大批市民参观、投票评议。经过初评、终评，对209个申报项目层层筛选，最终评选出建筑金奖10名、银奖10名、铜奖10名；市政金奖10名、银奖10名；园林绿化金奖6名、银奖6名；精品城市雕塑4名，以及76个专家提名奖。在城建科技委精心策划的颁奖晚会上，浦东新区主要领导专程出席，还发表了热情洋溢的讲话。专家、获奖单位、新区建设系统代表共1,000多人参加了大会。评选活动热烈、隆重、喜庆,全面展示开发开放10年来浦东新区在城市建设方面取得的巨大成就,同时,也极大地提高了城建科技委的声誉和影响力。

在充满挑战与机遇的21世纪,城建科技委进入重要的历史发展阶段。秉承"有所为,有所不为""引进创新并重,重在创新"的原则,进一步营造科技创新环境,建立健全科研创新体系的政策、环境机制,提高城建系统的科技创新能力。充分发挥桥梁和纽带作用,以一流技术咨询为建设工程提供支撑。大力扩大科技咨询服务的范围,咨询重点由政府决策、重大工程逐步向企业管理、区域发展领域延伸。服务领域努力向高、新、深、广方向拓展。不断提高服务质量和水平,树立城建科技委作为现代化城市建设和管理智囊的影响和信誉,更好地为政府决策服务,为社会各界服务,共创浦东新区城建科技工作的新局面。

(杨景林)

难忘的浦东城建岁月
（1993—2000）

1994年12月建成通车的金桥立交桥，位于主干道杨高路与金桥路的交叉口，是连接各大开发区的交通枢纽，桥面面积和长度分别超过龙阳路和罗山路立交桥，荣获上海市建筑工程"白玉兰"奖

"世纪大道"工程荣获国家市政金奖。1994年12月3日，轴线大道（原名）样板段竣工，2000年1月1日，世纪大道全线贯通，是连接陆家嘴金融中心区、竹园商贸区和花木文化行政中心区的景观大道

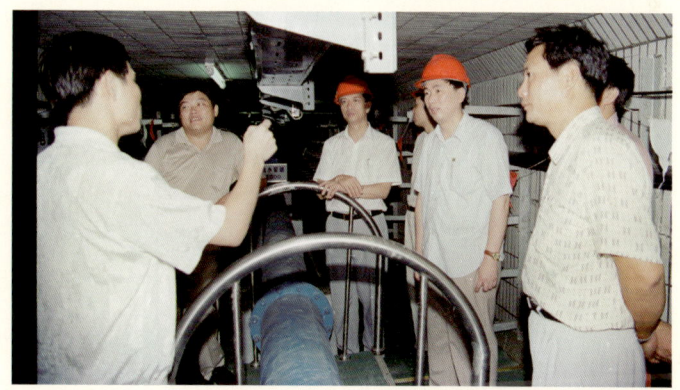

张杨路共同沟于1994年1月24日开工、12月20日竣工。共同沟的建设可避免城市道路建成后常因管线维修或重新铺设而重复开挖路面的现象，也为张杨路商业街的建设提供良好投资环境。图为1995年张杨路共同沟现场

1995年12月，"东方路辟通工程"（浦建路—东三里桥）开工

难忘的浦东城建岁月
（1993—2000）

1996年8月31日，外环线一期工程"浦东段"开工

1996年12月15日，浦东新区市政重点工程竣工通车典礼

1999年9月14日，浦东国际机场南干线工程竣工通车。连接浦东国际机场和虹桥机场的南干线工程包括环南一大道、迎宾大道、迎宾立交二期和杨高南路立交二期

浦东国际机场主要配套工程远东大道职工业余夜校

难忘的浦东城建岁月
（1993—2000）

城建局重视开发建设中道路地下管线保护工作。1996年6月城建局召开浦东新区道监工作会议

浦东新区探索并在全市率先实现天然气切换。1997年10月城建局组织专家开展燃气技术发展前景研讨

浦东新区在全市率先推进建筑智能化建设。1996年8月，城建局组织召开"上海智能建筑综合布线系统标准及质量研讨会"

1999年4月，上海市建委组织浦东新区城建局实施的"中国通信贸易大厦智能化等级评定会"在浦东召开。此为全市第一个智能化评级大厦，专家来自市建委、科委、邮电局、技监局、同济大学、交通大学等

难忘的浦东城建岁月
（1993—2000）

1995年浦东新区推进建设部"安居工程"示范小区建设。1997年11月，"上海御桥花园民乐苑"住宅区获建设部安居工程奖。图为城建局代表新区和原陆家嘴御桥公司一起进京参会并领奖

1996年10月，浦东国际机场配套工程35万平方米住宅同时开工，1998年1月竣工，近4万名动迁农民乔迁新居。"晨阳花苑二街坊"获得上海市建筑工程"白玉兰"奖

城建局加强住宅建设管理，1998年城建局召开浦东新区住宅建设立功表彰会

浦东新区在全市率先推广建筑外墙涂料、商品混凝土、PC构件等新型建筑材料的应用。图为1996年4月城建局组织召开"浦东新区外墙涂料应用发展研讨会"

浦东新区施工企业综合考评列为上海市施工企业履责管理试点在全市推广。图为1996年9月城建局召开"'96'施工企业综合考评'暨工人持证上岗培训动员大会

难忘的浦东城建岁月
（1993—2000）

呈"田"字形排列的毗邻四幢高层（银都大厦、新上海国际大厦、世界金融大厦、招商大厦）建成实景

1994年5月不同工期、呈"田"字形排列的四幢高层建筑施工现场（一幢结构封顶，三幢地下工程同时施工，由此产生相邻建筑地下工程施工影响）（姚建良摄）

1995年4月，浦东新区城建局提交的"浦东新区相邻建筑地下工程技术处理及管理课题"通过市建委主持的课题成果鉴定，国家建设部总工程师担任鉴定委员会技术专家组组长

难忘的浦东城建岁月
（1993—2000）

1995年12月起，地铁2号线浦东新区杨高路站（现上海科技馆站）、东方路站（现世纪大道站）等6个站点陆续开工，2000年地铁2号线一期工程建成通车。6个车站在全市率先实现与地面公交的"零换乘"，方便了市民出行

1996年，局直属单位浦东交建公司青年突击队在地铁2号线中央公园站（现世纪公园站）开工现场

1996年，浦东新区地铁2号线工程建设第一次生产调度会议举行

难忘的浦东城建岁月
(1993—2000)

1997年8月,《人民日报》报道浦东公交改革"改出新气象"

1995年11月,浦东公交改制三家公司(公交投资发展、大众公交、冠忠公交)揭牌,新区领导和城建局领导出席

1995年11月,新区管委会举行"浦东公交改制新闻发布会",城建局和区委宣传部领导参加

为缓解当时超常发展的公交停车难的问题,1996年杨高路大型立体公交停车场奠基

难忘的浦东城建岁月
（1993—2000）

上海环城绿带建设被列为1997年市重大工程和实事工程。1996年12月，浦东段环城绿带一期工程开工建设，也成为上海外环绿带的起步样板段

1997年9月的陆家嘴中心绿地（1996年动工，1997年3月建成。投资近8亿元对旧住宅区进行动迁，建成10万平方米的中心绿地），被誉为"陆家嘴皇冠上的明珠"（姚建良摄）

滨江大道位于浦东新区，1997年建成，全长2,500米，从泰东路沿黄浦江一直到东昌路，与浦西外滩隔江相望，是集观光、绿化、交通及服务设施为一体的沿江景观工程

难忘的浦东城建岁月
（1993—2000）

1996年春季植树节

1994年，市实事工程"济阳公园"建设现场

1996年，浦东新区提出"大干苦干三年，将浦东建成国家园林城区"。图为1997年春季植树节

源深路改建保留下来的古银杏树（树龄300余年）

难忘的浦东城建岁月
（1993—2000）

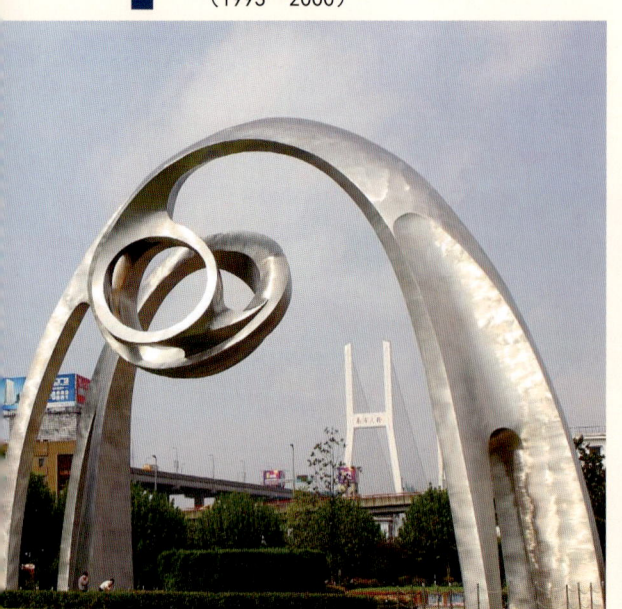

1997年南浦广场公园开园暨《纽带》雕塑落成，《纽带》坐落于南浦大桥龙阳立交桥下的南浦公园广场，寓意连接浦江两岸，东西联动，助推改革开放，实现和谐发展的美好愿望

2000年4月，位于世纪大道杨高路交会处环岛的雕塑《东方之光》落成。该雕塑以日晷为原型，以象征性为主，突出其跨世纪的重大时间主题，是浦东新区标志性景观雕塑

1999年新中国成立50周年，浦东亮起来！图为小陆家嘴国庆灯光一景

1999年新中国成立50周年世纪公园灯光喷泉

难忘的浦东城建岁月
（1993—2000）

1998年3月13日，"'98浦东新区环境保护工作暨绿化表彰会"召开

'98浦东新区环保工作会议表彰在新区的外资企业

浦东御桥垃圾焚烧厂——引进国外先进焚烧技术和关键设备建设的全国第一座现代化垃圾焚烧厂，1998年12月动工建设，2002年7月投入试运营

难忘的浦东城建岁月
（1993—2000）

1996年9月，城建局主持召开浦东新区环保"清洁生产"研讨会

1996年川杨河水质调研。川杨河西起黄浦江，东至长江，全长28公里，宽约70米，被称为浦东的母亲河。它是浦东水上运输的重要通道，浦东水系引清排污的核心枢纽，还曾是浦东许多乡镇生活用水的水源

1999年1月，张家浜河道治理现场

难忘的浦东城建岁月
（1993—2000）

1995年11月，浦东新区城建科技委组织新区能源发展规划评审会

1997年7月，城建局组织召开浦东新区公路发展研讨会，上海市建委和浦东新区管委会的领导及专家参加

《东方建设》杂志于1995年创刊，由原城建局创办。作为内部准印期刊，《东方建设》至今已出版160余期，是记录浦东开发开放、城市建设和市容环境管理的纪实杂志，左图为1996年4月25日《东方建设》事业发展理事会成立大会

难忘的浦东城建岁月
（1993—2000）

1996年5月，新区城建科技委组织浦东新区二期景观灯光工程方案评审会

1996年10月，新区城建科技委组织川杨河水环境保护规划评审会

1996年10月，新区城建科技委组织川杨河综合整治环境卫生评审会

难忘的浦东城建岁月
（1993—2000）

浦东新区城建局探索后备干部培养和任用机制。图为1996年7月城建局后备干部推荐会现场

重视并积极引进人才。1995年8月城建局机关干部公开招聘面试试场

浦东新区城建局注重在重大工程中锻炼培养干部，图为1996年9月城建系统中青年干部支援浦东国际机场市政配套工程建设大会

浦东新区城建局将锻炼培养青年干部作为局组织工作重要方式。图为1998年局组织工作暨欢送青年干部参加重大工程大会

难忘的浦东城建岁月
（1993—2000）

浦东新区城建局探讨市政建设投资新模式。图为1996年12月上南路工程投资包干签约仪式

浦东新区城建局农村水网改造体制的探讨。图为1997年10月上海清溪自来水合作公司揭牌仪式

1998年实行了道路的市政、环卫和绿化等作业的综合养护改革。图为城建局主持的东方路综合养护签约暨交接仪式

"老市容"的新角色
——难忘浦东市容监察的岁月

他们被誉为浦东的"城市市容卫士",他们在浦东大地上展现了新的角色……

1993年1月1日,浦东新区管委会挂牌成立。随后,由浦东新区城市建设局分管领导牵头,有关处室负责人参加,筹建"浦东新区市容监察支队"。1993年3月9日,"浦东新区市容监察支队"(以下简称"市容监察支队")正式成立。市容监察支队下设渣土管理所、2个机动分队,陆家嘴、潍坊等14个区域分队,1个编外中队(星火开发区中队),以及6个负责重点开发区和重点市容管理的编外分队。

市容监察支队建立初期总人数为78人,主要由原"三区二县"(黄浦区、南市区、杨浦区、川沙县和上海县的浦东部分)的"老班底"市容监察人员组成。市容监察支队的职责是依据《上海市环境卫生管理条例》《上海市环境卫生管理条例实施细则》《上海市水域环境卫生管理规定》《六禁通告》等政策法规,对90平方公里范围的浦东城市化地区实施市容监察:包括杨高路(罗山路—龙阳路)到黄浦江边,星火开发区(市政府授权管理)以及川沙、高桥、北蔡镇范围。依据《上海市建筑垃圾和工程渣土处置管理规定》,在浦东新区522平方公里范围内实施渣土(工地)监管。

——渣土管理呈现新的面貌。

1990年4月18日,党中央、国务院宣布开发开放浦东。大规模的

难忘的浦东城建岁月

开发建设随之展开。前期开发建设以市政工程为主，由上海市人民政府浦东开发办公室协调推进。1993年，内环线浦东段（龙阳路立交—罗山路立交）、杨浦大桥、陆家嘴世纪大道一期、"七路会战工程"（滨江路、源深路、龙东路、上川路、汾河路、东徐路、同高路）和杨高路工程等都已在建。同时，东方明珠广播电视塔、众城大厦（浦东首幢大型综合涉外办公楼）、银都大厦（浦东首幢金融大厦）等也已在建。浦东新区建政后，开工建设项目更如雨后春笋，1996年，浦东在建工地高达3,600多家。开工在建的重点工程有正大广场、上海国际会议中心、地铁2号线、徐浦大桥、上海期货大厦、"六路一桥"上川路（顾路段、王桥段）和金海路等。

工地林立、进出"土"频繁，必然会出现施工污染、渣土污染等问题。为此，浦东新区市容监察支队从一开始就把渣土（工地）管理作为监察重点，并采取"核、巡、守、联、侦、建"六字方针，实行堵疏结合管理。

核，即核发"渣土处置证"，由市容监察支队（渣土管理所）审核土方量和卸点、交警支队核准渣土车运行时间和路线。由于在建工地众多，为避免集中出土、渣土车辆云集，除特殊情况外，一般每天核发"渣土处置证"控制在100证左右；为避免影响交通，除特殊情况外，渣土运输一般安排在晚上8点至次日早上6点；为避免影响居民休息，把少有居民区的道路核定为渣土运行路线，如罗山路、杨高路等。严格实行渣土专营发证管理，为确保有序出土和便于后续监管提供了基础，更便于对非运行时间、路线渣土车的甄别和查处。

巡，即由辖区分队建立工地管理台账和常规巡察，由于当时"裸车"是运渣土和砂石料主要车辆，罗家渊支队长下达死命令："每逢工地出土，辖区分队必须派员蹲点监管，确保装载渣土不撒落、车轮沾带泥土不出工地门。"

守，即在相关路段设卡检查渣土处置证、渣土车撒落渣土、泥浆车滴漏泥浆、水泥和砂石车未覆盖油布、无证"西土东运"（浦西土方运至浦东）等违规行为。

联，即与交巡警支队联合执法，与武警督察队联合检查武警部队下属三产的渣土车。

侦，即针对渣土"飞车"（无处置证运输渣土，常深夜出没，乱倒建筑垃圾、渣土），配备夜班分队（由联合执法分队担纲），运用便装排摸、跟踪疑似、从无主建筑垃圾中寻找证据、守候伏击等方法，打击"飞车"。

建，即共建文明工地活动。1994年，市容监察支队会同新区城建局建管处发起创建文明工地活动。邀请浦东所有工地的施工方、建设方参与。创建内容包括：工地围墙、建材堆放、生活垃圾处置、渣土卸点、渣土承运合同、工地硬通道、运输车辆冲洗保洁设施等。《上海市容报》全程参与并跟踪报道，评比结果（光荣榜）登载《上海市容报》。

——"门责"管理新的尝试。

"环境卫生门前责任区"管理（简称"门责管理"）是《上海市环境卫生管理条例》赋予市容监察队伍的法定职责，是城市环境卫生管理日常性、经常性和基础性工作。1993年浦东市容监察支队成立后，各辖区分队即对辖区内"门责"单位，进行全面重新认定和换证。原"三区二县"颁发的"门责书"全部换发为浦东新区的"门责书"。到1996年，市容监察支队建档立卡"门责"单位6,000多家。

"门责"内容简称为"门前三包"。一包卫生："门责"区域内无垃圾杂物、无污水、无污垢、无油渍或严重积尘；遮阳棚规范、整洁，无破损；环境卫生设施完好整洁。二包绿化：协助绿化管理部门管护"门责"区域内的树木花草和绿化设施，及时清理门前花坛内的垃圾杂物，不攀树折枝、采摘花朵，不得在树干、树枝上钉钉子和挂杂物。三包秩

难忘的浦东城建岁月

序：禁止在"门责"区域内乱挂晒、乱占道、乱堆放、乱张贴等影响市容秩序的行为。对其他行为人的乱停、乱靠、乱摆摊设点、乱挖掘等影响市容秩序的行为有监督、劝说和举报的责任。由此，被一些"门责"户戏称为"有义务无权利"，其推进难度自不用说。有拒绝配合核定"门责"区域的，有拒收"门责书"的，有跨门经营的，辖区分队坚持按"送达、教育、整改、处罚、服务"的要求实施"门责"管理。

按照"门责"确立为前置程序的要求，对商店易名的、道路更名的（如文登路更名东方路）都及时换发"门责书"；对新开张的门店及时送达"门责书"（如1995年12月20日，浦东第一八佰伴试营业，"门责书"于开张前一日送达）；对相邻"门责"单位因客观原因职责扯皮的，则予以协调处理。如1995年，崂山分队牵头金桥、国安、世界广场、联合广场、鑫联广场、新大陆广场、巨金大厦与环卫公司签约，实行门责统一保洁；对教育无效、拒绝整改的，则依法处罚。

市容监察支队以东昌路、浦东南路、东方路为"门责"管理的重点。1994年9月，对新建商业街东方路（浦东大道—篮村路段）当时被称为浦东南京路，实行岗区式管理。队员两人一组，骑自行车巡查。跨门经营、乱张贴、乱设摊等现象基本绝迹。1996年，崂山分队、潍坊分队和东方路被上海市市容监察大队评为"门责管理先进分队"和"门责"示范路。

——综合整治新的成效。

1993年1月1日浦东新区管委会成立不久，即建立浦东新区环境整治领导小组。由管委会分管领导任组长，新区城建局、综规局、公安局、工商局、经贸局、农发局、社发局和司法局等分管领导为组员。浦东新区领导小组下设环境整治办公室（设在松林路80号）。丁建国是该办公室的联络员。环境整治办公室的职责主要是制定整治方案、协调整治单位。主攻牵头整治的两个方面：市容环境的老大难问题和重大活动环境保障。整治分为专项整治和综合整治两大类。

专项整治包括夜排档整治、乱设摊整治等。当时，地摊经济"兴旺"，民生需求与交通秩序、环境秩序的保障时有两难。哪里矛盾突出了，哪里就得整治。所以，必须保持一定的整治频次，以维持两难之间的相对平衡。专项整治一般由市容、工商、卫生防疫、文化稽查、规土和公安部门共同参与。其中，公安以维护执法现场的秩序为主，其他部门作为执法主体，根据相应的法律法规，开具不同的法律文书；执法过程完毕后，环卫保洁随之跟进，恢复路面整洁。

综合整治一般围绕重要活动进行，过程中不但要消除违章点，还要有美化环境的要求，如完善道路设施、补植绿化等。综合整治时间紧、要求高，需要快节奏工作，还经常加班加点。

那时，为迎接杨浦大桥建成通车，特地开展杨高路沿线整治工作。记得整治前的某个星期六上午，新区分管领导来到松林路80号调研杨高路整治事宜。不巧当时整治领导小组成员、城建局领导和罗家渊等都在外高桥开发区开会。他们请示说："是否请在外高桥开会的领导回来？""不必了，就你跟我去杨高路看看现场。"话音未落，新区领导就准备动身。他们急忙上车，才发现是新区领导亲自驾车并带着沿杨高路（罗山路—浦建路）逐段查勘，一一敲定了整治的具体点位和具体改进要求。第二天，指挥部便向相关单位印发了整治部署，整治工作迅速全面展开。1993年10月23日，杨浦大桥通车，杨高路作为杨浦大桥通车仪式的配套道路，鲜花盛开、彩旗飘扬，尽显喜庆气氛。

1993年12月12日的夜晚，施工工地检查和渣土运输整治兵分三路（浦东大道、东方路、杨高路）进行。记得那天刮着西北风，下着淅沥小雨，监察队员冒着寒风细雨，沿路检查工地督促规范进出土、设卡检查渣土运输车辆，查处非法运输和杜绝跑冒滴漏。经过大半夜的奔忙，保障了3条道路的整洁。第二天一大早，三路人马再行检查以确保效果。当天晚上，人们从电视新闻得知，中央领导人在13日上午视察了杨浦大桥。

一份辛劳，一份回报。浦东城建人在浦东建设中建功立业，成绩斐然。浦东新区市容监察支队成立时，城建局分管副局长明确提出"两个文明一起抓，思想领先，从严治队，培养和造就一支过硬的城市管理执法队伍，努力把新区城市管理水平推上一个新的台阶"的要求。1993年，《市容监察工作条例》《奖惩实施细则》《廉政规定》等11项规章制度相继出台实施，市容监察制度管理初步形成。经过"迎东亚运场外竞赛""浦东之夏文明监察竞赛""杨高路整治"三大战役的洗礼，市容监察队伍经受了锻炼和考验，分别获得"迎东亚运场外竞赛先进单位"和"1993年度浦东新区文明单位"光荣称号。

荣誉就是这样靠拼搏、靠队伍、靠两个文明建设创造的。

1994年2月，浦东新区提出"一流的开发建设必须有一流的党建作保证"的要求。市容监察支队进一步健全"三会一课"、支部达标创优、干部定期考核和实施公开办事制度等系列举措，引入行风监督员机制。1994年，招录49名新队员，使队伍的文化层次有所提升；同时，以新队员为主体，建立机动中队，实施"岗区式监察"的门责创新管理。1995年，市容监察支队开展"奋战60天、国检不失分"劳动竞赛，涌现出骑车日行监察20余公里、加班加点工作连轴转、小病坚守岗位、家事延后处理等一批好人好事。1996年，市容监察支队精神文明建设"三个一工程"喜出成果，即一本书——《东上海市容卫士》、一首歌——《东上海市容卫士之歌》以及面向社会的"黑板报展"。同年3月，浦东新区的分管领导特地为此题词："浦东市容日新月异，卫士功劳载入史册。"

自1994年起，市容监察支队陆续引进一批军转干部、转业运动员（退役运动员转业安置），队伍规模扩大，人员结构进一步优化。至

1997年，支队编制人员达到207人。1998年10月，浦东新区城建局所属的市容监察支队、园林绿化监察支队、城市路政管理支队（排水监察中队）、公路路政管理支队、陆上客货运输稽查大队等单位，整建制合并组成上海市浦东新区城市管理监察总队。在新的体制、新的队伍中，"老市容"们继续以新的角色，奉献浦东，再立新功。

（供稿：丁建国　撰写：陈惠明）

绿色蓝图

——编制浦东新区第一部绿地系统规划

都说因为浦东早早有了那张"绿色蓝图",从而描绘出浦东绿色的未来……

1993年,浦东的开发开放进入实质性启动阶段。也就是在那一年的年底,浦东掀起开发建设的宏伟大潮,浦东园林管理署和园林总公司开展了组建工作。

1994年开春,在新区管委会领导的关心下,以浦东城建局和上海东方园林公司为主的沪上园林绿化和规划等方面的专家,成立了"上海市浦东新区绿地系统规划"编写工作组。经过半年多的努力完成了初稿。浦东新区编写的绿地系统规划受到原国家建设部的关注。1995年春节期间,时任建设部部长周干峙和清华大学吴良镛院士在北京西郊动物园会议厅听取了《浦东新区绿地系统规划》的汇报,并给予了充分的肯定和具体指导。

1995年11月15日,浦东城建局组织的由规划、园林、建筑、环保等各领域专家组成的专家组论证通过《浦东新区绿地系统规划》。经过不断修订,1995年12月新区绿地系统规划最终编制完成。1996年,经浦东新区管委会批准纳入浦东总体规划予以实施。

《浦东新区绿地系统规划》的时间跨度是1996—2020年,作为一项跨世纪的专业规划。它有许多非常有意义的突出特点:

第一,指导思想的先进性。

在生态园林的相关理论体系中，园林绿地是一个城市具有生命体征的基础设施。浦东绿地系统规划是国内最早把绿化从单纯的景观建设上升到城市环境生态的高度，纳入了环境生态体系。规划提出绿地系统的概念，以绿地系统规划取代了以往的城市绿化专业规划。这是开发开放最前沿人们解放思想、大胆创新的一次质的飞跃。

绿地系统规划体现了现代城市的质量指标、发展目标，注重绿地的连续性、均匀性、社会性、群众性；体现出改善城市环境和气候条件为主线，以保护城市生态、保护生物多样性、保护城市历史文物、美化城市景观、创造有特色的城市风貌、实现生态型园林城市为主要目标，以创造市民生活的优质环境为主要方向；体现上海及浦东发展的战略高度。从后来的实施成效来看，《浦东新区绿地系统规划》指标是先进的、合理的，是经得起时间检验的。

第二，以建成现代化国际大都市、创建国家园林城市为主要目标。

《浦东新区绿地系统规划》的编制是把浦东置于长三角、上海都市圈的大背景下，作为改革开放前沿的现代化城市，实现我国20世纪50年代提出的大地园林化目标，以花园城市、宜居城市的建设为主要方向。绿地系统规划最主要的指标是：建成区绿地率和人均公共绿地面积2000年突破8平方米，2010年上升到14平方米，2020年达到17—20平方米。

园林绿化建设以土地为基础，必须保障绿地建设的用地来源。实施点、线、面结合；大、中、小相匹配；城、乡呼应；环、楔、廊、园、林交错，以绿肺、绿轴、绿带、绿环、绿网等构成绿地系统。规划以沿江、沿海、沿河、沿路的线形绿地、带状绿地、楔形绿地、环城绿带和大大小小的公园绿地、防护绿地，以及单位附属绿地、居住区绿地、生产绿地串联起来形成居民生活的大环境，组成浦东新区特有的绿地系统。

第三，浦东新区绿地系统规划的创新之处。

最早提出绿线和蓝线的概念。道路两侧绿地为绿线，河道两侧绿地为蓝线。绿线和蓝线是浦东绿地系统的主线。这两条线作为绿地系统的重要内容，为城市绿地面积的增长提供了有效的途径。

浦东的绿化建设首先是1993年开始的道路绿化。自1993年起，浦东创造了用最短的时间建设最多道路绿地的纪录。短短的四五年间，浦东建成高达480多万平方米的道路绿地，成为上海市绿地面积的主要增长点。浦东有1.6万多条河道、7,000多公里长的河岸线，沿岸的绿量前景是惊人的。绿地系统规划为浦东蓝线的实施提供了保障。

这当中有滨海防护林带，沿长江岸线浦东段有46.43公里长，可建30—50米宽的林带；有滩涂造林，可形成乔、灌、草结合的海防绿色长廊，浦东的河道两岸绿带，如黄浦江岸线长42公里，建成的滨江绿化带已是市民健身、休闲、游览的好去处；还有23公里长的张家浜、28.7公里长的川杨河、25公里长的外环运河、浦东运河和吕家浜，27公里长的随塘河，以及高桥港、赵家沟、曹家沟、三八河、白莲泾港等，河道建绿的潜能巨大。

对公共绿地有更明确的要求。大型公园有世纪公园、世博公园、文化公园、滨江森林公园、海洋生物公园；大型绿地有汤臣高尔夫、林克斯乡村俱乐部、热带海宫、黄浦江沿线滨江一期绿带等，还有外环林带、交通绿地、防护绿地等，浦东绿地系统规划都有明确的规定。

最早提出楔形绿地的概念。楔形绿地是沟通城市中心和外围江河、道路的空气流动带。全上海有8块楔形绿地，其中5块在浦东，分别位于东沟、张家浜、三林、三岔港、北蔡。每一块楔形绿地的建成等于一大片森林，是改善浦东中心区域生态的重要通道。

同时编制区域性绿地系统规划。浦东绿地系统规划编制的同时要求各开发区、各街镇同时编制区域性绿地系统规划，明确一镇一园，每个街道必须建一座大型绿地，明确区域内主体树种、行道树种和特色树种及相关指标。要求陆家嘴、金桥、外高桥、张江、孙桥、六里等开发区和综合分区明确绿化特色，明确各单位附属绿地指标。如大型公共建筑的绿地配套、化工厂等产生有害气体的单位绿地指标不低于30%；居住区和一般新建项目不低于20%；别墅不低于40%，改扩建项目不低于15%等。

规划明确保护农田林网。果园、林场、蔬菜地、园艺场等，它们既是都市型农业的生产基地，又是集旅游、休闲、观光于一体的城市绿地，都属于绿地系统的范畴。

规划明确城市雕塑用地。雕塑是凝固的艺术，是长久的精神文化财富，有强烈的艺术感染力。规划明确要有计划选点、布局设置城市雕塑。主要在陆家嘴地区、大桥广场、立交桥、各开发区、公园等设置雕塑用地。

规划对植物材料的要求。适地适树，以上海地带性植被——常绿阔叶植物为主、乡土树为主，适当引进外来树种。

以生态园林的理念倡导植物群落配置，根据上海地区的植物立地条件和植被组合，增加耐阴的中、下木，使植被层次错落，色彩丰富。

第四，浦东绿地系统规划实施的保障。

园林绿地建设具有广泛的社会性和群众性。新区城建局主导成立了浦东新区绿化委员会、雕塑委员会、城建科技委、风景园林学会等机构，保障全社会各行各业的共同参与、共同努力。

多渠道、多元化筹集绿地建设和养护资金。鼓励企业建园建绿，明确早期浦东绿地建设标准不低于70元每平方米。

加强园林专业人才建设。引进设计、施工、养护管理等大中专毕业生，形成高、中、初合理搭配的人才结构队伍。

《浦东新区绿地系统规划》是科学的，指标是合理的，内容是可行的。30年来的实践证明，浦东绿地系统规划的编制和实施是浦东大规模基础设施建设的一项系统工程，对浦东新区园林绿化建设和管理起到了引领和指导的作用，保障了浦东新区城市的健康发展，也为"国家园林城区"的创建发挥了重要作用。

绿色蓝图正在为浦东铺就绿色的明天……

（康味菊）

我所了解的"中央公园"（世纪公园）规划

"世纪公园"是浦东第一座生态型城市公园，更是浦东开发开放的一个地标……

"世纪公园"地理位置十分重要，位于浦东新区花木行政中心地块，是100米路宽世纪大道的终端所指，周边有新区办公中心、上海科技馆等地标性建筑。世纪公园原名"中央公园"。20世纪90年代初，在浦东新区总体规划纲要中关于"绿化系统规划"部分就有"中央公园"的表述。也就是说，浦东新区最早的城市规划思路和理念中，重视城市功能的综合开发和城市生态建设是一以贯之的。

笔者刚到浦东工作的时候，首先应接不暇的是浦东园林管理署和园林总公司的组建工作，还有道路绿网的建设工程。笔者参与世纪公园建设的时间是在1993年底。在准备编制《浦东新区绿地系统规划》时，看到了浦东土地控股公司委托同济大学建筑城市规划院编制的《浦东新区中央公园规划》和浦东综规局于1994年9月8日对此方案的批复。

此项目建设单位为浦东土地控股公司。浦东综合规划局的批复，明确了"中央公园"的范围和规模：东至北洋泾路，南至峨山路，西北至浦川路（后经公园建设、道路改造等因素，公园边界更改为北临锦绣路，南临花木路，东临芳甸路）。总用地面积140.3公顷。

1994年，新区管委会主要领导、分管领导决定对"中央公园"项目实施国际招标，主要向日本、法国、德国、美国、英国等5个国家的园林设计公司征集"中央公园"规划方案。

新区城建局是浦东园林绿化行业的主管部门。笔者有幸参与了"中央公园"前期方案征集工作。1994年12月,作为土地控股公司组织的专题考察组成员之一,赴美国和日本考察相关园林设计院和美国纽约的中央公园,另一支考察组则去欧洲考察英国伦敦的海德公园和相关的园林设计院。

纽约中央公园占地5,000多亩,位于纽约市曼哈顿中心,是一块狭长矩形的绿地。公园没有围墙,终年免费开放。园内有茂密的森林、广阔的草地、集中和分散的水体、宽阔的广场和公园环路、曲折的园路和幽静小道,组成丰富的道路系统,4条城市道路横穿公园与其他交通无缝衔接。园内建筑主要用于展览和科普,雕塑作品展现不同的背景和故事,园内30多座不同样式的桥梁是公园景观的重要组成部分。纽约市民在公园内休憩、游览、健身、阅读,体现人和自然的高度融合。纽约中央公园是世界著名的城市公园,它的建设背景和设计理念是值得浦东世纪公园借鉴的。

组织相关人员赴欧洲、美国、日本等地考察世界名园,邀请国际知名园林规划设计机构参与浦东世纪公园方案竞标,实行国际招标等,显示出浦东新区管理者和决策者的远见卓识。

受邀请的设计单位有美国RHAA设计事务所、英国LUC咨询公司、法国夏邦杰设计事务所、德国城市建设有限公司、日本日建设计等5家世界知名规划设计机构。

1995年4月20日,由浦东城建科技委、城市规划委员会和浦东土地控股公司组织规划、园林、市政、水务、建筑等方面的领导和专家,分别对来自5个国家的"中央公园"概念设计方案进行了为期两天的讨论评审。笔者作为专家之一参加了方案讨论。

专家们对5国概念方案评审的最终结果是:建议采纳英国LUC公

司的总体方案。认为英国方案的优势有如下几方面：

一、英国方案对占地2,000多亩的世纪公园编制方案的态度是严谨的、科学的。英国方案以大湖泊、大森林、大草坪为主体，组织公园的景观空间。设疏林草地、田园风光、鸟岛、儿童乐园等区域。园林景观方面设置了世纪花钟、音乐喷泉、梅园、樱花岛、玉兰市花岛、棕榈沙滩、世界友好园区。园内设会展厅、水上餐厅、咖啡吧、小卖部、公厕等，设施和服务功能丰富完善。

二、英国方案的广场和道路布局先进。环中央湖区的主干道宽12—24米，满足游人和游览车共享，二级、三级园路丰富，构成的园路系统合理。设置7个入口，每个入口设3,000—8,000平方米的入口广场，以满足游人活动的需要，这在其他公园是没有的。

三、英国方案的地形处理原则：因地制宜地挖湖堆土，土方就地平衡；根据上海冬季刮西北风，影响树木生长的实际，将挖湖产生的大量土方在公园西北方向，从锦绣路民生路的2号门至锦绣路花木路交叉口，堆置4米高程起伏的土丘，坡地上种植高大浓密的混交林，阻挡冬季西北方向的寒风。

四、英国方案提出综合治理张家浜。张家浜东起浦东运河，西经塘桥进入黄浦江，全长20余公里，约2公里从中央公园地块中部横向穿过。当时水质黑臭，严重影响公园水景观。英国方案在对地块规划的同时对张家浜河道提出综合治理措施：将原来在地块中央东西向横穿的张家浜主线改道，沿公园两侧（南侧近花木路、东侧近芳甸路）流过。保留并开挖地块中心区域原张家浜为主的大片水域，形成面积达12万平方米的"镜天湖"中心湖区景观，保留和疏通了东段原有的河网和曲折多变的岸线，组成河网交叉、多个岛屿、多座桥梁的水网景观。经改造后的张家浜不仅增加了河道的长度、宽度，而且净化了水质，美化了岸线，组成的水岸景观和游览河道丰富了公园水上活动内容。世纪公园方案结合张家浜综合治理是英国方案胜出的亮点。

五、英国方案注重对原基地表土的保存和利用。基地原来是种植蔬菜的农田，表层土壤具有宜耕、肥沃、结构良好等特点，适合园林种植，利用成本低、效果好。这在当时是很先进的环保理念。

六、英国方案非常有意义的是提倡选用适生树种、乡土树种；倡导种植适当规格的苗木，不种或少种大树，不追求即时效应，让树木从小树开始长大。就像人们在美国纽约中央公园看到的大树，都是100年前由小树自然长大的。游人们可以感受树木生长的神奇过程。

七、由于中央公园规划带来了张家浜西段的综合改造，促成了后期张家浜全线的改造。张家浜改造是浦东新区执行绿地系统规划的第一条蓝线。张家浜向西流向东方路交汇处，和塘桥公园相通。占地面积3.73公顷的塘桥公园，水面积占1/3。水生植物丰富，这片水域是张家浜最宽阔、最自然的弯头，是张家浜水系改造最成功的一笔。改造后的张家浜成了连接世纪公园与塘桥公园的纽带。

"中央公园"的规划、张家浜整治改道、轴线大道的建成，极大地改善了浦东新区中心地块的生态环境，提高了居民的生活质量和浦东新区的投资环境，也带来了周围地块的迅速升值，围绕"中央公园"周边沿着锦绣路、芳甸路、花木路，相继开发了一大批高等级的住宅区，上海科技馆、东方艺术中心、浦东展览中心、新区政府办公大楼等地标性建筑相继落成。这些都是世纪公园规划建设所带来的溢出效应。

英国LUC公司的总体方案既注重西方园林的风格，组织疏林草地开朗空间，倡导种小树苗，让树木从小树长大的理念，也采用了中国园林的造园手法，因地制宜改造自然地形、应高就低，土方就地平衡，园中小路、河网地区岸线曲折自然，选择适生树、"乡土树"也都富有中式造园的特色。英国的方案比较符合中国自然生态、自然山水园的风格，体现人与自然的和谐，融合了中西方园林艺术，体现了上海文化的内涵，符合上海地区水文、土壤、气候的特点。因此，英国方案在这次国际竞标中最终胜出。

中央公园方案确定后，新区土地控股公司委托上海园林设计院对方案进行深化和扩初设计。新区城建局对园林设计院的扩初设计组织了两次评审。该设计为土地控股公司建设中央公园提供了可行的方案。

中央公园项目分两期实施建设。

第一期占地20公顷，重点在3号门田园风光区，于1997年7月1日建成开放。2000年4月18日，世纪公园全面建成开放。值此跨世纪的特殊年代，寓意浦东改革开放向新世纪敞开大门，为此，将"中央公园"更名为世纪公园。江泽民总书记亲笔题写园名。

世纪公园建成距今已有20余年。通过土控公司的精心养护管理，园内树木自然健康生长。现在小树已经长大，林荫大道业已成形，每年吸引大批的游客。园内绿树成荫、湖水荡漾、儿童乐园、音乐喷泉很受欢迎。周边鳞次栉比的楼宇群成了公园的背景，也成了公园的赏景点。

与所有的成功案例一样，世纪公园难免有些许遗憾。

方案提出公园西北方向堆置高16—22米的起伏的土山丘，由于世纪公园地基属于软土层加上技术准备不足，地形只堆了4米高。让公园的地貌缺乏制高点，全园盆地式地形不显著，林冠线过于平缓。

公园有梅花、樱花、玉兰、油菜花等专类区域，除梅花（后为双梅园）外，其他的特色树种规模普遍不大，并且集中在春季，令整个公园的生物多样性不够丰富，夏秋季还需要靠草花增添景色。

遗憾的是，基地中原有的古老银杏树，以及一些有特色、有规模的农家老屋……这些珍贵遗存没有被保留下来。

（康味菊）

奋战6个月建成济阳公园

济阳公园原名德州公园，是浦东新区成立后第一座新建公园。济阳公园建设项目是1994年度浦东新区的实事项目之一。

济阳公园建设是1985年立项的，计划列入1995年的上海市绿化实事工程项目。1993年，浦东新区成立后接管了原南市区在浦东区划内的绿地建设和济阳公园建设项目。浦东新区管委会决定将济阳公园的建设提早一年，列为1994年浦东新区的实事工程。1994年4月初，在济阳公园建设基地举行了济阳公园奠基开工典礼。浦东新区管委会分管领导和新区城建局领导参加了奠基典礼。就在同一天，在济阳公园的工地上，新区管委会分管领导提出要求："济阳公园今年一定要建成，11月管委会主要领导要来参加开园典礼。"

当年年初开工，年底就要建成开园。面对还是一片狼藉的公园建设基地，领导的讲话使大家都很振奋，但同时也感到压力巨大。

1994年是浦东开发开放实质性启动的一年，要完成很多的绿化项目建设，时间紧促，任务繁重。要完成五路绿化的配套；组织杨高路沿线74家单位实施道路两侧80多万平方米绿地的建设；还有"七路""十一路""远东大道""龙东大道""内环线""南干线""罗山路"等道路绿化的配套，同时启动的还有"上南公园"的动拆迁和方案组织，"名人苑""泾东公园""南浦广场公园""塘桥公园""金桥公园""豆香园"等工程；另外"滨江大道的首期绿带"正处在方案实施阶段,"汤臣高尔夫""景丽高尔夫""东方明珠环境配套""华夏旅游开发区""中央公园"和"三叉港大型主题雕塑""三林塘垃圾场规划"等大型主题公园正在进行前期考察、协调和酝酿出方案。当时罗山路、杨高路大型雕塑(腾飞)(展翅)也已在建。

1994年3月,浦东新区绿化重点工程指挥部成立。新区城建局主要领导和分管领导分别担任总指挥和副总指挥。济阳公园项目是指挥部领命实施的第一个项目。常务副总指挥康味菊在奠基现场,代表指挥部承诺:"奋战6个月建成济阳公园。"指挥部首先从基层单位借调人员,组成两部一室工作机构。借调人员于4月底相继到位。

济阳公园基地面积3.2公顷,征用土地包括川沙、杨思地区西浦、三角地、塘子泾、大道站大队等区域,需动迁居民304户,还有沿线新华机器厂、耀华小学等12家单位。

指挥部正式接管时,尚有27户居民没有安置,耀华浮法玻璃厂3,000多平方米工棚和车间、原西浦小学的教工宿舍、上钢八厂小学的校舍都未拆除,耀华路的拓宽等工作也都没有完成。

顶着盛夏酷暑,指挥部领导亲自参与动拆迁等前期工作。大家全力以赴,与耀华浮法玻璃厂、六大开发集团等单位无数次交涉和协调,终于在7月完成前期动迁,实现了公园建设基地的三通一平。

施工建设时间紧迫,由上海市园林设计院提供的济阳公园设计方案在8月15日才提交,根本来不及组织评审。指挥部常务副总指挥对方案进行了审定,并明确投资框架。指挥部决定由浦东新区园林总公司实施施工总承包。由于该公园是10年前立项的遗留工程,建设中没有前期费列支,投资差额大,更有部分资金来自市局,资金不能及时到位,建设工作相当被动。在征得新区城建局主要领导、分管领导的同意后,指挥部明确:为不影响施工进度,资金不到位时,由总承包单位带资建

难忘的浦东城建岁月

设,保证在当年8月公园建设开始实质性施工。同时理顺了指挥部和园林总公司的甲、乙双方合同关系。

在当时,园林建设工程还没有条件也没有硬性规定必须实施施工监理。为保证工程质量,常务总指挥高级工程师康味菊在地形、水系、建筑小品、雕塑、园路等关键节点上严把技术关。为把控苗木质量,工程部冯雨明主任与工程队一起到苗圃现场选苗,提高反季节树木种植的成活率。为保证工程进度,无论烈日酷暑,还是风雨交加,大家身体力行,晴天一身汗,雨天一身泥,没有休息日,带病坚持工作,再苦再累不抱怨,常常连吃饭都没有时间。

指挥部办公室常务副主任周国华,不仅参与前期动拆迁,做好后勤和宣传保障工作,还及时上通下达,为工程请款,协调发函,编撰信息专刊、请示报告、会议纪要等文稿,为工程顺利进行,做了大量文字、梳理和后勤保障工作。

这一年暑期特别漫长,有持续一个多月的高温天气。建设者们顶烈日、冒酷暑苦战盛夏,决心如期交出一份合格的答卷,努力完成6个月建成济阳公园的共同心愿。指挥部大多是城建局城管处的同志,他们一手要抓全区面上的工作,一头又要扎进济阳公园工地……指挥部领导、工作人员与施工单位、设计单位相互配合、密切合作,体现出非凡的团队合作精神。人们心往一处想、劲往一处使,在大家的共同努力下,用超常规的速度,提前一个月完成济阳公园的建设。在原来的一片废墟之上,一座美丽的公园建成了。公园建设者完成了新区领导交办的任务,实现了"奋战6个月建成济阳公园"的庄严承诺。

1994年11月15日,济阳公园落成开园。上海市分管领导在济阳公园的开园典礼上发表了热情洋溢的讲话,并说"济阳公园是市民的公园,是为浦东市民兴建的"。

《东方建设》杂志创刊号上还专门刊登了介绍济阳公园新貌的文字和图片。承接济阳公园建设工程的"浦东新区绿化重点工程指挥部"获当年上海市重大工程建设集体一等奖的荣誉。

（康味菊　周国华）

高大 浓密 粗犷 厚实 多彩

——浦东城市道路绿化的风格和特点

回顾 20 世纪 90 年代浦东大地园林绿化建设轰轰烈烈的情景和艰难历程，总结浦东城市道路绿化建设的丰硕成果，感受改革开放以来浦东新区翻天覆地的变化，不禁心潮澎湃，内心充满自豪。

开发开放之前浦东地区仅有 10 余条骨干道路，总长 254 公里，总面积 182 万平方米。没有绿化带，公路绿化也只有路两侧单一的 2—3 排水杉树，共计 145,978 株。

1993 年之前，上海市人均公共绿地面积为 1.1 平方米，同时期的浦东人均公共绿地面积仅有 0.54 平方米。

开发开放给浦东的新发展带来了巨大的机遇。1993 年 1 月浦东新区管委会成立后，浦东全面展开了道路网的建设。浦东成了一个大工地，计有 1993 年的"七路"工程、1994 年的"五路"建设和组织杨高路沿线 74 家单位共同兴建两侧 80 余万平方米绿地项目、1995 年的"三路"、1996 年的"十一路"建设，1997 年更有以远东大道、龙东大道、外环线、中环线、南干线为代表的"五路"工程相继开工。从张杨路到远东大道，在不到 5 年的时间里，浦东先后建成 28 条高等级的道路和 5 座大型立交，建成的道路总长度达到 360 多公里，形成了浦东新区基本道路网络和道路绿化的特色和风格。

许多人不知道的是，那时候浦东绿地建设的标准是 70 元每平方米。建设者、管理者们以如此少的投入，成就了浦东道路绿化建设的大面积和大格局，造就了浦东新型城区的环境主体。

根据规划，浦东每条新建道路必须要有5条绿带，即中央绿带、两侧机非分隔带、道路外侧两条背景绿带。道路绿地是浦东绿化的重要组成部分，道路绿地面积占道路总面积的比例一直较高。列举如下：环南一大道48.5%，龙东大道51.3%，罗山路54%，远东大道64.5%，迎宾大道68%。据不完全统计，开发开放初期，浦东共建成道路绿地360万平方米以上，加上外环线红线外的100米、400米林带和磁悬浮两侧50米林带等，面积可达480余万平方米。由此可见开发开放初期，浦东的新建绿地65%来自道路绿地。道路绿地也是上海市城市绿地的主要增长点，拉动上海市的绿地指标迅速增长。至1997年，浦东人均公共绿地面积达8平方米。1999年，浦东新区被建设部命名为全国第一个"国家园林城区"。道路两侧线形绿地的相继建成为浦东绿化事业的发展和城市环境的改善做出了非常大的贡献。这是浦东速度、浦东精神在浦东道路和道路绿地建设中的生动体现。

浦东绿化建设得到了市、区各级领导的高度重视，作为亲历者，笔者深有体会。1997年2月1日上午，浦东新区主要领导到远东大道工地现场视察。在十五标会议室，笔者有幸直接向领导作关于远东大道绿化工程设计方案的汇报。当时有同志提出远东大道设计方案能否采用北京杨林大道的方案，以单纯林方式大片种植杨树。对此建议，笔者针对远东大道的具体方案做了比较详细的汇报：地处长江流域的上海地区植物资源丰富、雨量充沛、土壤肥沃，因地制宜地选择易成活、易养管的乡土树种，组织以大量常绿阔叶树为主的混交林，群落稳定，减少病虫害，体现江南的风格。

远东大道绿化设计的具体方案是：两侧绿带宽29米，以杨树、水杉、香樟、泡桐、槐、广玉兰、臭椿等乔木组成高大、浓密的混交背景林；以常绿的灌木珊瑚、夹竹桃、石楠、桂花、落叶的红叶李、紫薇、垂丝海棠、樱花等大规格灌木组成粗犷、厚实的中景绿色屏障；以金丝桃、金丝梅、杜鹃、栀子花、铁扁担、葱兰、萱草、红花酢浆草等小灌木和宿根花卉，以及少量草坪形成细腻多彩的前景；10米宽的中央隔离带中央6米种植凤尾兰、两侧种植各1米宽的火棘和金叶女贞，凤尾兰一年开两次花，在五一劳动节和十一国庆节前后，一串串洁白的菠萝花飘着幽香给道路带来宁静和温馨，火棘的红果和金黄的女贞把凤尾兰的白色衬托得更加明净，将是凤尾兰在远东大道最成功的展现。中央隔离带以低矮小灌木呈地毯式铺开，组成密植条形，构图简洁明朗，色彩跳跃，空间通透；因地制宜地利用小苗源组织中央绿带景观，也是浦东绿化建设初期对苗木供不应求、建设资金不足的一种适应和创造。

远东大道全线两侧混交林高低错落、层次丰富、色彩跳跃、道路宽广、视野开阔、绿量大，呈现出大跨度、快节奏的绿色廊道。方案还就地形、排水、管线、交通、照明、土壤等相关因素对道路的影响，以及影响树木成活率的树木最佳种植时间等进行了汇报和讨论。浦东新区主要领导仔细听取了方案汇报，并对浦东道路绿化方案两侧"背景高大、浓密，中景粗犷、厚实，前景细腻、多彩，中央隔离带简洁、明朗、视野开阔"的特色和风格，给予了充分的肯定。听取汇报以后领导做出"发扬浦东道路绿化的风格，继续大干、苦干三年，把园林式的新浦东带入21世纪"的指示。

远东大道绿化设计方案代表了浦东道路绿化建设的特点：

第一，道路绿化与路桥同步规划、同步立项、同步建设、同步竣工，以最快的速度形成浦东道路绿网。

第二，充分利用上海及江浙沪地区丰富的植物资源，特别是常绿高大的乔木资源、乡土树种的资源，针对上海地下水位高，土壤碱性强，选择抗性强、深根性、管理粗放的树种是浦东道路绿化设计的基本思想。

第三，浦东道路绿化设计，中央隔离带和两侧绿化带前沿基本不种乔木，中央隔离带绿化以低矮的小灌木组成条状绿带，控制高度的做法是充分考虑了组织交通和协调四大管线的因素，既执行市政规范又起到了组织交通的作用。

第四，因地制宜组织两侧绿带的地形景观，摸索出5种地形的堆置形式。不同的地形形式给道路绿化的景观提供了不同的效果。

第五，实行道路绿化养护招投标，是道路绿化长效管理的基本措施。

第六，率先实施道路绿化建设工程的施工监理。

浦东的道路绿地建设逐步形成特色，以远东大道为代表的绿化风格，得到了各级领导的首肯，以及国家级园林专家的一致好评。浦东道路绿化面积的大幅度增长更为上海市创建国家园林城市打下了基础。

浦东道路绿化建设的特色和风格，还具有很强的可复制性。长期以来，对其他城市道路绿化建设产生了广泛的影响。

（康味菊）

世纪之交的园林盛会
——第三届花博会往事

2000年9月23日—10月22日，以"绿都花海——人、城市、自然"为主题的第三届中国国际园林花卉博览会（简称"花博会"）在浦东世纪公园成功举办。该届花博会由原国家建设部和上海市人民政府主办；上海市绿化管理局、浦东新区人民政府、中国风景园林学会、中国公园协会等共同承办。全国各省、市、自治区共计50个城市组团参展。第三届花博会是世纪之交我国园林绿化建设成果的一次盛会，也是浦东新区人民政府建政后成功举办的重大活动之一。

2000年春节后，第三届花博会的各项筹备工作开始启动。4月7日，原国家建设部下发《关于举办第三届中国国际园林花卉博览会的通知》。4月21日，原国家建设部有关领导出席，浦东新区主要领导主持召开第一次花博会组委会会议。新区分管领导带队，前往昆明学习第二届花博会的经验。6月24日，第三届中国国际园林花卉博览会召开新闻发布会，公布了花博会会标和吉祥物。浦东新区城建局与上海市园林局多次讨论办展方案。对世纪公园场地情况以及整个浦东的相关配套设施、环境整治、后勤保障、广告宣传、组织实施等方面进行了全面深入的细化完善。之后，新区城建局有关领导与上海市园林局领导专程赴京，向时任国家建设部领导作了专题汇报。8月11日、9月22日，上海市政府先后召开第二次、第三次组委会工作会议。上海市委领导、浦东新区主要领导分别参加会议。

第三届花博会的筹展工作全面启动。第三届花博会的组委会办公室，借用毗邻世纪公园2号门的浦东气象局大楼集中办公。工作人员由上海市绿化管理局、浦东新区环保市容局、新区土地控股公司以及新区其他有关部门抽调组成。组委会办公室下设工程部、联络部、财务部、安保部、策划部、新闻部、秘书处等"六部一处"。浦东新区城建局垫付200万元资金用于前期启动。对花车认制、海报宣传、户外广告、门票印刷等运营项目进行公开招投标。按照公开、公正、公平的原则，"收支两条线"，确定门票价格，取消赠票。做到规则透明，运作得当。

这届花博会从筹备到开幕历时5个月，时跨夏、秋两季。为使各类花卉长开长艳，工程部率先进园，严把花卉质量关，对不合格的花卉品种责成供货方及时调换，拒收量约达30万盆。"世纪之光"花坛群是该届花博会的亮点，设计方案八易其稿，仅再造地形就耗时40多天。还有"翡翠坡"景点，曾因原地形平缓达不到景观要求而重新整改布展。"都市绿韵"景点，由于地质资料不详，造成工期延误。施工人员紧急调运挖土机，共计投放黄石200多立方米，终于在9月23日凌晨开幕式前竣工。

除了要完成大量的植景栽花外，组委会办公室还协调新区社发局、新区文化艺术指导中心认真策划了花车巡游，开、闭幕式各项比赛和文艺专场演出。协调市区园林绿化、新区经贸局就施工进度控制、食宿安排、后勤保障、参观接待等大量烦琐复杂的工作作了统筹安排。对从国外引进的一些名贵花种，协调海关、机场给予通关便利。动植物进出口检验、检疫局工作人员深入园区现场办公，做到特事特办。税务、物价、卫生、环保等部门也给予了积极支持。新区团工委、武警九支队、海军某部、有关大中专院校和热心社会公益事业的组织、个人，组成了一支近400人的志愿者队伍，共计有4,000多人次义务为花博会提供导游、助游、保洁等服务。

为解决大量游客的就餐及如厕需求，世纪公园专门投资兴建了1个餐厅和5座永久性厕所，增设4个临时厕所。

布展渐入佳境。秉承精心策划、精心设计、精心施工、精心养护的办展理念，第三届花博会在布展手法、景点布局、参展规模、办展时间等方面都有新的突破。中西文化交融、南北风格荟萃、流派艺术纷呈、设计创意新颖成为花博会的一大亮点。近50万平方米的展出空间，分成棕林田园区、观景平台区、湖滨水景区、山林草地区、水生植物区、国外展区等六大景区。以及插花艺术馆、赏石馆、盆景馆、奇花异草馆、园林科技馆、国际展馆等六大室内展馆。集中设置八大花卉板块区和各具地方特色的80个室外景点，展出各类奇花异草200余种，计500多个品种，总计用花量达120万盆，使世纪公园花团锦簇，锦上添花。

"新、奇、高、大"是这届花博会的特点：

新——改变以往盆栽摆放为主的花展惯常方法，而是以栽播和植物造景为主。避免建筑小品、园林仿真微缩景观造型雷同。

奇——相继引进了鸡头王莲、加拿列海枣、酒瓶椰子、跳舞草、猪笼草、老人葵、龙血树、杪椤、珙桐等一批奇花异草。

高——采用国内乃至国际上较先进的园林科研新技术，精心培育一批反季节花卉，如牡丹、郁金香、茶花、草莓、姜花、葡萄风信子等，令花遂人意、竞相绽放。

大——"世纪之光"花坛群整个布展面积达6,800平方米，用花20余万盆，采用大色块、大面积、大写意的手法，组成七彩花带、烘托"CIF"该届花博会会标，令人赏心悦目。

其间，浦东新区主要领导先后10多次视察工作进度，多次到花博会现场慰问工作人员、公安干警和志愿者。新区分管领导亲临决战20天誓师大会现场，进行临战动员。

布展期间正值汛期，曾先后经历"派比安""桑美"两次台风的侵扰。9月中旬正式进入布展"倒计时"，突遭"桑美"台风来袭，刚搭建好的室内大棚面临被刮倒的危险。组委会办公室提出"人在大棚在"口号，连续三天三夜吃住在现场，与抢险人员一起严阵以待，固守大棚。共打树桩100多个，用木棒1,500根，尼龙绳3,000多米，尼龙篷布800多平方米，确保了大棚安全和各种奇花安然无恙。

与此同时，舆论宣传全面展开。有关花博会的消息在新华社、《人民日报》、《解放日报》、《文汇报》、《新民晚报》，以及上视、东方卫视、上海人民广播电台、上海东方广播电台等各种媒体大量播发。宣传标语、户外广告、吉祥物、快报、花博会指南、纪念册、纪念章等多种宣传资料、纪念品制作完成，使花博会的知晓率大大提高。

终于迎来开园高光时刻。9月23日上午，第三届花博会开幕式在浦东新区政府大楼西侧世纪广场举行。组委会主任、原国家建设部副部长赵宝江，上海市委常委、副市长韩正，副市长周禹鹏和北京市副市长汪光焘、天津市副市长王德惠等出席开幕式。31个省市参展团和香港特别行政区代表、19个国家驻沪领事馆官员也出席了开幕式。会上宣读了组委会名誉主任、上海市市长徐匡迪的贺信。举行了以"绿都花海"为主题的花车巡游和方阵表演。21辆花车分为"花之魂、花之情、花之韵"三个序列依次亮相，分别由中国华源集团、宝钢集团、上海市航天局、高化公司、上海机场集团，以及新区各开发区集团公司、夏普、飞利浦等著名企业出资制作，其中，名为"繁花似锦"的彩车由浦东新区环保市容局制作。上海东方电视台对开幕式作了现场直播。

花博会正式开园后，运转一切正常。由于10月1日、2日天气不佳，游园人数尚处于可控范围。10月3日，天空放晴，入园游客猛增达到22.6万人，远远高于事先约16万人的人流上限预估，加之台风原因未实施压力测试，园内所有设施均超负荷运转。

难忘的浦东城建岁月

临近中午，随着地铁 2 号线出站口人员越聚越多，世纪公园 1 号、2 号、7 号门售票窗口发生严重拥挤，公安指挥中心发出预警呼叫。坐镇指挥的花博会组委会办公室副主任、浦东新区有关领导，当即指派公交公司急调 3 辆大巴作为临时售票点，迅速化解了售票窗口压力。

奇花异草馆因进口处狭窄，造成游客大排长龙。组委会办公室当即将进口改为出口，这一"进"改一"出"，人流顿时通畅。

为解决游客就餐等需求，新区经贸局积极协调引入了一批浦东名牌餐饮企业及邮电、通信等网点入驻，在世纪公园 3 号门处辟出专门场地，提供用餐、小商品、纪念品零售等多项服务，满足了游客需求。

开园之后，平均每隔 4—5 天就要换一次花。工作人员利用闭园间隙抓紧施工，累计调换凋谢、枯萎的花卉 10 多万盆，补绿还绿植补草坪近 2 万平方米，确保了各种花卉常开不败。从海南空运彩蝶 1.5 万只适时放飞，置换蜂箱让数万只蜜蜂筑巢。

为加强治安和车流、人流疏导，新区公安局在 7 号门处设立了监控中心，安排警力入驻。国庆期间，又抽调 200 名备勤力量。

针对厕少人多现象，环卫部门调来 5 个临时厕所，增派 200 余名卫生保洁人员应急，但仍满足不了需要。在现场巡查的新区有关领导果断指挥，对个别厕所进行"变（便）通"处置，将男厕临时改作女厕，解决了女厕位不足的问题。

花博会期间入园人数激增，日产垃圾最高达 25 吨，给保洁工作带来了很大压力。整个花博会期间，出动垃圾清运车、抽粪车共 360 多车次。出动保洁人员共 8,080 人次，最多一天出动保洁人员 400 余人，确保了园容园貌的整洁有序。

第三届花博会共接待各地、各级、各类共 200 多个、总计人员逾万的参观团。还先后接待了包括中央和各部委领导、上海市领导及外省市各级领导等近千名参观者。

第三届花博会取得了巨大成功。入园总人数达 150 多万人次，国庆期间的 10 月 3 日，单日入园人数高达 22.6 万人，创下了世纪公园和上海公园日游园人数的"历史之最"。世纪公园成为国庆旅游的"热点"，浦东新区成了名副其实的"热土"。

花博会在营造绿都花海、集中展示上海城市建设形象的同时，也展现出了上海市民良好的精神风貌和爱绿、养绿、护绿意识。游客文明游园，各种名贵花卉未遭遇人为摘损现象，整个展期，园内未发生一起治安和刑事案件，更是令人感慨和称道。

其间，组委会办公室还开通了游客咨询、投诉电话。共接听电话 3,000 余次。大多属咨询电话，其中投诉电话仅 40 余个。收到人民来信 10 余封。对来电、来信中反映的批评意见和建议，办公室都给予了及时回复。

组委会特设立室外景点、插花艺术、盆景艺术、赏石艺术、奇花异草、科技成果等六大展评项目，评出金、银、铜奖和特别奖、优秀奖共 318 个，其中金奖 41 个。

该届花博会人气之旺、效果之好、成果之丰，远超主办部门的预期，并产生了花博会综合效应，也给餐饮、旅游、花卉业、交通等行业带来了商机。地铁 2 号线客运量猛增，连创开通运营后的新高。世纪公园周边万邦都市等多个新建楼盘借"花"献"房"，大做售房广告。花博会走出了一条采用市场化运作方式办展的成功之路，取得了很好的环境效益、社会效益和经济效益。累计门票收入 3,000 多万元，新区城建局将盈余的 1,000 余万元全部上缴新区财政。

该届花博会还确定了花博会的会标和会旗。10 月 22 日，在东视演播厅举行的闭幕式上，浦东新区与第四届花博会主办城市——广州市进行了会旗交接。该届花博会的成功举办，体现了上海水平、上海特色和上海效率，提升了花博会的品牌效应。依托市、区两级政府的密切合作，所取得的这些成就，对于拓展会展服务功能、发挥新区的地域优势、提升浦东开发开放的水平，都具有十分重要的意义。

更令人印象深刻的是，花博会的举办时节，浦东新区人民政府建政仅数个月，百业待兴，工作千头万绪，对政府相关各委办局是一大考验。在原国家建设部和上海市委、市政府的领导下，浦东新区政府，特别是城建、绿化、环保、市容、环卫等行业主管部门，不负使命、勇于担当，交出了一份合格的答卷。

花博会闭幕之后，浦东新区政府隆重召开表彰大会，对一批先进集体、建设功臣、记功个人和优秀组织者进行了表彰。

第三届花博会办得精彩、圆满、成功。在跨世纪的浦东开发开放新征程中，留下了十分难忘的一页！

（居其明）

美的使者

——浦东开发开放早期的城市雕塑

黑格尔认为：雕刻与建筑一样，是"就建筑单纯的感性物质的东西按照它的物质的占空间大形式来塑造形象"。

浦东开发开放之前，本是阡陌交通、炊烟袅袅之地，基本上没有城市雕塑作品。

自20世纪90年代初开始，随着大规模城市建设的高速推进，浦东新区的经济和社会文化事业迅猛发展。新区大地不断矗立起现代化的新型城区，涌现出一个个新颖别致的国际化城市空间。这些都为城市雕塑的创作提供了广阔的舞台。鼓励雕塑家创作，营造城市雕塑精品，美化城市环境，提升浦东新区的文化品质，是新区建设者、管理者的普遍共识。与此相关的规划举措、具体的实施安置等，有关领导高度重视，广大居民也热切关注。

浦东城建人为"美的使者"提供了广阔的舞台……

在上海市雕塑委员会领导的关心和指导下，1994年浦东新区就开始酝酿城市雕塑的主题，组织筹备实施。

1994年浦东城建局牵头，组织编制1995年经新区管委会批准执行的《浦东新区绿地系统规划》，其中有关于城市雕塑及雕塑绿地建设的篇幅。该规划指出：城市雕塑具有强烈的艺术感染力，是城市中立体的、凝固的艺术，是一座城市历久弥新的文化财富，也是城市文化和城市历史的载体和积淀。《浦东新区绿地系统规划》特别提出在陆家嘴、南浦大桥广场、三叉港、三甲港、金桥、张江、杨高路、外高桥等10余个地块，建设永久性的城市雕塑。还计划在浦东新区建造一座雕塑主题公园。《浦东新区城市雕塑的第一期规划》也很快编制完成。

1996年初，浦东新区正式成立雕塑委员会。新区管委会分管领导任委员会主任，新区党工委宣传部、规土局、社发局、城建局等党政部门领导分别任副主任。各大功能开发区的负责人任委员。浦东新区雕塑委员会办公室（简称"雕办"）设在新区城建局，由分管景观园林工作的副局长任主任，李增祥、徐昕棣、康味菊为副主任。明确城市雕塑的立项、方案设计、审批、现场选点、项目推进等一系列工作由"雕办"和绿化重点工程指挥部负责实施。

在1995—1996年的2年间，浦东新区便集中诞生了"腾飞""活力""纽带""五牛""大地回春""上南公园浮雕""济阳公园雕塑小品"和"'名人苑'科学家形象雕塑"等10余组大型雕塑作品。浦东新区成立以来的这些首批城市雕塑作品，大多以彩色不锈钢和铸铜等材料制成。它们的相继落成开创了浦东大型城市雕塑作品的先河。引人瞩目、寓意深刻的雕塑作品既是浦东开发开放的历史写照，也寄托着无数建设者投身开发开放、奉献浦东美好未来的情怀和热血。这批雕塑作品的诞生对优化城市环境、提升城市文化品位都起着重要的作用。

"腾飞"和"活力"是浦东新区最早落成的两组城市雕塑，是上海油画雕塑院副院长赵志荣的作品。

"腾飞"坐落在金桥开发区杨高路金海路口。雕塑由白色的不锈钢管和不锈钢板制作而成，形体舒展、有力，形态似一对羽翼丰满的翅膀，寓示着浦东开发好似展翅翱翔的鲲鹏。

"活力"是浦东新区建设的第一座大型城市雕塑群。这组雕塑由红、黄、蓝三种彩色钢板组成，共五个单体，汇成三组，坐落在杨高中路、罗山路大型立交桥这一特定的绿色环境中。红色一组最高，由三个高低错落的单体，竖向高达 20 余米，耸立在蔚蓝的天空中，形似燃烧的火焰、涌动的浪花，充满着活力。蓝色和黄色体量较小，点缀在绿地中，将红色主雕与罗山路立交桥体相互烘托。这组雕塑气势磅礴，显示了浦东开发的力度和浦东人的壮举。它构图简洁、明快，特色鲜明，与罗山路立交桥委婉旋转的线条相协调，构成了立体美、空间美、色彩美的统一和谐。多家媒体多次报道过这组宏伟的雕塑作品。它代表着浦东早期城市雕塑作品的成就和水平。

"纽带"是一座不锈钢构成的大型雕塑，高达 16 米，横跨 20 余米。结构厚重，意境深邃。1997 年落成于南浦大桥龙阳路立交桥下的南浦公园广场。雕塑"纽带"寓意连接浦江两岸，东西联动，助推改革开放，实现和谐发展的美好愿望。

雕塑"五牛"是著名雕塑家陈大鹏先生的作品，由泰星集团泰越房产有限公司投资建造，坐落在浦东大道五牛城群楼前的泰星广场上。雕塑主体雄伟、高大，由金黄色铸铜制成的五头牛神采各异，栩栩如生，充分体现了神牛倔强的性格和强健的体格，表现出浦东开发热火朝天、牛气冲天的精神状态，体现了浦东人的浪漫情怀。"五牛"所处的位置不够开阔，也缺乏绿地的衬托，故感觉有些拘谨。

雕塑"大地回春"落成于 1994 年春天，坐落在唐镇露德圣母天主教堂前、唐墓桥下的一片中心绿地中，曹家沟在这里缓缓穿过。

浦东早期建成的城市雕塑作品中值得一提的还有"名人苑"以孔子、张衡、伽利略、莎士比亚、牛顿、莫扎特、托尔斯泰、爱因斯坦等一批中外历史名人为原型的雕塑群。这组写实风格的人物雕塑群仿佛是知识的殿堂和思想的宝库。创作者希望为人们定格中外历史名人智慧、毅力、勇气乃至生命付出的典型瞬间，让后人满怀崇敬和虔诚去走近他们。

在公园绿地中还有上南公园以石材制作的七彩广场上的浮雕"典故

墙"、济阳公园的园林雕塑小品等。

这些雕塑的诞生都得到了上海市、浦东新区领导的高度重视。上海市主要领导曾亲自审定雕塑"纽带"的方案和放置点，新区管委会领导还出席了"五牛"群雕的落成典礼。

每座雕塑作品都倾注了雕塑家们的心血。所有的雕塑建造方案都经过了规划、建筑、园林、生态环境、文化艺术等各方面专家的反复论证，并得到著名雕塑家章永浩先生的指导。

这些雕塑的成功建造是浦东各相关部门大力支持、共同努力的结果。30多年来，浦东新区的城市雕塑由早期的10余组，发展到如今的500余组，它们屹立在浦东大地，在绿地、蓝天的映衬下蔚为壮观，已经成为浦东城区不可或缺的重要景观和精神元素。它们是城市的灵魂、是历史的凝固、是民族情怀的体现，鼓舞着人们发扬光大浦东精神，推动开发开放更深入的健康发展。

凝望着多姿多彩的城市雕塑作品，我们不禁为浦东的发展成果而骄傲！更为曾经的付出而自豪！

美的使者，来到了浦东大地上，为浦东带来了欣欣向荣，万紫千红……

（康味菊）

环保天使在行动

——记浦东新区现代化环境监测

浦东,水更清,天更蓝,花更艳,这是因为一群浦东城建人在为环境保护默默地奉献,由此他们被誉为环保天使……

环保一声号令,环保在行动……

1993年4月,浦东新区环境监测站正式成立。在当时的浦东新区城市建设局(简称"浦东城建局"),以及后来的浦东新区环境保护和市容卫生管理局(简称"浦东环保局")的直接领导和大力支持下,新区的环境监测工作,始终坚持环境监测服务浦东环境管理的正确方向,为新区环境保护大业提供技术支持、技术监督和技术服务,对促进浦东生态和谐、环境质量的明显改善和提高,进一步推进新区经济社会健康发展,进一步深化改革开放,助推二次创业等,都做出了应有的努力和奉献。在实践中,浦东的环境监测事业也得到了充分的发展和提高,新区环境监测站成为人员素质良好、监测技术装备精良、能全面开展环境监测工作的可靠集体,曾先后获得上海市文明单位、全国先进环境监测站等荣誉称号。

高标准组建新区环境监测站。开发开放以来,浦东新区经济高速增长,城市面貌日新月异。为促进可持续发展,实现新区经济、社会、环境和谐共生的目标,环境保护工作任重而道远。在浦东新区建政之初划定的522平方公里范围内,环境监测任务繁重、责任重大。新区有关领导以高标准和与新区发展相匹配的高要求,规划建设新区环境监测站。

难忘的浦东城建岁月

确定浦东新区环境监测站为公益性、科技类事业单位，副处级、定编60人，比当时上海市各区县环境监测站普遍的科级、定编30人，具备了更大的发展空间。相关领导也提出了建设浦东新区现代化先进监测站的远景目标和具体要求。

引进和培养科技人才，建设过硬的环境监测队伍。组建一支专业队伍，是开展环境监测各项工作的基础和必备条件。在上级部门的支持下，环境监测站严格把关，重点引进一批科技骨干和专业对口的高等院校毕业生。经过系统的专业培养和全方位的监测实践，形成一支具有5名高级工程师（其中2名为教授级高工）、20名工程师和23名初级技术人员的专业队伍。人员的专业资历结构、业务技术水准，相比市内同级环境监测站更为合理，也更加优良。高、中、青搭配，年轻一代在专家的带领下，在工作实践中不断得到锻炼、成长和提高，成为现代化先进监测站的坚实骨干和可靠力量。

加大投入，建设现代化的监测站。购置先进技术装备，使新区环境监测迈向现代化、自动化水平。

新区环境监测站是在原川沙县环境监测站的基础上成立的。原有的监测仪器普遍落后，而且数量很少，监测能力较低。为了大幅提高新区环境监测站的实际能力和技术水平，新区财政先后拨款1,000余万元，引进先进的仪器装备。其中，大中型进口仪器计42台套，多数是从美国、日本、德国公司引进的先进产品，列举如下。从美国公司进口的大型仪器有：PE公司5100原子吸收分光光度计，PE公司200B/1500/TVRBO高效液相色谱仪，戴安公司DX-500离子色谱仪等。从日本进口的仪器有：岛津GCL4气相色谱仪，日本光明理化汽车HC/CO排气测定仪，日本LCKBOD-2100 BOD快速测定仪等。从德国进口的仪器有：德尔格MSI-150OCS便携式多工能SO_2测定仪，德尔格2000型烟气分析仪，德尔格CMS检测管分析系统等。

这些进口仪器大大提高了环境监测元素分析的灵敏度和准确度，其自动化的操作手段，也扩大了环境监测可分析对象的范围。

此外，监测站还购进一批用于化学事故应急救援侦检设备和有毒气体检测仪（包括易燃易爆气体监测系列）。这些高精度的监测分析仪器的引入，极大地扩展了监测分析元素的项目，增强了分析灵敏度、准确度和自动化程度。对于新区的环境监测具有开创性意义，也是浦东监测工作走向现代化的重要标志。

装备了一辆噪声监测车（投入80万元），可连续自动监测功能区环境噪声、道路交通噪声，并设立区域噪声自动监测指示牌，提高民众对环境噪声的关注度。为了提高监测采样的效率，浦东新区还配备了9辆环境监测车（原来只有2辆），大大提高监测工作效能。

环境空气质量自动监测站的建设。建设环境空气质量自动监测站，是浦东新区环境监测向现代化、自动化迈进的又一个重要标志。空气质量自动监测站是一个复杂的高科技系统工程，建设成本巨大、运行费用高昂、技术要求严格，包括站址选定、自动采样、自动检测分析、数据运算、远程传送、统计、报告等不同部分的系统集合和海量的即时运行模式。在当时，环境空气质量自动监测系统只有少数省会城市才有能力建设。

1998年，有关方面决定建设浦东新区环境空气质量自动监测站。按全区功能规划，新区环境空气质量自动监测站共建6个子站、1个母站。因财力和技术力量原因，分两期实施建设。一期政府拨款260万元，先建1个母站，后建潍坊站、川沙站2个子站。取得经验后，二期增建张江、高桥、金桥和六里4个子站。空气自动监测仪器选用美国API公司的产品，配备有监测SO_2、NO/NO_x、CO、O_3（$CH_4/CnHm/TCH$）、TSP等6个污染因子，是当时较先进的系统配置。可测报瞬间值、小时值、日均值（当时是按国家规定测报SO_2、NO_x、CO、NO、

O_3、TSP、PM2.5），其他因子待以后开发。

新区环境监测站充分发挥自身专业技术优势，攻克技术难关，安装调试。历经4个月的辛勤努力，达到各项参数指标并完成调试报告。新区环境空气质量自动监测站一期2个子站建设，从规划选型订货到安装调试运行出数据，只用一年时间，于1999年6月开始试运行。

一期环境空气质量自动监测站的运行、数据的日报，各方反映良好，客观上加速了二期4个子站的建设。二期工程于2001年3月安装调试完成。有关点位数据并入上海空气自动监测网和国家监测网，新区站正式进入国家监测网行列。浦东新区后来的空气自动站建设扩大到9个。还新建了2个地表水自动监测站、18个区域和交通噪声自动监测站、25个污染源水质监测站等。新区空气质量自动监测站建设、运行的成功实践，为相关监测领域的拓展，为环保技术人才的培养打下了坚实的基础。

监测数据质量保证管理体系的建设。环境监测数据是环境监测站的直接产品，也是其生命之所在。新区环境监测站每年要提供海量数据，确保每个数据的正确可信十分重要，也是一道必做的难题。环境监测中有句名言："一个错误的数据比没有数据更坏。"因为错误的数据必然导致错误的结论，绝不能认为有了先进的监测分析仪器就肯定会导出正确的数据。环境采集分析样品受时间、空间变化的影响。样品采集、样品保护、输送保障、取样分析、数据处理等一系列过程，都可能遇到各种不确定因素的干扰。还有，再先进的仪器也都可能有人为操作导致的疏忽甚至失误。所以，必须建立数据监测管理的质量控制保证体系，以确保监测样品的真实性、代表性和准确性，以便更有效地为环境管理服务。

新区环境监测站从如下三个方面着手，保障监测数据的可信和可靠：

一是提高监测分析人员的技能。组织多种形式的学习班，学习分析方法，掌握操作先进分析仪器。参加上海市环境监测中心的实样考核，通过考核取得上岗合格证者，再持证上岗出数据。

二是严格遵守环境监测总站制定的质量控制规范要求。结合实际，制定环境监测全过程的数据控制体系，包括各类污染物样品采集规范，样品存放运送的保护措施，样品分析中的平行样、加标样、标控物和审核等控制措施。做到数据有控制，可验证，能复查。

三是取得国家级、市级资质。自1994年起，新区环境监测站多次参加上海市技术监督局组织的计量认证评审，通过评审取得公证数据资质，还曾通过中国实验国家认可委员会的"国家实验室"的评审。

环境监测为环境管理服务。经过严谨扎实的建设和发展，新区环境监测站在监测队伍的技术能力、监测仪器装备的先进水平、监测能力等方面都得到全面的提高。可以监测的项目达120项，所提供的监测数据以数十万计，完成的各类监测报告达上千份。这些都为浦东新区的各类环境管理、污染治理、生态建设服务等工作提供了重要的依据和保障。

编写浦东新区环境质量报告书（为上海区、县首个编写环境质量报告的区域）。自1994年起，新区每年都向有关领导、相关部门提供新区环境质量报告书。综合当年的环境监测数据，反映环境质量状况及变化情况，标识各类污染物的排放数量和污染物治理的效果变化，是有关部门了解浦东环境保护相关数据的重要参考资料。

对新区436家重点污染企业实行法定监督监测。监测站每年分4次不定期对治理企业实施抽查监测，大力支持对超标排放的排污收费，促进污染排放企业严格运行治理设施，做到达标排放。

加强对新建和改扩建有污染物排放企业的治理设施。监测站依规对治理设备在正式生产前通过验收监测，确保环保"三同时"政策落到实处，使经济发展避免"先污染，后治理"的老路。

除法定的常规监测服务之外，新区环境监测站还大力开展为环境建设、污染治理所提供的相关监测服务。

1994年，新区在内环线区域，开展无烟区建设。在较短时间内要处理改造370台污染严重的燃煤炉灶，并以燃气、燃油等清洁能源的中小型锅炉来取代。在无烟区建设过程中，环境监测站全力配合废气的监测工作，使内环线内区域环境空气质量有了明显的好转和提高。

1997年川杨河综合治理工程。川杨河上设有3个自来水厂取水口，为饮用水源地。水质监测表明水质污染十分严重，而且居民反应强烈。1997年新区投资数千万元整治川杨河（尤其是北蔡段）。经过拆除两岸违章建筑、清除污染源、拆除粪码头、截流纳管生活污水、建设绿化带、加大引（入）清（水）等一系列整治工程项目的实施，川杨河面貌整体改观。新区环境监测站所负责的水质监测工作一直为川杨河整治工程提供依据和参考。整治工程完成后，川杨河水质尤其3个水厂取水口处，水质明显好转，水质考核的主要指标COD、DO等，均达到外用水Ⅲ级标准。

汽车排放尾气的监测。随着汽车数量的快速增长，汽车尾气成了上海市空气污染的主要污染源之一。为了控制汽车尾气污染的增长趋势，改善城区空气质量，市环保局自1996年到1999年连续4年统一布置全市开展汽车尾气的抽查检测工作。在交警配合下，新区环境监测站在杨高路和龙东大道专门设岗，抽测行驶中的汽车。4年监测各类车辆共计18,069辆，汽车排放尾气达标率平均在45%以上。这为管理部门加强汽车尾气排放的管理，提高整治技术水平，实施改善空气污染的相关强力措施，提供了重要的依据。后续到2001年5月，浦东汽车尾气检测数据共计2,055台（次），尾气达标率提升到81.0%，表明新区汽车尾气排放整治有明显的成效。

参与企业生产事故造成的环境空气和水体污染的监测和处理。浦东高桥地区化工企业密集，20世纪90年代曾发生多起污染事故。环境监测站利用化学事故应急侦检设备、有毒气体检测仪器、快速检测管理等装备，提供实时数据，参加污染事故周边区域的监测工作，协助消防、化救专业队伍，控制污染物扩散和安全影响范围。

自1993年4月成立到2000年8月近8年时间，浦东新区环境监测站经历了第一阶段的建设发展，实现了高标准、现代化监测站的建设目标，为以后的健康发展奠定了基础，也进一步拓展了环境监测领域的服务范围。在以后的岁月中，随着浦东新区新的环境监测大楼的建设，更多高精尖监测仪器设备的引进，空气、地面水、废水污染源和噪声等各类自动监测站得到更全面的建设和应用，浦东新区环境监测工作必定会做出更显著的成绩。

浦东的环保人在行动，人们期盼环保天使的护佑……

（汪志达）

为了浦东这张城市名片

——在创建国家卫生城区的日子里

浦东,处处绽放着现代文明的花朵,这是由千千万万的浦东人用辛勤汗水共同浇灌的……

为了浦东现代文明的这张城市名片,浦东城建人更是付出了更多的汗水与心血……

创建国家卫生城区,正是浦东城建人孜孜不倦的追求……

1989年3月7日,《国务院关于加强爱国卫生工作的决定》发布,决定指出:用开展群众性爱国卫生工作的办法,同疾病作斗争,是我国创造的成功经验。要围绕"二〇〇〇年人人享有卫生保健"的战略目标,开展爱国卫生活动。1989年10月,全国爱卫会发出"在全国开展创建国家卫生城市活动的通知"(简称"创卫")。1990年评出全国第一个,也是唯一的"国家卫生城市"——威海市。

根据《国家卫生城市标准》,"创卫"工作内容主要有十一大项:爱国卫生组织管理、健康教育、市容环境卫生、环境保护、公共场所、生活饮用水卫生、食品卫生、传染病防治、城区除四害、单位和居民区卫生、群众满意率。11大项工作又分解为65小项工作。

"创卫"检查主要有:对标《国家卫生城市标准》,一是日常考核和阶段性自查;二是上海市爱卫会检查,又称"预检";三是全国爱卫会检查,又称"国检"。

"创卫"程序主要有:(1)申报:浦东新区向上海市爱卫会提出申

报；市爱卫会经"预检"后向全国爱卫会提出申报。(2)评审：全国爱卫会接到省、自治区、直辖市爱卫会的推荐或申报后，由全国爱卫会办公室组织有关专家对申报材料进行审核，并根据审核结果适时组织调研和暗访，调研和暗访次数可能是一次或是若干次。(3)授牌：全国爱卫办对于切实具备考核条件的申报城市，在调研和暗访的3个月后做出考核鉴定。根据《国家卫生城市考核鉴定和监督管理办法》，直辖市以外的设市城市和直辖市所辖的行政区统称城市，其中，凡通过评审的，前者命名为"国家卫生城市"，后者命名为"国家卫生城区"。(4)复申：以3年为一个周期，复申不达标的，撤销命名。

1993年，盛静忠在浦东新区城建局城市管理处工作，当时，浦东还是一个待开发或者正在兴建的城区，他和早期开发者一样都为能直接投入建设新浦东而感到满足和自豪。有一天，城建局分管局长找到他，说让他去"创建办"工作。他心里嘀咕：这不是让我从一线转二线吗？见他一时语塞，领导做起思想工作来了："创卫是城市名片、是投资环境。"末了，还加了一句"通不通，三分钟"。老盛便走上了这个无人知晓的新岗位。

"创建办"是一个非常设机构，其全称"浦东新区创建国家卫生城市领导小组办公室"，浦东新区城建局分管局长为主任，社发局的分管局长为副主任。盛静忠作为办公室工作人员，负责联络市容环卫方面的工作。具体涉及街面道路的市容环境卫生、公共场所环境卫生、除四害、单位和居民区环境卫生；联络单位有13个街镇（陆家嘴、潍坊、张家浜、崂山、梅园、歇浦、洋泾、塘桥、南码头、周家渡、上钢街道和杨思、高桥镇）和市容、规土、工商、公安以及环卫、道路养护作业单位等。当时创建办只有6人，"你们都要独当一面，充当钦差大臣的角色"，这是创建办主任对大家的信任和嘱托。由于工作面广量大、联络频次高，工作节奏相当快，即使晚上回家休息了，电话联系工作

难忘的浦东城建岁月

也是常态。回顾创建办的工作历程,真是辛苦但快乐着,特别是1995年"国检"成功、1999年复申通过时,创建办全体同志内心只有一个字——"值"!

浦东"创卫"因地制宜独出机杼,走出一条不平凡之路……

1993年浦东新区管委会成立后,把"创卫"工作纳入国民经济和社会发展规划;1993年,建立和健全了三级"创卫"组织构架:成立浦东新区创建国家卫生城区领导小组,浦东新区管委会副主任为组长,各委办局分管领导为成员,并设浦东新区创建国家卫生城区领导小组办公室,13个街镇设创建国家卫生城区领导小组及其办公室。在此组织构架下,浦东新区"创卫"工作有序展开。

实施分阶段"创卫"的部署,即1995年迎"国检"的范围为浦东城市化地区,涉及13个街镇。1999年迎"国检"的范围为浦东全域,即城乡一体化"创卫"。

对标《国家卫生城市标准》,制订浦东新区"创卫"工作计划,制作任务分解表、工作进度表。浦东人高标准、严要求,明确"国检"前2个月,静态管理基本到位。包括环卫设施设备完好;清扫保洁率100%;垃圾收集运输密闭化、日产日清、城市垃圾无害化处理≥80%;粪便密闭化运输,城市粪便无害化处理率≥70%;公厕管理规范、二类以上公厕比例不低于10%;市容环境整洁:街道路面平整、路边沟渠畅通、无污水坑凹、无残墙断壁、无垃圾渣土、无乱搭乱建、无乱堆乱放、无乱写乱画乱贴和乱设摊、乱挂衣物,随地吐痰现象明显减少;沿街单位门前"三包"环境卫生责任制落实;沿街标语、广告、门牌、门匾设置合理、图案规范完整;临街楼房阳台整洁、封闭规范;主要商业街灯光亮化工程;沿街电信线路暴露少;城区无卫生死角、无违章饲养畜禽;主要街道有适量的街头绿化美化景点和若干花园式单位;集贸市场管理规范,给排水设施完善,经营食品严格执行食品卫生法，配有专兼职卫生管理、保洁人员；建筑工地管理组织健全，卫生制度落实，工地清洁，物料堆放整齐；车辆运输无遗洒、滴漏，职工食堂符合卫生要求，工地临时厕所清洁等。

实行自查、区检和例会制。自查，即按照条块结合，以块为主的原则，各街镇全面掌握本区域的"创卫"进展情况、存在问题以及整改措施，确保不拖新区后腿；区检，即新区创建办牵头相关街镇和条线部门实地检查，对存在的问题，一般当场商定整改方案或者联合执法方案；例会制，即新区创建办召集各街镇创建办、各条线部门，每月召开例会，汇报"创卫"情况、反映存在问题以及需要新区协调处理的事宜，商定联合执法工作。

红旗街镇评比。由创建办牵头，每月检查各街镇市容环境和评分，按上海市市政管理委考核标准：红旗（90分以上）、绿旗（80—89分）、黄旗（75—79分）、灰旗（74分以下），促进各街镇自我加压、主动作为、注重提升。美化一条街。按照新区"各街镇每年创建1—2条美化一条街"的要求，由各街镇年初提出申请，在综合平衡的基础上，由新区立项予以财政安排。对列入美化一条街项目的，对道路两侧的立面（包括招牌、卷帘门、门头、电线杆移位）、路面、绿化进行统一改造。由此逐年积累，提升中小道路的景观档次。

专项整治。由创建办牵头市容、工商、规土、公安等执法部门对主要区域（陆家嘴区域、大桥立交周边区域、城乡接合部等）和主要道路（杨高路、东方路、张杨路、罗山路、浦东大道、浦东南路、迎宾大道等）开展乱设摊、夜排档、"拆违"、渣土等整治。

临战冲刺。尽管日常已经打了基础，但在全国爱卫会临检阶段还会出现动态违章，为此，1999年，新区发出了奋战60天、"国检"不失分的要求。各街镇、村居和企业把不设摊、不跨门经营、不乱晾晒、不乱丢烟蒂果皮宣传到每家每户，对设摊户则一对一做思想工作，动员其不出摊。由机关干部、大中学生、村居干部、退休人员组成的志愿者队伍达3,000余人，分布于主要道路、渡口、大型商场以及星级厕所，及时劝止不文明行为，消除动态违章。1995年，浦东新区获得"国家卫生城区"称号、1999年通过复申保持"国家卫生城区"称号。

浦东新区通过政府组织、街镇负责、部门协调、群众动手，科学治理，循序推进，取得了创卫工作的丰硕成果。

人民城市人民管，管好城市为人民。浦东在"创卫"中，擦亮了这张城市名片，也为广大浦东市民创建了更加完美的生活环境。

"创卫"，让浦东更美好；"创卫"，让生活更美好！

（口述：盛静忠　撰写：陈惠明）

浦东，亮起来了

浦东之夜，亮起来了，且越来越明亮，宛如一座"不夜城"……

开发开放之前，浦东的城市化地区只有毗邻黄浦江东岸沿浦东南路和浦东大道两条主干道两侧伸展的狭长地段。这些地段分别隶属于黄浦区、南市区和杨浦区。与一江之隔的浦西相比较，浦东建筑破旧，道路狭窄，环境脏乱……城市景观乏善可陈。到了夜晚，更是一片黑暗，没有姹紫嫣红的户外广告，更没有灯光如昼的绚烂美景。

开发开放后，伴随着大规模、高强度的基础设施建设，一座座标志性建筑在浦东拔地而起，现代化城区建设日新月异。城市景观建设日益成为浦东新区形象建设与功能开发的紧迫性需要。景观建设要与建设工程同步实施，让城市形象与城市功能互为映衬、相得益彰，已经成为浦东新区建设者和管理者的普遍共识。

开发开放初期，浦东的景观建设主要由浦东新区城市建设局下属城市管理处牵头负责。当时，面临资金匮乏、人手极少、经验不足、社会理解不够等各种困难。景观建设工作主要依托环境整治、设置大型灯光广告牌、建设大楼景观灯光等方式来推进。

1993年，为了迎接杨浦大桥建成通车，城管处与洋泾镇、歇浦路街道等大桥周边区域的单位携手合作，组织十多家广告公司，精心设计环境美化方案，建成近百块大型灯光广告。各单位通力合作，如期完成了杨浦大桥周边地区综合整治任务，亮化、美化了大桥周边环境，得到上海市、浦东新区领导的表扬，广大居民群众也一致称赞。

张杨路在拓宽重建之前，原本是一条宽不足10米的窄小道路；道路两侧散布着脏、乱、差的"城中村"，房屋破旧，垃圾遍地，污水横流……在相关领导的大力协调和推进下，张杨路的改扩建工程全面实施，在地下建成了国内第一条共同沟，把所有管线都集中纳入宽敞的地下通道。宽阔的道路中央设置了高大密实的隔离绿化带。为进一步美化环境，城管处特地在张杨路浦东南路至世纪大道段的绿化带中设置了灯光景观，高雅靓丽的观赏效果格外引人瞩目。

1996年，位于东方路的新区城建局办公楼外墙上建成了浦东新区第一块大型景观灯光广告牌。面积近300平方米，精心设计的喷绘画面把浦东当时已建成的高楼大厦和标志性景点融为一体。白天色彩鲜艳、引人注目，晚上灯光亮丽、蔚为壮观。同年，为迎接第一次在浦东举办的上海旅游节，在小陆家嘴、浦东南路、东方路、张杨路等多处地点，城管处组织有关方面埋设射灯，悬挂彩灯，建设五彩缤纷灯光景观，与绿化、树木、道路设施等巧妙结合，营造出喜庆热闹的节日氛围。

1999年，在世纪大道即将建成之际，在没有政府资金投入情况下，城管处广泛发动，多方募集资金，会同20多家广告公司，设置了300余块大型灯光广告牌，在进行浦东开发建设等内容公益宣传的同时，也遮挡住当时世纪大道两侧的破旧建筑，为美化周边环境起到了一定的作用。

随着浦东开发建设的快速推进，如何进一步美化市容环境、提升城市形象、更好吸引投资，显得越来越重要。

1998年，浦东新区管委会领导提出"绿、洁、亮、畅、美"的城市建设目标，要求在中心城区设置高雅、长效的景观灯光，与浦西的外滩灯光景观相得益彰，真正"让浦东亮起来"。

为了认真落实有关要求，在适度加大资金投入力度、建设公共部位景观灯光的同时，城管处会同陆家嘴开发公司等单位、部门，重点针对小陆家嘴地区所有已建成和在建的高楼大厦，上门一家家做工作，提要求，最终让各大楼的景观灯光逐步建好并相继亮了起来。

为确保已有的景观灯光能够亮出效果，在上海市无线技术研究所支持下，仅用1年左右的时间就建成了浦东新区景观灯光监控系统，对小陆家嘴地区大楼景观灯光进行集中开关监控。

自1999年9月25日起，在中华人民共和国成立50周年前夕，小陆家嘴中心区成功实现了天天亮灯，初步实现"让浦东亮起来"的目标，景观建设者为国庆献上了一份厚礼！该系统集中监控的景观灯光不仅包括各楼宇灯光，也包括浦东公共建筑部位的重要灯光。特别是经过管理部门的艰苦努力，加上各楼宇建设单位的理解、支持与配合，小陆家嘴中心区实施集中监控的楼宇由最初的几幢不断扩展，到2000年底达到45幢，超过早在1995年就建成的黄浦区灯光监控系统监控大楼的总数。

浦东新区景观灯光监控系统的建成，不仅大大提高了城市景观管理的效率，也有力推进了浦东全区景观灯光建设，更为推进上海全市景观灯光集中监控做出了重要贡献，让浦江两岸的灯光景观成为全上海乃至全国最靓丽的城市风景线之一！

夜幕降临，浦东大地上已是一片灯的海洋，绚丽的灯光，更加迷人……

（马　鹰　贺仁平）

难忘浦东绿化大发展年代

——浦东创建国家园林城区纪实

"即将步入古稀,我的很多记忆都渐渐淡去,但对20世纪90年代浦东绿化大发展的情景却始终难以忘怀!"一位退休老领导曾经深情地如此回忆道,听起来不禁让人感动泪目。时光荏苒,岁月蹉跎,转眼就到了2021年,浦东开发开放已经走过31年的辉煌历程。当我们再次回顾1993—2000年艰苦奋斗的浦东绿化大发展年代,重温那段光荣与梦想同在的峥嵘岁月,更加感慨万千……

浦东新区也曾"绿荒"

浦东新区的前身有很大部分是位于原川沙县境内的农村地区。早年除了海塘防护林、市县级公路行道树、农村零星的"四旁"植树外,几乎看不到更多的树木。除少许古树名木,也基本上见不到有点规格的大树。方圆500多平方公里区域内仅有川沙、高桥、浦东、长青、蔓趣等几个仅有几十亩面积的小公园,其中浦东公园在东方明珠电视塔开工建设期间还被关闭。至于能供人们休闲的大草坪,更是求之不可得的奢侈品。当时浦东新区各项绿化指标都很低,人均公共绿地面积仅0.54平方米,绿地覆盖率仅8.41%,整体绿化面貌比人口拥挤的上海原南市、闸北等区还要差。如此这般的绿化环境让浦东人得了"绿化饥饿症"——1992年杨高路竣工庆典时道路两旁堆放的2万盆草本花卉大受青睐,一夜之间一棵不剩地被附近居民悉数捧回家。

开发开放带来契机

浦东开发开放，既为社会经济发展插上了腾飞的翅膀，也为浦东绿化的大发展带来难得的历史机遇。行政区划和行政管理刚统一的1993年，浦东就在全长20公里的杨高（中、北）路两侧各20米及道路中间开展绿化带建设，一次性建设规模之大，创下上海绿化史的先河。

1994年1月，新区管委会召开浦东新区环境工作会议，即把绿化建设放在环境建设之首，明确提出要将浦东建设成为现代化的花园式城区。在各项基础均十分薄弱的当时提出这样的目标，既是一种高瞻远瞩，更是一种自我加压和责任担当。新区主要领导结合新区实际提出的"绿、洁、亮、畅、美"环境建设管理五字方针，把绿化放在了首位，为政府部门指明了方向和重点。为配合龙阳路、张杨路、金桥立交桥等"七路""五路一桥"市政工程，开展大规模绿化建设，仅张杨路就建成全长14公里、宽20米的道路中间绿化隔离带。1996年10月，为使浦东更快"绿起来"，新区管委会办公会专题研究绿化工作。会议做出一项重大决策：每年新增公共绿地100公顷以上（至少占全市一半），区级负责的公共绿地建设财政资金每年不少于1个亿。这在财力还相当紧张的当时是非常有魄力而且果敢的决策，为以后新区绿化大发展奠定了坚实的基础。

明确创建园林城区

1997年8月，原国家建设部召开全国园林绿化工作会议，同意上海等特大型城市可以辖区为主体创建园林城区。在绿化指标与国家有关标准还有较大差距的情况下，当年9月，浦东新区抓住契机，组织召开"浦东新区绿委扩大会议暨创建国家园林城区动员大会"，新区分管领导做了《大干苦干三年，把园林式的浦东带入21世纪》的报告，明确提出创建国家级园林城区，是浦东开发开放和经济持续增长的需要，是改善人民生活环境和提高人民生活质量的需要，也是提高城市文化品位和创建文明城市的需要，园林绿化是浦东的一张靓丽名片。会议再次强调"绿、洁、亮、畅、美"五字创建方针，公布了创建国家园林城区近期、中期和远期计划，确定建设"绿色生态走廊""绿色景观走廊""绿色生活走廊"的目标，并将任务具体分解到各部门和各单位。随后专门成立了创建领导小组和工作班子，明确职责分工，各项工作按计划紧张有序地开展。"创建国家园林城区"目标的提出颇有壮士断腕、背水一战的英雄气概，有效调动起新区各路大军投入绿化建设的积极性。

长远规划设计引领

绿化是门技术活，高起点规划设计，对构筑绿色生态的新格局至关重要。早在1994年，浦东就在全上海市率先编制了新区绿地系统规划，之后随着实际情况做出多轮修改。1996年，《浦东新区绿地系统规划》正式纳入新区总体规划。此外，浦东还编制了绿化用地、植物多样性、生态林等专业性较强的规划。这些规划的编制为浦东绿化的布局、项目选址及植物种类选择等奠定了科学的基础。

浦东新区的绿化建设有序推进，绿地建设规模迅速增长，绿地布局日臻完善。"绿肺、绿轴、绿环、绿网"框架已具雏形。设计方面，各项绿地尤其重大绿地建设项目都体现出高标准理念和精益求精精神。采用的植物材料也越来越丰富，包括大树种植、垂直绿化、植物造景等在内的种植方式也越来越多样。浦东绿地呈现出千姿百态的风格，涌现出了不少设计精品。如世纪公园和陆家嘴中心绿地建设项目通过国际招标方式选定最佳方案，远东大道绿化带建设项目在比选基础上又对选定设计方案做了十几遍的修改。按这些优秀方案实施的绿地项目亮点纷呈。

此外，浦东还十分重视绿化种植和养护课题的研究，选题大多切合实际需要，有效提高了绿化的效率和质量。

绿化优先高标推进

作为中国改革开放的"窗口"，浦东绿化按大规模城乡一体大园林规划建设，绿地规模迅猛增长，布局逐步完善，结构日趋合理。以主要道路、河道绿化，点、线、面、块、环、楔全面推进，同步营造生态、景观、生活三组"绿色走廊"。在大规模建设市政道路的同时，做到人民城市人民建，按照"谁产权谁投资""谁得益谁投资"的原则，以市场为导向，积极探索多元化投资机制。出台《关于浦东新区绿化建设与管理的若干意见》，明确规定道路建设的同时必须留出绿化用地，并与道路工程同步规划、同步设计、同步实施，严格把好建设项目审批关。当规划与经济发生冲突时，必须坚持规划优先，以绿为主，为绿让路。如陆家嘴中心绿地建设10万平方米，共动迁安置居民3,500户，拆除各类旧建筑物20万平方米，仅此一项费用就高达7亿元。此外，这块本可以批租建楼的地块，扣除2万平方米的市政绿化面积，剩余面积按当时的楼面价就高达22亿，中心绿地建设费用约1亿元。这是浦东人不惜经济代价，在寸土寸金、高楼林立的空间里挤出来的10万平方米公共绿地，极大提升了小陆家嘴地块的景观和生态环境。"绿水青山就是金山银山"，这样大的投入力度不禁令人钦佩政府的气魄和情怀。

攻坚克难高速建设

绿化种植季节性很强，要在短时间内大规模地扩大绿地数量，仅靠传统的春季种植远远不够。在实践中，浦东不断探索绿化时间的新拓展。1994年，为达到当年开工、当年竣工的奋斗目标，张杨路中间20米隔离带绿化工程除春季外还创新开展了秋季大会战。会战几乎延续到年底,最终确保了这项规模较大的工程顺利实施和建设质量。浦东从中总结经验,把以后每年的绿化时间全都扩展为春、秋两季,并且每年组织春、秋两季的群众植树活动。在采取严密技术保证苗木成活率的前提下,有的绿地建设工程甚至还在夏季抢时间施工。

浦东早期的绿化发展很大程度上依靠道路绿化,而道路工程往往年末竣工的较多,绿化时间的新拓展有力推动了浦东绿化建设的速度。20世纪90年代下半期,浦东实现了上海市委提出的"一年一个样,三年大变样"目标,绿化建设的速度功不可没。如"一颗镶嵌在上海浦东的翡翠"——世纪公园,占地面积140.3公顷,总投资40亿元,1996年9月破土动工,1997年5月底首期20公顷乡土园区竣工,2000年4月18日正式对外开放,成为浦东开发开放10周年献礼工程。

技术攻关保护古树

浦东相比中原大地成陆较晚,古树名木相对较少。1999年4月,浦东新区市政办在新区创建国家园林城区的工作方案中提出,新区"原有古树名木92棵,最大树龄1,300多年,因三区二县分属管理,缺乏专业养护和经费,多棵因人为破坏等原因已经死亡,仅余10棵长势衰弱,亟须加强保护复壮"。经多方努力,新区很快明确职责,落实专业管养经费,利用嫁接银杏幼树根系,替代濒危古树已死亡根系吸收养分和水分,成功、及时复壮3株濒危古银杏树,填补了国内濒危古银杏树抢救复壮技术的空白。如羽山路一棵宋代古银杏树编号0003、高21米、树径6米、树龄1,000余年,1983年即设立上海市古树名木保护牌,成为"浦东第一古树"。为保护千年古树复壮,新区政府调整规划,专门出资建造了泾南公园。又如源深路476号上海最早道观之一的钦赐仰殿道观入口，曾有3棵高大的银杏树，人称"老乌树"，一度成为民航导航标志。20世纪50年代其中一棵树被卖走，1993年源深路拓宽时西侧一棵银杏树又遭毁坏。经社会各方呼吁，新区及时调整施工方案，保住了最后一棵300余年树龄、编号0153的古银杏树，为浦东绿化留下一笔宝贵的历史文化财富。

真抓实干高效努力

浦东不少绿地工程，特别是服务重大活动、有完工时间要求的工程，如陆家嘴中心绿地、滨江大道绿地、小陆家嘴区域绿化、花木行政中心绿化、世纪公园工程、张家浜（一期工程）绿化带等，无一不是建设者夜以继日赶出来的。它们的诞生凝聚了新区领导的心血和广大建设者的辛劳汗水。周禹鹏书记在抓绿化大事的同时，还十分注意绿化相关的"小事"。一次路过罗山路快车道，他竟在车里发现一侧绿化带的杨树上长出了毛毛虫，便立即通知绿化部门予以治理，这样的精细、敬业精神着实难能可贵。在迎APCE会议的绿化大会战中，为寻找广玉兰、桂花树等树种，1997年寒冬腊月，新区城建局局长臧新民带领有关人员驱车2,000多公里，分赴苏、浙、皖多个村庄和林场，最终落实了植物来源。这样的事例还有很多，新区领导亲力亲为、真抓实干，为新区绿化大军树立了无声的榜样。

"千军万马"广泛参建

浦东绿化大发展的历史值得铭记，那些付出艰辛努力的组织和人们更应被记载。当时，新区政府直接调动的有"五路大军"，即新区城区工作委员会牵头的街道区域绿化大军、新区农村工作委员会牵头的农村区域绿化大军、各重点开发区负责的开发区域绿化大军、道路建设单位负责的道路绿化大军以及新区绿化主管部门牵头的大型公共绿地和公园建设大军等。此外，辅以众多园林设计、施工、养护等专业队伍。

自1996年始，原新区管委会每年都将新增公共绿地作为新区为民办的实事，以签订责任状的形式将具体指标逐一分解给各路大军，并且在年底均能保质按量完成任务。专用绿地建设主要实行规划管控方式，工业、商业和住宅等建设项目在规划审批时都明确有具体的绿地指标，竣工验收时均同时进行绿地建设验收。众多项目建设单位都有配套建设绿地的积极性，浦东获得的"花园式单位"荣誉称号在上海占相当高的比例。在全新区绿化大氛围中，广大市民种绿积极性愈发高涨，每年有数万名市民自觉参加义务植树，并在全市率先开展树木认种认养活动。各方齐心协力、通力协作，形成"千方百计、千军万马、千家万户"建设绿化的大好局面，为建设人与自然和谐发展的"生态浦东"，开创浦东绿色、生态、健康人居环境建设新时代不断奉献。

新区绿化面貌一新

浦东建政以来，绿化建设逐渐成为历届政府的"实事工程"和"民心工程"，绿化建设的手笔也越来越大——城市化地区每年至少一个公园建设项目开工；农村地区开展"一镇一园"建设，每个乡镇要建成一个乡镇级公园；结合河道整治大规模开展川杨河、浦东运河、张家浜等河道两侧绿化带建设；上海市最大的绿化工程外环绿带宽100米以上、总长97公里，其中浦东即占60%以上。仅1995—2000年，浦东新区就相继建成南浦广场公园3.28公顷、济阳公园3.21公顷、上南公园3.93公顷、金桥公园11公顷。建成或改造道路绿化杨高路80公顷、远东大道91公顷、迎宾大道100.4公顷、罗山路延长线40公顷、龙东大道52.34公顷、磁悬浮列车两侧142.2公顷……

更多的居民可以享受家门口的公园景观，更多的驾车者可以沿途浏览浦东的绿景。相继建成的绿化和林带，视野通透，层次分明，绿化量充足，充分体现了新区道路绿化"高大、浓密、厚实、粗犷、多彩"的特点，围绕"生态浦东"的绿化建设实现了"由量到质，由建绿到塑造功能"的转变。

园林城区通过验收

经过大量投入和建设，经过全区上下的共同努力，至1999年底，浦东新区创建园林城区的总面积达86平方公里，绿地总面积达3,000多万平方米。其中公共绿地面积1,100多万平方米，人均公共绿地面积由1993年的0.54平方米增至1999年的8.69平方米，为开发开放初期的16倍。城区绿化覆盖率由1993年的8.41%增至1999年的28.45%以上，绿地和森林覆盖率均大大高于全市平均数。1997—1999连续3年新辟公共绿地总量占全市当年增量的50%以上，浦东新区的绿化面貌发生了翻天覆地的变化。

1999年6月，浦东新区园林城区创建通过原国家建设部的验收。同年10月，建设部正式命名浦东新区为全国第一个"国家园林城区"。不少绿化工程还获得殊荣，如远东大道绿化带连同道路工程获得原建设部颁发的全国"鲁班奖"，张家浜河道及其两岸绿带工程获得联合国教科文组织颁发的"人居奖"等。2003年，浦东顺利通过建设部国家园林城区复检。

举全区之力，谋浦东绿化大发展。一代代浦东人倾力奉献，携手共建美好家园，用聪明才智描绘浦东美丽的蓝图，用辛勤劳动为浦东大地铺满绿色。

如今，那些艰苦奋斗的伟大年代种下的苗木早已长成参天大树，它们婀娜多姿、绿意盎然、兴高采烈地伴随着浦东新区一轮轮配套改革，迎接五湖四海一拨拨流连忘返的游客，留住国内外一批批高知精英人才，集聚一股股强大的技术资源和力量。

在这块生机盎然的热土上，浦东将迎来更加文明开放、绚丽美好的明天！

（供稿：欧阳令全　张林祥　整理：杨　琴）

从"龙须沟"到景观河

——张家浜(一期)综合治理回顾

张家浜,从20世纪70年代开始,因水土流失而河床淤浅,因水植物密度过高而阻碍水体循环造成水体缺氧,因沿岸污染源排向河道而水质变劣(有时甚至黑臭)。1998年,上海市部署苏州河和中小河道综合整治,浦东新区将张家浜列入浦东整治重点,并明确整治目标是:"水清、岸绿、景美、游畅"。明确整治措施是:分三段(三期)改造,用3—5年时间完成张家浜全河整治。

张家浜(一期)硬件改造于1998年11月开工,1999年底竣工。之后,按照"跟进管理、防止反复、逐步提高品位"的要求落实各项管理措施,从而使张家浜一举声名鹊起,成为上海河道整治的样板段。

张家浜西起黄浦江,东至长江口,全长23.5公里,沿途流经陆家嘴金融贸易区、塘桥、花木、洋泾、金桥、张江、曹路、唐镇、合庆等开发区和街镇,并穿过浦东世纪公园和汤臣高尔夫球场等著名景观区域。

张家浜和川杨河一样,是浦东新区自西往东沟通长江和黄浦江两大水系的主干河道;张家浜与南北走向的咸塘浜、三八河、马家浜、曹家沟等河道相沟通,是承担浦东新区水资源调度、腹部地区排涝、引水功能的重要河道;由此,张家浜亦是改善新区自然生态环境的一条关键河道。自20世纪70年代开始,由于水土自然流失且长期未作疏浚,张家浜河床淤积,流水不畅;由于两岸工业、生活污水、农业平面污源(农田有机肥、化肥、农药成分经雨水入河）、畜牧业污源（猪粪、牛粪等）直排或者经雨水入河，张家浜的水域环境逐步恶化，每年夏季（特别是高温天气），时有黑臭现象，有群众称之为臭水浜、浦东"龙须沟"。由于张家浜自西向东流经城市化地区、城乡接合地区（如时钦洋镇、花木镇）、农村地区（农业为主、部分工业），因此沿河人口密度自西向东递减、沿河工业集中度自西向东递减，污染源自东向西递增，水质黑臭情况多发于西段。于是，张家浜（西段）的综合治理被列为1999年上海市重大工程。当时浦东新区管委会明确用3—5年时间把张家浜全河建成"水清、岸绿、景美、游畅"的景观河。

何谓综合治理，就是不仅仅治理河道本身，还包括治理造成河道污染的其他诸要素；不仅仅是硬件改造，更强调续后管理。

——硬件改造。1998年11月，张家浜（一期）硬件改造动工，1999年底竣工。张家浜（一期）的范围为黄浦江—罗山路段，全长6.8公里，投入改造资金2.6亿元。

一期工程的硬件改造包括：（1）改造范围内拆违（9,740平方米）、动迁（58,000平方米）；（2）疏浚底泥946,600立方米；（3）砼岸（19.9公里），即筑"石驳岸"和设置河岸护栏；（4）沿河两岸建成10—20米宽的绿带20万平方米（其中，休闲区域的乔、灌、花、草搭配种植）；沿河绿带内设置人行便道、路灯、休息座椅、垃圾箱、若干公厕、指路牌等；（5）建5处亲水平台；（6）设置码头（塘桥公园、上海科技馆、世纪公园等）；（7）建跨河人行桥。

1999年10月15日，上海人民广播电台990《市民与社会》消息：浦东张家浜样板段面清、岸洁、绿化；水质达到五类标准，水体能见度由改造前10厘米到改造后150厘米。2000年1月7日，张家浜（一期）改造工程通过市建委、市农委、市环保局、市环卫局、市水利局、市河道办联合验收。

——续后管理。对于建设与管理的关系，浦东城建系统一直有一个形象的说法，即"三分建、七分管"。因此，对于加强续后管理，既有事前的部署，又有事中的探索、调整和补充，主要有：

一口管理。新区明确张家浜（一期）竣工后，由水域环境卫生管理署统一管理，包括河道和两岸环境卫生、两岸绿化带管理、景区管理（含接待参观考察）、涉及张家浜的环境整治等。1999年10月18日，新区第二次绿化会议明确：张家浜两岸绿化养护管理由水域署负责。

事前管理。1999年11月，水域署形成《张家浜日常管理方案》，为日后景区管理做好制度准备。1999年9月，洋航公司建立"张家浜保洁班"（20人），负责打捞河中漂浮垃圾和两岸保洁，保洁班实行定人（定船）、定责、定薪责任制；同时，新购置的2条电动作业船（低污染、低噪声）投入张家浜使用。

事中管理。一是利用潮汐水位差进行换水，即"东引西排"，从张家浜东闸引进长江水，通过张家浜西闸流向黄浦江，通过每天2次潮汐换水改善水质；同时，根据张家浜污染以有机物为主的情况，试用"充氧曝气"技术改善水质，即将"复星二号"菌种溶于水体，通过菌种化解有机物。二是强化整治。由于一期工程并未配套污水纳管，通过企业自身管理减少污染排放是当时的主要途径。2000年1月17日，浦东新区召开由沿河各街镇、开发区企事业单位领导参加的大型协调会议，提出"不再向张家浜排放污水"的要求。三菱微波炉公司、胶体化工厂、科技城工地、汇总汽车底盘厂等即行整改，或封堵排污口，或改造厂区污水处理设施，严格执行污水和雨水分流。新区整治河道污染办公室抓住契机，召开现场会，引导面上企业实现污水减量化。2000年3月，新区开展沿河综合整治，对暴露垃圾、乱堆物、乱张贴物和违法建筑"过滤"一遍，将老张家浜附近成片危棚简

难忘的浦东城建岁月

屋拆除并植绿;将居民擅自建在绿地(草坪)的便道800米拆除并复绿;将科技城工地围墙外的建筑垃圾清除;钦洋镇完成延伸围墙至罗山路桥。类似整治根据动态违章情况不定期展开,以促进周边环境与张家浜景观环境的协调。

延伸管理和服务。张家浜样板段"名声在外"后,引起社会各界关注,参观、考察、游览接踵而来。据统计:2000年2月23日至10月,接待参观考察60多批、2,000余人次。前来考察的有:全国政协领导、国务院新闻办领导、上海市领导、外省市领导等,市人大、市政协、新区人大、新区政协、市规划局、兄弟区局、台湾省台北市考察团、台湾大学城市规划专家学者考察团、境外新闻机构驻沪记者团等。同时,广大市民亦慕名而来,张家浜人气爆棚。由此,水域署明确1名分管领导和4名员工专司接待管理事宜。2000年7月1日,新区管委会颁布实施《浦东新区张家浜景观区域管理暂行办法》;2000年7月8日,张家浜水上游览项目正式开始接待游客,配置有脚踏艇、自划艇、电瓶机动艇、摩托艇共14艘,游艇码头设在东方路桥(浦东南路桥、南泉路桥、杨高路桥、锦绣路桥、世纪公园南门);2000年10月1—7日长假期间,接待游客5,000余人次,游艇增加至24艘。后由于潮汐水流存在安全隐患,游艇业务停办。

社会职能。2000年3月16日,市重大办、竞赛办、新闻办、上海电视台举行"99上海市立功竞赛电视巡礼颁奖"仪式,浦东新区参赛片(水域署制作送选)《孩子们的两封信》荣获一等奖(该片讲述第二中心小学学生写信给周禹鹏伯伯,反映张家浜从臭水浜变为景观河发自内心的喜悦,周禹鹏伯伯回信勉励孩子们爱护母亲河,从小培养爱水、节水习惯)。2000年5月13日,水域署牵头,建立第二中心小学护河队和进才北校护河队,市政办主要领导为护河队授旗。每逢盛夏,擅自下水者众多,由此,水域署、洋航公司专门建立"劝阻游泳志愿者"队伍，护河队亦加入其中。2000年6月1日，水域署配合社发局举行新区儿童嬉游张家浜活动，上海人民广播电台、新区有线电视台作报道。

万丈高楼平地起，打好基础大发展。2002年5月，张家浜（三期）改造完工，标志着张家浜全河硬件改造完成，张家浜的整体生态和景观效果进一步显现，2004年12月，上海浦东新区张家浜景观河道综合整治获得建设部"中国人居环境奖"。2005年4月，张家浜举办了第一届大型龙舟比赛，河道文化功能得到进一步发展，这些都是张家浜的后话。

（口述：鲁惠民　撰写：陈惠民）

铸造环境执法利剑

——记浦东新区环境监理试点工作

环境保护，时代呼唤

20世纪70年代，中国开始实施现代意义上的环境保护事业。1972年，我国派员参加联合国人类环境会议。1973年，第一次全国环境保护会议发出消除污染、保护环境的动员令，揭开了中国现代环境保护事业的序幕。以此为开端，我国初步形成涵盖中央、省、地市的三级环保组织网络，污染防治工作也有计划地全面开展起来。1979年，我国颁布第一部综合性环境保护基本法《中华人民共和国环境保护法（试行）》，明确我国环境保护基本方针、任务和政策，之后陆续颁布诸多重要的环境保护单行法规，如《中华人民共和国水污染防治法》等。为指导监督各地环境保护落实执行情况，当时的国家环保局开始在全国范围内实行环境监理试点。

环境监理，浦东试点

1990年，开发开放的浦东步入跨越式发展快车道。伴随着经济的飞速发展，区域人口规模的扩大，工业企业烟尘、废水等污染物的无序排放，建筑工地产生的扬尘、废渣，汽车的尾气排放、噪声污染、各类废弃物所产生的污染，导致浦东新区环境质量逐步恶化。

1993年，浦东新区管委会挂牌成立。对当时522平方公里范围的新区环境保护执法情况进行有效的监督检查，成为环保工作的重点。同年，浦东有幸成为上海全市 3 个环境监理的试点区之一。在浦东新区城建局属下成立了浦东新区环境保护监理所，总体负责新区范围内企事业单位的环境监理工作。所本部设事业编制 25 人。各乡镇、街道办事处的环境保护监督员按"四区一县"（即黄浦区、杨浦区、南市区、闵行区浦东部分及川沙县）转划编制确定。浦东新区环境保护监理所先后更名为浦东新区环境保护监理署、浦东新区环境监察支队等。编制规模以及业务范围也在不断增加。

虚位以待，广纳贤才

1994 年初，浦东新区召开首次环境工作会议，提出"瞄准世界一流水平，加快环境建设"目标。为做好全国环境监理试点工作，新区城建局制定了《浦东新区环境监理员试点工作方案》，向国家环保总局专题汇报。9 月，浦东新区环境保护监理所被列入全国 100 家区、县级环境监理试点单位。为更好地开展试点系列工作，浦东以求贤若渴的姿态，"见到人才就重用提拔"，面向社会张开双臂，欢迎相关专业人才积极加盟。复旦大学、同济大学、香港大学等著名高校的硕士、博士、博士后等一批青年才俊先后被这片沃土所吸引，共同汇聚到浦东的环境监察事业中，开启激情燃烧的奋斗岁月。

培训学习，夯实聚焦

为使新团队尽快熟悉业务，提高工作能力，使监理试点工作顺利实施，环境监理所积极组织培训学习，加快青年人才的成长。首先是请进来，邀请武汉大学环境法研究所教授、复旦大学环境保护专家等前来授课。为鼓励团队士气，邀请国家环保局第一任局长曲格平先生为监理所题词"为了提高浦东新区的环境质量，要努力建设环境执法队伍"。二是走出去，先后走访、参观安徽省马鞍山市、江苏省苏州市、广东省深圳市等地的环境监理工作。通过参观学习，汲取先进经验，增强干劲和信心，明确浦东新区环境监理工作重点和中心，即"三查、两调、一收费"：一查新建项目"三同时"执行情况，二查老企业环保情况，三查污染源治理设施运转情况；一调群众有关环境保护情况的信访诉求，二调环境污染事故；一收费即收取排污费。全体环境监理人员对522平方公里内的新建项目和老项目进行全面、高频度的现场环境监理检查，及时发现并解决问题，有声有色地开展浦东环境监理工作。

源头监察，严格执法

污染源监察是环境监察的重点。监理所从水、气、声、固体废弃物和开展环保专项行动等方面入手，对排污源排放污染物情况进行全面监察，积极开展"一控双达标"督查、百家污染源整治等重大环境监察行动，积极开展上海市无燃煤区、烟尘控制区、扬尘污染控制区、环境噪声达标区、大气污染物排放达标区、国家生态工业示范区、绿色系列等各类主题创建活动。

水环境监察。每年将工业废水排放达标率指标分解到各街镇，再落实到各单位；将宝钢集团上海浦东钢铁公司等主要达标单位纳入市、区重点排放监控对象，通过日常现场监察及集中执法等措施，开展工业废水排放达标率监察；对废水排放超标单位依法处罚，认真落实整改。如持续开展川杨河水质污染源追踪调查、突击检查、核证检查，对上海章华毛纺织公司70吨废水、上海霞飞三厂超标排放废液至川杨河的行为予以处罚并督促整改，使污染物排放总量得到控制和消减。

大气环境监察。重点对煤炭和建材堆场、建筑施工、房屋拆迁、混凝土搅拌站和运输过程中的扬尘加强监管。加大结构减排和管理减排力度，通过环评审批、限期整改、责令关停等管理措施，关停并转洋泾水泥厂、洋泾造纸厂、张江水泥厂等几百家污染企业，降尘污染明显改善。

噪声污染监察。大力推进噪声达标区建设、建筑施工噪声申报制度，严把环评审批关口，加强行政执法监督；积极开展工地夜间施工、空调设备噪声、固定源噪声监察，配合交警开展道路禁鸣与防噪，开展"绿色护考"行动。

工业固体废物监察。鼓励固废综合利用、无害化处理，严格固废尤其危险废弃物、畜禽粪便、医疗废物的收储、运输及处置监察，力求减量化、资源化、无害化。

推陈出新，建成样板

1995年至1996年8月底，浦东新区环境保护监理所相继启动并建成浦东新区8个环保样板工程，为其他区县及省市的环境监理工作提供丰富的参考模式，即环保样板企业——霞飞日用化工厂（乡镇）、浦东水泥厂（市属）；环保样板街道——歇浦路街道；环保样板乡镇——龚路乡；环保样板锅炉房——沪东船厂锅炉房；废水处理样板工程——高化公司上海炼油厂；环境教育样板学校——大庆街小学；烟尘控制区样板街道——陆家嘴街道；固定源噪声控制区样板街道——上港新村街道等。

此外，监理所采取与相关单位共同创建的方式，和创建单位签订共创样板工程责任书。边实践边总结，监理所结合环境执法实践案例，组织编制了《环境执法手册》，按环境问题类别，逐条对照环境法条款，明确处罚处理依据，做到人手一册，随时翻阅参考，共同交流成长。在考核迎检时曾受到国家环保总局及市局专家的高度赞扬。

行业建标，规范管理

根据上海市环保局《关于转发国家环保总局办公厅〈关于环境监理标准化建设达标单位考核验收有关问题的通知〉的通知》，监理所开展环境监理标准化建设。先后建立健全19项工作制度，不断完善工作流程，实行政务公开，向社会公示依法征收排污费和行政处罚情况，接受社会监督。随着时间的推移，环保执法重点从工业污染向生活污染源转移，从固定污染源向流动污染源转移，从常规污染因子向特殊污染因子转移。排污收费、开征户次、行政处罚案件、罚款额度逐年增加，环保信访逐渐下降。上海市环保局领导率队对浦东新区环境监理标准化建设进行验收，验收组一致认为浦东新区达到了环境监理国家一级标准。

宣传普及，环保五进

五进，即进窗口、进机关、进学校、进企业、进社区。监理所还承担环保宣传的诸多任务，在政府、环保部门、各委办局、企事业单位、群团组织和社区、服务窗口之间构建了一个立体化、多层次的宣教网络，动员社会各级力量，积极开展各项环保活动。充分利用各种形式，如在公共交通工具、繁华地段、重要路口、交通干道及人员密集地区开展环保公益宣传、绘画竞赛，制作发放环保宣传围裙、鼠标垫等日常生活用品及宣传册，营造"人人参与，创建国家环保模范城区"的良好社会氛围。此外，建立公交、公共事业、邮政、电信、公园、医疗机构、文化、供电、供水等十大宣传窗口，拓展了环保宣传"五进"空间。让"碧水蓝天，你我共同守护"的环保理念深入人心。

成果喜人，试点成功

自1994年实施环境监理试点，监理所对区内重点污染企业实行月度、季度定期检查，检查频次比试点前提高1倍。工业废水污染治理设施运转率、达标率、"三同时"项目执行率分别提高到98.3%、97.5%和98.4%。排污收费通过银行托收，征收金额回收率达到99.8%。更新改造城市化地区的185台除尘设备，通过烟尘控制区标准验收。1995

年11月，由国家环保局、市人大环保委、市建委、市府法制办、市环保局、市人事局、市财政局及山西省环保局专家组成的验收委员会，对浦东新区环境监理试点工作进行考核验收。国家环保总局及市局领导对新区的环境监理试点工作给予很高评价，认为浦东新区环境监理既建立工作试点，又注重队伍建设，环境监理人员既懂法规又懂业务，既勤奋又高效，并一致同意通过验收。

环境监理试点使浦东新区环境保护监理工作走上了规范化轨道。

回首走过的路，浦东环境保护监理所的老同志非常感慨：当时"天时、地利、人和"，即国家繁荣发展，浦东向世界开放，汇集各方人才，加上《中华人民共和国环境保护法》的出台，更使环保执法有依据，环境监理有底气，监督工作有成效，环境质量有提高。

（口述：汪和平　撰写：杨　琴）

浦东开发初期的城市管理工作

1993年，按照浦东新区管委会精简机构的要求，浦东新区城市建设局设立"城市管理处"（城管处），承担环保、环卫、绿化、市容等方面的管理职能。

面对城市管理任务繁杂的局面，城管处首先按照专业编制规划，建立有关工作制度，开启浦东新区的城市管理工作。

园林绿化，多种举措，创出浦东特色

浦东是全上海最大的行政区域，开发开放初期就占地520多平方公里。当时城管处负责这么一大块园林绿化工作的，只有一位副处长和两位工作人员。他们和局属单位一起，要联系统筹、安排布置陆家嘴、张江、金桥、外高桥、六里、王桥、孙桥、华夏等8个功能区，以及各乡镇、街道、企事业单位、居住区等的绿地建设和养护，工作面广量大。

1993年浦东城建局建局之初就着手组建园林绿化管理机构和新区绿化委员会，建立绿化重点工程指挥部，出台管理办法，开始规划路网、公共绿地及大型绿地项目建设的准备工作。

1994年城管处绿化工作的重点：一是严格执行国家和上海市的绿化管理条例，建立各种建设项目和改扩建项目绿化配套审批制度，严格控制项目的绿化率和绿化建设标准；二是调查研究，牵头组织协调每年公共绿地建设的目标计划和资金；三是积极配合浦东新区绿化委员会工

作，为每年召开的工作会议提供绿地建设依据和工作方案，调动新区"千军万马"和"千家万户"的积极性，千方百计推进新区绿化工作；四是积极主动参与各类重大环境整治整改，推动绿化配套方案的落实；五是指导推进乡镇、街道、开发区绿化工作的开展和落实；六是抓绿地规划推进和规划的落实。

在绿化规划的制定过程中，首次提出新区的控制绿线，首次明确不同功能区的绿化特色，首次提出新区绿化建设的中、长期发展目标，使浦东新区绿化建设有了充分的指导和实施依据。

园林绿化设计方面，从较高的专业水准着眼提出独特的设计理念，大力推行常绿乔木与落叶乔木、小乔木与灌木的混搭使用，为形成"高大、浓密、粗犷、厚实、多彩"的浦东道路绿地的独特风格，作出了积极贡献。

城管处园林口的同志不论严寒酷暑，跑基层，下工地，抓住一切机会向各级领导和基层单位宣讲绿化的重要性，促成了许多地块的绿化建设。

通过绿线控制、设计引领和大力推进绿化建设，浦东新区的绿化面貌有了显著的改观：公共绿地每年以200万平方米左右的量级增长，人均公共绿地从1992年0.54平方米迅速上升到1997年人均5平方米左右；建成济阳公园、上南公园、南浦大桥公园，促成小陆家嘴中心绿地、世纪公园等大型精品公共绿地的落成；推进了外环线、迎宾大道、杨高路、龙东路、张杨路等道路两侧或中间隔离带宽10—100米的大型绿化带建成……改善了城市的基底空间，提升了浦东的生态环境品质。

环境保护，规划先行，抓住治理关键

浦东新区第一次环境保护规划编制是1993年立项、1994年完成的

难忘的浦东城建岁月

《上海市浦东新区 522 平方公里环境保护功能区规划》，2002 年又编制完成《浦东新区环境保护中长期规划》。

1993 年是建区第一年，当时的领导立刻部署编制浦东环境保护规划，可见其重视程度。由城建局具体负责组织高等院校和环境科研机构成立课题组，经过调查研究、科学分析，比照国内外先进标准，编制出具有超前性、实际性、可操作性的分功能区的环境保护规划。规划把新区 522 平方公里分成 18 个不同的功能区，各功能区分别确立不同的环境建设目标，对各种污染源、污染因子都规定了控制目标和控制措施，保障了新区在日后的经济建设、社会发展的起步阶段，就被纳入环境保护的规定渠道，避免出现"先发展、后保护""先污染、再整治"的尴尬局面。规划中列出一批重点污染源治理名单，如上钢三厂、耀华玻璃厂、耀华水泥厂、上海第三印染厂、浦东水泥厂等企业，要求它们整治、整改。经过后续十多年努力，这些企业在 2010 年世博会之前全部实行"关、停、并、转"，彻底根除了污染源。

20 世纪 90 年代初完成的《上海市浦东新区 522 平方公里环境保护功能区规划》和 2002 年编制完成《浦东新区环境保护中长期规划》，这两份规划弥足珍贵，为浦东建设环境一流的国际大都市目标奠定了坚实的基础。

根据国家环境保护八项制度要求，城管处环保口将浦东新区污染源分为两类，坚决对老污染源实行治理和控制，对大量新建和改扩建项目可能带来的污染进行严格把关。

首先，强势抓老污染源的控制和治理。针对开发开放初期全区环境基础差，各种污染严重，甚至在陆家嘴中心地区烟囱林立、空气浑浊，河水黑臭；中心地区被外围的小电镀、小印染、小锻造、小铸造等"四小"污染企业包围；农村为畜禽粪便所困惑；三林、杨思以前作为工业基地发展的两镇，已成为污染重灾区，有上钢三厂、第三印

染厂等污染严重企业等严峻情况,依据"八项制度",采取措施限制排放,限期整改。

第一,制定管理办法,对污染企业实行污染排放许可证制度和达标排放制度。具体措施有:一是政府给予一定补贴推行企业煤改气、煤改油,消灭煤炉、煤窑,限制煤烟气排放。据统计,在1993—1994年两年内,浦东集中力量推动改造了370多座煤炉(窑),内环线内基本实现无烟化。二是按规划要求在金桥出口加工区、外高桥保税区、张江高科技园区推行集中供热,并于1999年基本完成,实现了污染源的集中控制。三是依据规划联合乡镇、街道对"四小"污染企业采取措施实施治理改造,对不符合达标排放的企业实行"关、停、并、转"。四是联合和借用其他力量在农村中推进粪改厕和禽畜粪便处理达标排放,改善了乡村环境。五是联合公安、街、镇建立"工地夜间施工办法",并将其纳入文明工地考核,有效地预防、降低了建筑噪声污染。六是加强信访工作,及时解决群众急、难、愁环境问题。

第二,建立严格的审核审批制度,严把新(建扩)项目的环保审核。在新区成立初期的三五年间,每年平均有500—600个新建及扩建项目落地浦东。为保证经济、环境同步发展,浦东对每个项目都实行环境影响评价和环保"三同时"制度(即项目主体与环境保护处理装置做到同时设计、同时施工、同时竣工验收),并实行环保一票否决制。城管处克服工作量巨大、人手严重不足的极端困难,毫不含糊地执行这两项制度。保障浦东的环境质量安全,即使个别项目经过评价后允许少量排放,但其排放标准也是安全可控的。根据有关记录,仅1993年一年城管处就审批了578个项目,其中执行环境评价的有85个,执行率达100%,经审核因产业导向、污染严重不达标而被否决的就有12个。曾有个世界知名大型造纸投资项目,尽管投资额很大,但因为过不了环境评价这一关而被拒之门外。

浦东新区早期污染源的治理，有很多是采取工程性综合治理的手段进行的，特点是根治彻底、成果明显，例如煤改气、集中供热、农村粪改厕、禽畜粪便处理等，尤其是水污染治理，效果更为明显。

浦东新区河网纵横，河道面积有37.2平方公里，但水质大多为四至五类，少数还是污染严重的超五类水。新区集中力量投入资金，1993—2000年先后对川杨河、张家浜、浦东运河三大主要河流，进行了工程性综合治理，取得了明显成效。

综合治理的第一条河道是川杨河，它全长28.7公里，是集水源、航运、工业用水、农业灌溉、防洪排涝于一体的多功能性河流。整治前水质在三类以下，异味时常飘散，群众意见大，管委会领导高度重视。1996年新区管委会主要领导和城建局领导亲自指挥，以规划先行开始整治工作，先后研究制定水利水系建设规划、河道整治规划、沿岸绿化整改规划、污水纳管规划、水源环保规划、航运整治规划、码头整治规划、环卫整治规划、土地使用控制规划、法制规划等10余项整治规划，并在施工中严格执行，达到标本兼治的效果。经过两年的整治，经环境监测，川杨河水质得到改善，几个敏感取水点COD和BOD等主要指标达到三类水标准，同时两岸生态环境也明显改变。川杨河综合整治成功为后来河道整治树立了典范。

环卫市容，综合治理，创建国家卫生城市

在城建局领导下，浦东新区的环境卫生、市容秩序的日常管理，主要依靠局属两支队伍：一支是新区环境卫生管理署和环境卫生总公司（两块牌子一套班子），它具体负责城市垃圾的清扫清运。另一支是新区市容监察支队，它维护市容秩序。局城管处则主要负责：（1）牵头组织规划、计划、目标任务和相关标准的制定并督促和落实；（2）协调市、区二级和左邻右舍（街、镇等）的关系使之步调一致；（3）处理各种突

发事件、专项工作，如综合整治、创建卫生城市等事项。

1993年建局之初，浦东的生活垃圾处置就一直是各级领导的一个心结。当时，垃圾处置只有填埋一条路，结果是占用大量土地又极易造成二次污染，引发与填埋场周边群众的尖锐矛盾。如何走出一条生活垃圾处置无害化、减量化、资源再利用的路子？引进国外先进技术，建设国内第一家无害化垃圾焚烧厂，就成为各级领导的一致考量。具体由城管处负责这个非常重要的专项工作。从1993年开始兵分两路，一路以环境卫生管理署为主，对生活垃圾的收集进行布局和规划，与此同时对垃圾焚烧厂的厂址进行甄选，1994年后又对生活垃圾热值进行调查统计。另一路以城建局主要领导和分管城管、计划财务的领导带领相关人员，对国际上焚烧技术设备、环境保障效果等进行比选。在此基础上，编写了项目可行性研究报告。1996年项目正式立项。后经国家有关部门批准，项目又纳入利用法国政府混合贷款项目，并采用法国的炉排技术。此项目后由浦东发展集团负责建设。

建成后的浦东垃圾焚烧厂坐落在花木御桥工业园区内，占地8.2万平方米，总投资6.98亿元。有3条焚烧生产线，年处置能力为36.5万吨，日处理量为1,000吨，年余热发电量为1.37亿千瓦时，除自用外向城市电网供电1亿多千瓦时。人们担心的二噁英排放指标，达到了欧盟最先进的排放标准，完全实现生活垃圾处置减量化、无害化、资源化的要求，也创下了多个全国第一：第一个建造具有现代化意义的垃圾焚烧厂；第一个利用余热发电，并网供电；是第一个利用外资（法国无息贷款）建造的大型环卫设施等。

"创建国家卫生城市"活动是对浦东新区城市管理工作的重大考验和全面检验。创建过程中城管处市容环卫口的同志们不辞辛苦，任劳任怨。他们与创建办一道，协调组织无数次专项、综合战役。如杨浦大桥周边交通、环境的整治，对无主垃圾、违章建筑的整治，对源深路周边城中村的整治，对上钢三厂周边脏乱差环境的整治等。他们走遍新区的每一个街道、乡镇，建立了创建工作例会制度，还建立了与市、新区公安、路政、交通、市政等相关机构和新区13个街镇的协调、协作机制，主动联系财政部门加强预先沟通落实创建经费。

创建国家卫生城市的那些日子里，负责此项工作的同志们基本上常年无休，他们不是在深入街镇指导工作的路上，就是在迎区检、市检、国检的路上进行指挥和实施检查。经过共同的艰辛努力，浦东新区于1995年获得"国家模范卫生城区"的称号，并在1999年通过国家复检。

在1993年之前，浦东少有广告，鲜有灯光，开发开放之后随着大量建设项目的引进，大量的广告业者（有300余家公司）涌了进来。那时的广告市场可谓无序竞争、良莠不齐。在相关领导支持下，城管处市容环卫口开始了对浦东广告业的管理，主要采取了如下措施：（1）明确对口管理部门，广告的发布管理者为城建局城管处；（2）发布广告必须报审报批，批准同意后方能实施；（3）重大广告、重要地段必须经专家评审报领导同意后方能实施。这几条规定虽然相对简单，但还是起到了作用，逐步扭转了局面。此外，配合道路整治积极发动广告公司在道路两侧竖立大型广告牌强化宣传和美化效果，既符合了多数广告公司优先抢占阵地的意愿，也解决了政府财政整治经费不足的问题。

1995年，随着浦东开发开放的深入推进，大楼灯光建设提上了议事日程，但在当时推进工作的难度相当大。城管处为了落实任务，一是会同陆家嘴开发公司一户一户地登门拜访，将小陆家嘴地区所有大楼全都走遍，动之以情，晓之于理，磨破嘴皮打动众业主同意加装亮灯设备，终在1997年国庆节初次展示了浦东大楼灯光的面貌。二是联合规划土地和建管部门对在建和未建大楼将灯光建设纳入主体工程同时建造。1996年上海旅游节在浦东举办，城管处抓住契机，发动浦东南路、东方路、世纪大道、张杨路等路段两侧的企事业单位铺设电缆，悬挂彩灯，在旅游节期间首次亮起了浦东特色的景观灯光。

随着景观灯光在城市建设中的地位的不断上升，浦东新区于1997年成立了浦东新区景观署，由景观署接收了浦东广告、灯光的管理。

1998年10月，浦东新区成立市政管理委员会办公室（市政办），城建局城管处职能划归浦东新区市政办。在浦东开发初期，城建局城管处和局属有关单位为新区环保、环卫、绿化和市容等事业发展作出的贡献，值得铭记。

（供稿：朱陵富　康味菊　金宝才　董　强　马　鹰　盛静忠等
撰写：朱陵富　整理：徐海红）

百通传奇，传奇百通

——上海百通项目管理咨询有限公司发展纪实

在开发开放的浦东，在红红火火的浦东建设咨询战线，有一个传奇而响亮的名字：百通！她像一股清泉，为建设大地带来了新的期望；她像一缕春风，给建设行业送来了新的生力军。

百通的传奇故事，就是这样写成的……

投身一场改革

在浦东那片热土上，酝酿着一个个改革的传奇……

正是浦东建设起步的1993年，为适应浦东开发开放建筑业蓬勃发展的大好形势，经浦东新区城建局同意，下属建设市场管理署组建了一个注册资金仅50万元的小型三产企业上海浦东新区招投标咨询公司，由原川沙招标办主任沈勇同志亲任法人代表、七八个事业编制的员工从管理岗位转岗，为建设单位提供中小型项目的施工招标代理服务，收费主要用于弥补当时事业单位经费缺口，这就是上海百通项目管理咨询公司的前身。

小船就是这样起航的，但是，谁也不曾预料她的前途如何，未来怎么样。

艰难始行的几年里，小船经历过风风雨雨，也遇到惊涛骇浪，然而，她坚守着自己的初心不变：为浦东建设事业当好"参谋助手"，为建设工程"号脉把关"！

1998年底，随着改革的进一步深入，按照城建局"政企分开、事企分开"的改革部署，公司从事业单位整体剥离，组建成注册资金100万元的上海百通项目管理咨询有限公司，成为自负盈亏、股份合作的新型企业，职工集体持股为最大股东，总经理在全建管署范围内通过公开竞聘产生，实行公司董事会领导下的总经理负责制，初步完成体制改革。

小船行稳致远，渐渐声名鹊起，发展成为一艘建设咨询行业的巨轮……

2003年11月，为适应企业发展的需求，经浦东新区工商局批准，正式更名为上海百通项目管理咨询有限公司，彻底成为具有独立法人资格、自主经营、自我发展的有限责任公司，注册资金1,000万元。至此，上海百通项目管理咨询有限公司正式改制完成。

她从不为人知的小公司，一步一个脚印，茁壮成长，他们是怎么样"百炼成钢"的呢？

"百通人"上上下下都认准一个答案：只有改革，才有出路！只有改革，才能有百通的未来！

改革，就是这个传奇的缘由……

坚定一个信念

任何一个传奇的成就，都不是异想天开的事，都是脚踏实地干出来的……

万事开头难，刚刚转制后的百通根本就经不起市场经济的大风大浪，因为其只具备单一的乙级招标代理资质。你看，势单力薄，连办公场地也只有数间不足几十平方米的房间，18名员工中绝大多数为事业单位下岗分流及工勤人员，专业人才极度匮乏，专业知识也非常欠缺，而且市场观念不够，缺乏服务意识，只得依托事业单位承接些小项目，流言蜚语来了："百通百通，小打小闹，只有小'通'！"业务量上不去，市场份额小，很多人对企业前景普遍悲观，甚至有人开玩笑地估计："这个脱离了事业单位旱涝保收的企业，最多也就是两三年的寿命！"

百通怎么办？往哪里去？当时的浦东正值经济社会飞速发展的关键时期，对企业的发展来说更是千载难逢的好机会。百通人通过深度观察市场和客户需求，公司领导层坚定了"专业优质服务"这一信念，意识到：企业只有内练苦功、外树品牌，才能取得客户的信赖，才能在市场上占有一席之地。

百通的当家人首先带领团队转换意识，从"朝南坐""吃皇粮"转向"闯市场"，立足市场，用心服务；同时从全国各地快马加鞭引进专业人才，公司及时组建成立党团支部和工会组织，号召公司共产党员带头，无论年龄大小都要积极考取各类上岗证书，从个人到企业都要坚定信念，敢于接受市场的洗礼和竞争，兢兢业业为客户做好服务。

党员骨干的带头模范作用在这关键时刻体现了出来。当时，公司行政岗位有一位名叫岳济生的老党员，快50岁了，他带头转岗刻苦钻研业务，除每天加班加点工作外，还抽时间到外面读书，在短时间内不声不响考出了上海招标师、全国造价员等好几本专业从业证书。这下子在公司上下引起了轰动，连这么大年纪的人都钻研业务，其他人也都捧起了书本、报名考证，开始主动提高专业水平。

众人拾柴火焰高。随着百通人市场意识、服务能力、专业水平的大力提升，一场考验拉开了序幕。百通的传奇，就是这样实打实干出来的！

做出一番事业

当年，浦东国际机场南干线工程（包括外环线环南一大道工程和迎宾大道工程）是建设中的浦东国际机场连接浦西市中心地带最便捷的通道，工程总投资约15亿元，24个标段，属于上海市重大工程。这是百通转制后承担的第一个大项目，也是展现百通作为民营招标代理企业专业实力的重大契机。

机不可失，根据项目的重点和难点，公司领导亲自挂帅，举全公司之力，发挥专业所长，融合总结出了一套行之有效、较有特色的做法，在城建局和业主领导的支持下，创下了当时的本市多项行业之最，如这是上海市第一个公开招标的大型市政项目，首次采用建设部最新的标准招标文本和合同条件，首次采用以预算定额纯费率浮动、措施费包干的规范报价体系，首次抽取使用市建委新组建的专家库评委评标，首次采取招投标全过程公证、保证招投标活动的公正性、合规性等。整个招投标过程得到了业主、投标单位和政府监管部门的较高评价，上海市行业主管部门的专业刊物同期用两篇专文作了经验交流。这一项目的招标代理还作为典型案例，被收录进上海市最新建筑业地方志招投标专篇相关内容中。

百通人闯出了一条自己的传奇之路，一条改革创新之路。

另一案例是2002年百通作为招标代理进行的上海东方艺术中心施工招标。东方艺术中心作为具有国际水准的艺术殿堂，其建设必须注重打磨各项细节。为此，在与业主方反复沟通商榷的基础上，百通招标专业人员量身定制了专门的招标方案来满足项目高难度施工的技术要求。如根据不同场馆、不同区域的功能定位，突出重点对投标文件中的施工方案、技术措施提出要求，明确投标单位必须具备相应的各项资质、经验和条件。在评标阶段，除随机抽取一定数量的建筑专家外，百通还特别邀请了几位行业内公认的对舞台、剧院工程有着丰富经验的著名专家加入答辩评委会，组成了"双专家"评委会，进行"双通道"把关，对投标人的施工水准有了更精准更全面的把握，令业主方满意。最终建成的东方艺术中心入选"上海十大时尚地标"，被誉为"上海最新的高雅艺术发布地"。

百通人坚守着自己的初心,以自己的专业实力,为业主、为浦东建设增光添彩!为自己的百通再谱传奇之歌!

打响一个品牌

传奇百通,几度春秋,几番磨砺。百通参与的重大工程招标代理成效初步得到了市场认可,盛名之下,百通及时确定了招标代理为主营业务,不断提升管理和服务水平以及企业竞争力。

公司早在 2001 年就在行业内较早自主开发了招标代理业务流程网上管控体系,并通过了 ISO 9002 质量体系认证。

2000 年,国家招标投标法出台,在法律制度框架下,招投标行业有了更有序更蓬勃的发展,相关企业的社会认同也取得长足进步,但公司领导层意识到,企业只有单一的业务是经不起市场风浪的,只有立足工程领域不断探索尝试新的领域和业务范围才能壮大。于是,公司在 2002 年成立造价部,2004 年成立监理部,2012 年组建代建部,2015 年成立研发中心(工可、绩效评估、PPP 咨询、课题研究等),集聚其综合实力,逐步获得国家发展改革委中央投资、工程咨询、建设部工程招标、监理、造价以及政府采购等 7 项国家甲级资质,拥有各类国家级注册人员近 250 人,博士、硕士 90 余人,构成了以招标代理、造价咨询、工程监理、项目管理、绩效评估、前期咨询并重的多元化业务布局和全过程工程咨询服务链,形成了强大的专业咨询服务体系。

"宝剑锋从磨砺出,梅花香自苦寒来。"百通人经过十多年的不懈努力,终于在建设市场打造出自己的"金字招牌"——百通!

作为公司王牌主营业务的招标代理业务在近 20 年的时间内实现了突飞猛进的发展,年产值逐年递增,相继承接了一大批市、区重点工程重大项目的招标代理工作,如五洲大道、轨道交通 2 号线、内环线浦东段改造、中环线浦东段改造、陆家嘴系列大厦等招标代理项目。此后，公司又大力培育和广泛吸纳不同专业的优秀人才，大量承接并顺利完成了市政、公建、绿化、水利、住宅、政府采购等不同类型的招标代理业务，为深度参与招投标行业发展建设积累了尤为宝贵的经验。正如他们所总结的那样："百通百通，一通百通！"

值得一提的是2008—2010年间，公司以上海世博会为契机，积极投身世博建设，提供工程咨询服务，投入大量专业技术骨干人员，累计承担世博项目236次，成为招标代理主力军。同时，针对行业法规的空白，受上海市建委和世博局委托，撰写规范世博工程暂估价招投标操作方案，在世博项目和以后上海市行业管理中全面推广，为举世瞩目的上海世博会做出了应有贡献，并荣获了世博组委会、执委会联合颁发的"服务世博"荣誉纪念证书。

在受到全社会高度关注的上海迪士尼建设项目中，公司主动请缨，派专家作为中方顾问参与前期涉及招投标领域的中美谈判，并承担中方逾90%的招标代理服务，美方核心区内逾30%的招标代理服务，公司专业人员克服语言障碍及中外招标法规、磋商交流习惯差异等，团结协作，甚至通宵达旦，凭过硬的专业功底和高度敬业的服务态度，为迪士尼项目的顺利建成架起了中外合作的桥梁，得到了外商合作单位的高度认可。

百通人为自己、为浦东争得了荣誉与自信！

2018年5月，公司作为东道主，在美丽的黄浦江畔成功承办了中国招标投标协会特许经营专业（PPP）委员会第六次工作会议，重点讨论招标投标法、特许经营等法规修订衔接问题，国家发展改革委投资司、法规司等领导，以及来自全国各地的会员单位代表、业界专家及特邀嘉宾100多人参加会议。会议筹办得到了一致好评和高度赞扬，中国招标投标协会还专门为此致函表示感谢。

由此可见，百通在业内赢得了好评和地位，这是百通人立志改革勇闯新路的见证。

时至今日，百通业务范围已涵盖上海全市，触角伸及北京、江苏、浙江、湖南、安徽、内蒙古等十多个省市，公司主编或参编的各类国家级、市、区级行业标准、规范、课题累计达30余项，公开出版专著近20部，《经评审的最低投标价法理论与实务》《上海地区老建筑修缮实务》《浦东新区住宅修缮工程监督管理指南》等专业书籍受到广泛好评，"百通咨询"也已成为市场较有影响的品牌之一。2011年，经国家发展改革委投资司对全国招标代理机构招标业绩审核统计排名，百通综合排名位居全国第六、上海市第一。根据建设部排名百通招标业绩始终名列上海前列。2021年，适逢《招标投标法》实施20周年，百通被中国招标投标协会授予"行业先锋"荣誉称号，2名专家被授予全国首批"招标采购行业专家"（共57人，其中上海3人）荣誉称号；百通还承担了国家级课题国家发展改革委法规司"招投标领域政府监管体制研究"，并受邀成为国家"招投标法""政府采购法"两法合一研究修订组的成员单位。

百通从一家名不见经传的小三产，成为上海同行业的翘楚，这就是百通的传奇！这就是传奇的百通！

传奇没有结束，时光荏苒，岁月变迁。百通人牢记嘱托、不畏艰难、感恩奋进，在党的坚强、正确领导下，伴随浦东开发开放风雨兼程一路走来，亲历波澜壮阔之巨变，从转制前只有十几名职工簇拥在小办公室工作，发展到今天坐落浦东陆家嘴繁华商业区、拥有600多位高水平高质量的专业精英人才，身处工程全过程相关咨询专业及行业发展前沿领域，服务范围覆盖全国；咨询年收入从改制时的不足300万元，至今突破数亿元，年纳税额达几千万元；正积极践行企业社会责任，深度回报社会。可以说，浦东的发展促成了百通的发展，百通的发展也见证了浦东开发开放 30 年的丰硕成果。

百通依然赓续着自己的使命和传奇。今天的百通，正着力紧跟国家发展形势和行业趋势，坚持以党建为引领高质量发展建设，坚持以创新为基础高站位谋划未来，深度研发和全力打造"百通云"数字化、智能化技术服务体系和平台，博采众长、聚力钻研向数字化服务转型，致力于成为一流的工程咨询行业综合性集成服务供应商，为促进咨询行业发展不懈奋斗！

悠悠岁月，初心不变，百通的传奇，正是源自这些传奇的百通人……

（供稿：朱蔚馨　撰写：叶永平）

筚路蓝缕之路

——天佑市政公司改革发展的故事

在开发开放的浦东热土上，纵横交错的城市道路构成了一道道美丽的风景线，那是城建人的双手画出的一幅幅彩图……

当我们走在绿树成荫、宽敞舒适的大道上，曾几何时，这里还是阡陌交通袅袅炊烟的农田，筚路蓝缕，以启山林。其实地上本没有路，走的人多了，也便成了路。

20多年前，从一家事业单位改制成上海市浦东新区天佑市政合作公司（以下简称"天佑公司"），从小到大，从弱到强，天佑公司开启了筚路蓝缕之路……

风云际会的1997年，上海浦东新区城市建设局正处于热火朝天的事业单位改制的浪潮里，浦东新区城建局下属的浦东市政署提出了事业单位企业化管理。石破天惊。

当时地处东方明珠电视塔下的浦东市政署陆家嘴分署，他们以积极的姿态投身于改制之中，尝试着以"浦东新区陆家嘴市政养护工程公司"的名称实施试点（未进行工商登记），内部实行经营者竞聘上岗、经济责任承包签约等完全不同于事业单位的管理方式，试点期限一年。要知道，这在当年"事业单位就是大锅饭、铁饭碗"的环境下，迈出这样一步，无异于在"改"自己的命运，这需要何等的魄力，如同壮士断腕的决心！当然，不是没有不同的声音，"怎么放着旱涝保收的事业单位工资待遇不要，去搞什么企业化管理？真是自讨苦吃！"有人嘀嘀咕咕议论着，还有人干脆一脸的不高兴："谁要改？谁去改！为什么我们要去做这种没有先例的事，万一工资奖金少了，我们怎么办……"

的确，改革的前程充满艰险，这是一条前人没有走过的路。当时，市政养护行业都是事业单位的性质和待遇，没有一家是搞企业化管理的，没有一处成功的经验可以汲取，事业单位转制需要勇气和眼光，更需要开拓前进的道路……

然而，正是这迈出的第一步，发轫之始，成就了天佑公司的筚路蓝缕之路！

这次尝试也为1997年底开始的浦东新区城建局所属的市政署、园林署、环卫署进行事转企改制做了初步的演练和探索。

万事开头难。市政署的改制工作一步一步扎扎实实地推开了。

不过，当年可用"踌躇"两个字来形容天佑公司成立初期的那段历程。踌躇的意思是犹豫、停留、徘徊不前，不过，这仅仅是天佑人曾经的心境！早已一去不复返了！

那年初冬的浦东，梧桐树已经凋零，落叶满地，但是，天佑公司的职工们好像没有心思去清扫路上的败叶枯枝，他们就像被秋霜打过的茄子那般，垂头丧气。

那天，浦东新区有关领导到陆家嘴分署位于北洋泾路120号的二楼会议室召开中层以上员工动员大会，会议室里鸦雀无声，领导们催着叫大伙表态发言，人们一个个你看看我，我看看你，整个会议过程没有人发言，也没有人提问，不少人只是一根接着一根抽烟，弄得会议室里烟雾腾腾，大家仿佛处于氤氲弥漫烟霭朦胧之中，都很茫然。那些中年人，一个个紧锁着眉头，愁眉苦脸，他们想着将来养家糊口的事。其他人员都低着头，不想被领导点名表态，因为他们也要为自己的未来左思右想、思忖再三。会议室里黑云压城一般，气氛低沉。那几个30岁不到的年轻人，才踏入天佑公司不久，无牵无挂，好像没有什么具体感受。但是，看着这样的氛围和气氛，略略思忖：难道以后的日子不好过吗？其实，大家都没有"底"！

在这样的氛围里，时任陆家嘴分署主任的黄琦，这个戴着一副眼镜，说话斯斯文文的当家人，当时不到40岁，却性格沉稳，高人雅志，面临大事，从容不迫，绰有余裕。局长"捏"着他的"头颈骨"下了"死命令"："你必须带头搞改革！"大局之下，他挺身而出，承受着改革改制的巨大压力：这样一个摊子，以后他得担着走，而且要越做越好。

当时，职工思维是简单的，改革中的一些问题他们一时搞不懂，就不管了，遇上自己有想法就去找领导，行动上的表现就是紧跟着当家人走。

所以当时的他们应该比较迷茫，也不清楚改制的未来是一个什么样的前途。唯有一个承诺他们当时都听进去了："只要我们尽心尽力，让改制成功，保证大家改制后的收入与原来事业单位相比保持一致。"这句话似乎宽慰着大家那颗忐忑不安的心。

事转企的改革改制工作就这样按照既定时间节点推进着，臧新民局长代表局党组确定了他们改制的企业模式：股份合作制。这又是当时城建局下属的一大批事改企单位的一种新的模式，这是一条没有现成经验、现成样式的改革之路！

榜样的力量是无穷的。以黄琦同志为主的公司经营班子提出了选用"天佑"二字作为公司名称。其中有何奥秘呢？

黄琦他们为什么会在浩瀚的中国汉字中选定这两个字呢？其一是当时的工程养护作业与天气等因素密切相关，改革改制后的诸多不确定因素都存在，期望护佑之心是有的；其二是用詹天佑建造中国第一条自己的铁路的精神激励改制职工。

正是如此，有了这种敢为天下先的开拓精神创业精神，筚路蓝缕之路就在天佑人的脚下，一步一步地向前伸展……

红花还要绿叶扶。当家人黄琦心里非常清楚，光靠自己单打独斗是一事无成的，还要靠集体的智慧、集体的力量，众人拾柴火焰高。黄琦亲自邀请原浦东新区市政署副署长、总经济师陆明康来担任天佑市政合作公司首任董事长，黄琦担任总经理。一老一少，相得益彰。

新年伊始，万象更新。1998年1月10日，在当时的浦东新区东方路营造中心举行了上海浦东新区天佑市政合作公司挂牌仪式。这如同初升的太阳，在浦东的地平线上冉冉升起……

随之，东方路联合体养护项目作为浦东新区养护市场第一次招标项目由天佑公司中标，黄琦接过了该项目的管养证书。1998年1月21日公司工商注册成立，1月22日于北洋泾路120号二楼会议室召开了天佑公司首次股东会，班子人员、职工踊跃认股。这一份份认股书，是一份份信心。从茫然无措到初定信心，天佑人对自己孕育的"改制婴儿"充满着美好的憧憬。

天佑公司在成立第一年里，脚踏实地做事，他们从人员整合、资产处置等入手，承接了原园林署、环卫署等事转企改制的人员。至1999年，天佑公司共计有事转企职工487人，成为一个真正的集市政、绿化、环卫作业三位一体、参与市场竞争的企业。过去是事业单位旱涝保收，业务靠上级分配，不用当家人自己去找；现在一切要靠自己去市场竞争。浦东机场的迎宾大道有关项目是天佑公司当时准备参与的首个市政招投标项目，他们上上下下齐心协力，一定要拿下这个"第一"！那是办公室人员第一次参与标书文书的打字编排，当时公司没有电脑（那时都用四通打字机），他们借了电脑工作了3天2夜，才完成了公司第一本真正意义上的投标书。现在人们走到科技馆，看到科技馆旁的张家浜特别的漂亮，当时负责施工的项目经理，一个小青年后来成长为公司的总工程师。浦东新区政府门前的砂岩广场改造，这张靓丽的名片，首次展示了天佑公司绿化设计、施工方面的实力。对这些成果,他们抱有深深的感情。因为这都是天佑公司的"第一"……

1998年,天佑公司管理目标为"划小内部核算单位,控制成本总额分块签约承包,实行经济责任承包考核制"。根据这一目标,公司从总经理到各个有关经济责任部门,实行层层签约,通过"下指标、压担子"的方式,实现了天佑公司的初步运转。通过近一年的实施,并配以新的用工制度、分配制度,各责任部门总体达到了考核目标,从而保证了公司总的利润目标的实现。

一个事转企公司初闯市场十分艰难,在这个市场中生存的唯一出路就是苦练内功。因此公司适时地从人力、物力、财力各个方面充实企业的能力,通过努力公司取得了市政工程施工二级资质,同时,公司为了进一步提高市场竞争能力,提高公司市政服务质量,进行了一定的程序性资料准备和人员培训,为公司着手进行国际质量体系 ISO 9002 的贯标工作作铺垫。根据公司当时的规模和项目施工管理,并以这些部门为基础逐步形成公司的利润中心和责任成本中心,通过一定的摸索逐渐建立天佑公司的管理模式。

这可是前无先例的改制成果,是天佑人筚路蓝缕之路的成功第一步!

倏忽间,改制后的一年过去了。1999年1月21日,天佑公司借上海船厂会议室隆重召开了年度股东会,向公司职工、股东,向一直支持他们改革改制工作的局领导汇报公司一年的成果:他们的所有职工工资水平与改制前相比持平,可以完成1998年度股东投资回报率15%的目标。公司建立了内部管理制度,计划由市政三级资质升级为二级,做好申报绿化资质的准备,以及大量机械设备的更新计划等。

会上,新区城建局主要领导对天佑公司改制后一年取得的成绩表示祝贺,对天佑公司职工一年来对公司投入的最大信任和努力给予了高度评价，赞扬了公司职工的主人翁精神、领导班子的敬业精神和市场意识，上上下下一致肯定了天佑公司这稳扎稳打初见成效的第一步。正因为天佑公司的成功第一步，更坚定了浦东城建局不断推行事改企改革改制工作的决心和信心。这就是天佑公司筚路蓝缕之路的真正意义所在！

改革改制并不是一蹴而就的，需要循序渐进，要有水滴石穿的努力。天佑公司在运作过程中，问题与困难交汇，许多是原来事业单位不曾遇到的新情况新问题，他们都迎难而上，一一面对。随着业务的扩大，人力资源不足，他们就实行自有员工岗位提升和院校招聘相结合；公司成立初期经营成本大，公司成立的前5年里，每年5—7月的时候，整个公司气氛是凝重的，因为这个时候基本框得出公司一年业务状况，他们的产值情况与整年的管理成本让当家人感受到巨大的压力。那些天，当家人黄琦比别人都心情沉重，有时一天都不说一句话，手下的人都知道：黄琦心里想着几百号人的命运和未来……

当时，他们除了综合养护项目要做好，积极参与市政、绿化项目招投标是必须要完成的事。从公司成立后的第一个市政招投标项目"浦东国际机场南干线迎宾大道3标段"开始，至2008年的10年间，公司先后承建了：外环线（十三标）、高科路建设、罗山路延长线、浦东南路改扩建、大连路隧道浦东接线道路等市政工程项目；张家浜整治、三八河整治、高桥港整治等河道水务工程项目；浦东国际机场南干线绿化、浦东新区行政中心砂岩广场改造、塘桥公园新建、外环线林带建设、金科路绿化建设等绿化工程项目，这些项目大部分是市、区重大工程项目。其中浦东国际机场南干线、张家浜综合整治工程分别获得2001年、2002年度中国市政工程协会市政金杯示范工程奖。通过这些工程项目，公司在自身改革改制的同时，深深地融入浦东开发开放之初城市建设的洪流之中。

彩虹总在风雨后。在这10年之间，天佑公司注册资本由成立之初的1,200万元提升为2,000万元，公司具有市政二级施工资质、园林绿化工程二级资质及一系列专业资质，公司在技术力量、专业设备等方面已经成为浦东新区城建系统在市政工程、园林绿化工程、综合养护方面的一支骨干力量。黄琦他们的脸上终于绽放出甜美的笑容……

然而，天佑公司的改革没有止步，天佑公司成立以来的后10年是市场变化、公司突破瓶颈谋发展关键的10年。严格讲是从2010年上海举办世博会这一年开始，他们从事的这个市场发生了巨大的变化，整个节奏从市政设施大建设转到城市更新为主导。公司在这个过程中经历了自身组织结构的改革、内部机构的整合、人员的大幅度提升调整，以及管理制度的建立和更新，目标就是适应市场的变化，为公司后续发展找到新的后劲。

天佑公司主动转变理念，立足浦东养护市场，深耕细作，至2020年，公司由初创时的1,200万元资金发展到资产总额5亿多元；中级以上专业技术职称人员由初创时期的4人，到现在的51人（其中高级职称13人）；建造师由0人到现在的33人（其中一级建造师5人、二级建造师28人）；大专以上学历由初创时期的13人（占总人数的2.7%不到）到现在的115人（其中本科及以上63人），大专以上人数占到公司总人数的71.8%。

领军人物、科技创新是企业发展的强大动力。天佑公司培养出了浦东工匠、北蔡工匠，并鼓励专业人员将舞台拓展到上海市工匠、专业工匠领域。在公司这些领军人物的带领下，开展攻关服务、科技创新和课题研发，2019—2020年在知识产权方面成功申报7项"实用新型"专利和3项发明专利，2021年又申请了2个实用新型专利、2个著作权专利申请。

青年是企业持续发展的动力。公司从2017年组建"羊角锤"青年突击队，通过浦东中小河道改造、服务进博会等场合锤炼，这支队伍已成长起来，获得2019年度浦东新区青年岗位建功行动优秀集体、浦东新区五四特色团支部称号，2020年浦东新区青春建功浦东倍增青年突击专项行动通报表扬。

至2020年底，天佑公司已经深耕浦东近22年，公司的养护区域覆盖陆家嘴街道区域（除了小陆家嘴金融区、世纪大道）、洋泾街道区域、潍坊街道部分区域，包含八佰伴、九六广场、旭辉广场等重要商业区域。陆家嘴街道党工委自2019年、2020年连续两年授予公司党建联建特别贡献单位称号；2019年在上海市公路市政行业协会成立30周年之际，公司被授予设施养护管理类领军企业荣誉。

2020年是浦东开发开放30周年，天佑公司员工亲历了全过程，留下了很多精彩靓丽的丰硕成果：2021年第三届上海市50条"最美河道"之一的三八河（杨高路—罗山路）；春天网红市区赏桃花打卡地桃林路、2021年被评为"上海市精品示范路"的滨江大道（北洋泾路—东方路）、北洋泾路（张杨路—浦东大道）、崮山路（浦东大道—杨高路）；还有上海市林荫道——巨野路、沈家弄路（民生路—巨野路）之妩媚的秋景、共享水清岸绿的一星级河道智慧河（向阳河—川杨河）、小张家浜河道（金科路—规划铁塔）、向阳河（川杨河—华夏路），等等。

今天，天佑公司职工平均收入已经处于上海市城镇单位就业人员平均工资收入之上，各项保障规范执行。还有那几十个中国市政工程协会和上海市政工程协会、市绿化委、市政局和市园林协会等颁发的荣誉奖项，光彩熠熠……

回溯往事，改革改制之路，就是这样由天佑人闯出来的。

（供稿：俞文君　撰写：叶永平）

附录

浦东新区城市建设大事记

（1993年1月—2000年8月）

1993年

1月1日　浦东新区城市建设局成立并对外办公。同年5月，浦东新区环境保护局成立，与城建局实行两块牌子一套班子管理模式。

8月16日　金桥雨水泵站开始营运，是新区最大的雨水泵站，排水量22.4立方米每秒。

9月8日　浦东新区建设总公司成立。该公司有1.2亿元资产、1.5万名职工、33家施工企业。1996年12月，改制更名为浦东新区建设（集团）有限公司，为上海市建筑行业综合实力30强企业之一。行政主管为浦东新区城建局。

11月20日　内环线浦东段及龙阳路立交桥建成并举行通车典礼。市主要领导参加通车仪式。

12月23日　陆家嘴滨江大道一期工程建成。

12月27日　七路（滨州、源深、龙东、上川、汾河、东徐、同高）会战告捷，在龙东路举行通车典礼。浦东新区城建局局长李佳能、副局长臧新民等局领导出席。

1994年

1月18日　延安东路隧道复线土建工程开工，这是上海第二批十大市政基础建设项目之一，是上海第一个采用BOT方式建设和管理的市政基础设施项目。

2月3日　浦东新区1994年重点项目白莲泾改道工程开工，工程总投资

1.25 亿元，全长 1,850 米。

3 月 25 日　延安东路隧道复线浦东段配套工程开工，工程包括陆家嘴路拓宽、浦东南路东行立交、雨污水管线和轴线大道的建设等。

3 月 29 日　市实事工程"济阳公园"奠基。管委会副主任胡炜和城建局领导参加奠基典礼。奋战 7 个月于 11 月 15 开园剪彩。副市长赵启正参加开园典礼并作重要讲话。

4 月 21—22 日　浦东新区举办 BOT 项目国际研讨会，浦东新区城建局主持。与会专家对新区推出的生活垃圾焚烧厂、轻轨交通、快速干道、集中供热、临江水厂五大项目采用 BOT 方式实施的适用性、可行性以及政策、法律保障等问题提出了意见。

5 月 10 日　全国第一座超高层大厦——金茂大厦开工，大厦设计高度 88 层，是一座集智能化、信息化和现代化一体的大楼。

7 月 2 日　列入上海市和浦东新区十大重点工程之一的浦东轴线大道样板开工。轴线大道是上海市设计最宽的城市道路，设 6 快 2 慢 8 车道。

9 月 28 日　"上海市浦东新区城市建设科技委员会"成立，城建科技委的主任由城建局主要领导担任。委员会后续不断发展，由 84 位顾问和技术顾问、225 位委员，以及 236 名在上海市和国内有较高知名度的建设领域的专家及科技人员组成，分设 9 个专业委员会。

10 月 8 日　浦东新区建材交易市场开业。浦东新区管委会副主任李佳能，新区城建局副局长褚国强、许彬彬，局建管处等出席。

12 月 25 日　浦东"五路一桥"（即张杨路扩建、沪南公路改建、同高路二期、延安东路隧道浦东段配套、世纪大道样板路段和金桥立交桥）工程竣工通车。

1995 年

3 月 8 日　浦东公交公司从市公用事业局公交总公司划归浦东新区城建局管理，有 8,400 多名职工、60 条营运线路、756 辆公交车。

4月28日　被列为上海市重大工程的浦东新区1号工程的重点工程——浦川路改建工程开工建设。

5月18日　浦东新区建筑营造交易中心挂牌成立。浦东新区管委会副主任李佳能，城建局副局长臧新民、褚国强、益小华，局建管处等出席。

6月29日　上海文化建设标志性项目——东方音乐厅在浦东陆家嘴东方明珠广播电视塔西侧奠基。上海市党政领导与音乐界人士出席奠基仪式。此工程后迁址丁香路建为东方艺术中心，2002年3月26日该中心开工建设，总投资7.8亿元。

11月30日　上海市浦东新区公共交通投资发展有限公司、上海浦东大众公交有限责任公司、上海浦东冠忠公交有限责任公司同时宣告成立。新区党工委、管委会领导出席并为改制公司揭牌，城建局副局长臧新民、褚国强、沈伯根、顾国籁，局综合交通处等出席。

12月22日　由加拿大海陆公司投资9,600万美元独资建设的上海最大旅游休闲项目上海浦东林克司外商休闲社区在三甲港海滨旅游区开工。

12月23日　浦川路改建工程建成通车，浦川路总投资6.8亿元，道路为6快2慢8车道，历时232天建成，建设周期创浦东建路的新纪录。

12月28日　浦东杨高路罗山路立交绿地大型群雕《活力》与金桥开发区汾河路（现为金海路）口的雕塑《腾飞》落成。

1996年

1月16日　浦东新区"华高杯"住宅配套小区（街坊）评选表彰会召开，浦东新区管委会副主任李佳能作重要讲话。城建局副局长益小华、局建筑管理处等出席了会议。

1月24日　中挪合作建立上海市浦东新区防灾救灾活动中心。会议在同济大学召开，市科委、同济大学的专家参加了会议。会议讨论了主体建筑、通信体系等技术问题。浦东新区城建局副局长褚国强主持会议并讲话。

1月26日　新上海商业城主体工程完工，商业城为亚洲规模最大的综合性商城。上海市主要领导出席并讲话。

2月17日 上海市"九五"期间东片市政交通建设的第一个启动项目——新辟ZX521路、781路、782路、783路4条越江公交线正式通车。上海市副市长赵启正和黄浦、南市两区领导为通车剪彩。浦东新区管委会副主任李佳能主持通车仪式，城建局副局长臧新民介绍4条越江公交线概况，局综合交通处等出席。

3月28日 浦东新区市政公用设施总结评比表彰大会召开，城建局副局长沈伯根到会并作总结发言。

4月5日 上海地铁2号线东方路车站工程开工，城建局领导及各处室负责人参加开工典礼。

4月25日，《东方建设》事业发展理事会成立大会在东方路1292号建筑营造中心召开，局领导及各处室主要负责人参加。

4月25日 总投资4.1亿美元的上海索广映像有限公司在王桥工业区破土动工。由日本索尼公司、上海广电股份公司、上海电子真空股份公司3家共同投资建设，生产大屏幕彩色电视机。

5月11日 上海最大的商业设施——正大广场在小陆家嘴奠基动工，项目由泰国正大集团联合泰国农业银行等6家银行共同投资3亿美元兴建。

5月17日 上海信息枢纽大楼在陆家嘴金融贸易区动工，大楼为全智能型大楼，属上海"信息港"工程的重点项目、上海重大工程之一。

6月18日 上海轨道交通2号线一期工程开工。全程从静安寺至龙东路，浦东新区共设陆家嘴、东昌路、东方路、杨高路、中央公园和龙东路6个站。

7月12日 浦东新区川杨河污染治理小组召开首次会议，新区党工委书记周禹鹏、管委会副主任李佳能部署川杨河治理目标和措施。

7月18日 中国船舶大厦在陆家嘴金融贸易区落成，这是中国船舶工业总公司直接参与浦东开发的大型投资项目。

8月23日 上海市人民政府新闻办公室和浦东国际机场建设指挥部联合举行新闻发布会，宣布国务院、中央军委正式批准浦东国际机场建设工程立项。

同日　浦东新区党政领导周禹鹏、王洪泉、李佳能、张耀伦、董大胜到施湾镇滨四村十队，欢送首批为浦东国际机场动迁的村民。

8月31日　上海城市外环线一期工程（浦东段）开工，标志着总长97公里、红线宽度100米的外环线地面工程启动。

9月21日　雕塑"五牛城"在浦东大道陆家嘴金融贸易区落成。上海市副市长赵启正到场祝贺。

9月28日　龙东大道、远东大道动工兴建，属上海市重大工程之一，标志着浦东国际机场市政配套工程建设全面启动。

1997年

1月8日　菊园小区首期改造地块动迁安置工作总结表彰会召开。城建局局长臧新民、副局长益小华出席。

2月29日　南浦大桥龙阳路立交桥下南浦广场上的大型雕塑《纽带》落成。雕塑《纽带》高达16米，拱跨20余米。结构厚重，寓意含蓄，表达了上海东西联动、和谐发展的寓意。

3月12日　外环线绿带一期工程100米林带三林段开工典礼暨植树活动举行。城建局局长臧新民、副局长欧阳令全出席。

3月19日　新区管委会召开1996年度农村粪改厕总结表彰大会。管委会领导李佳能、姜平等和城建局副局长欧阳令全出席会议。

4月15日　建设部安居工程"御桥花园民乐苑"落成典礼暨新闻发布会在民乐苑广场举行。城建局副局长益小华到场祝贺。

5月22日　浦东新区城建局对浦东公交公司留存的4,500多名职工、48条营运线路与上海巴士实业股份有限公司实行"嫁接"，组建浦东巴士交通股份有限公司，于5月22日挂牌营运。城建局副局长吴福康出席挂牌仪式。

5月30日　浦东新区城市环境综合定量考核领导小组成立，组长由新区管委会副主任李佳能同志担任，副组长由城建局局长臧新民和副局长欧阳令全担任。

6月26日　陆家嘴中心绿地竣工，由上海绿地集团公司无偿投资900万元承建，占地面积10万平方米。

8月20日　浦东新区建材管理署正式挂牌成立。城建局局党组副书记褚国强，副局长益小华、闵师林到会祝贺并为其揭牌。

8月26日　浦东新区97住宅规划设计作品展评会开幕，城建局副局长益小华主持开幕式，局长臧新民致辞，管委会副主任李佳能、上海市住宅发展局副局长毛佳梁为开幕式剪彩并讲话。

8月28日　由中国上海对外贸易中心股份有限公司投资兴建的中华第一高楼——金茂大厦结构封顶。

同日　浦东中央公园一期工程20公顷田园景区对外试开放。

9月8日　新区举行绿化委员会扩大会暨创建国家级园林城区动员大会，管委会书记周禹鹏、副主任李佳能参加会议并发言，城建局局长臧新民主持会议，副局长欧阳令全及城管处、园林署、各开发小区、街道、镇等有关领导出席大会。

9月26日　浦东新区公用事业管理署举行揭牌仪式，城建局局长臧新民和市公用事业管理局副局长芮友仁为管理署揭牌，副局长益小华主持揭牌仪式，副书记褚国强、副局长闵师林和市给水处、市燃气处负责人出席揭牌仪式。

11月8日　上海新里城居住区动工，居住区属旧城改造动迁房基地，位于六里现代生活园区附近，占地80公顷，能容纳4.5万人口。

同日　中国通信贸易大厦在陆家嘴金融贸易区落成并投入运行，大厦属国家级通信产品交易中心，由邮电部和各省市自治区邮电部门共同投资5.34亿元建造。

11月28日　六里液化气汽车加气站举行开工奠基典礼，市建委副主任张载养，城建局局长臧新民，副局长益小华、闵师林出席开工典礼。

12月18日　浦东国际机场重大市政配套工程龙东大道、远东大道竣工通车。城建局局长臧新民，副书记褚国强，副局长益小华、田赛男、闵师林、吴福康出席通车典礼。

12月22日　金杨街道烟控区和环境噪声控制区通过市局组织的验收，城建局副局长汪尧昌出席验收会并讲话。

1998年

1月8日　华夏东路延伸段竣工通车。至此，全长14公里的华夏东路全线贯通。

1月14日　浦东国际机场一期工程新区动迁住宅竣工，回搬仪式在晨阳新村中心绿地举行，近4万名动迁农民开始乔迁新居。

1月19日　浦东新区引进外资最大的旧区改造项目——菊园、东园小区建设启动，并于4月30日破土动工。

2月28日　中国煤炭大厦和浦东假日酒店落成开业，总投资近7亿元。

3月2日　上海市召开重大工程建设工作会议，上海通用汽车公司轿车项目被列为头号工程，垃圾焚烧厂、中央公园（后更名为世纪公园）、世纪大道被列入重大工程项目。

3月13日　浦东新区召开环境保护会议，会议提出"到2000年，浦东将初步形成与国际大都市相适应的生态环境保护管理框架，城市市容环境卫生要处于全国领先水平"的跨世纪目标。

3月20日　上海瑞东医院在花木地区建成开业。医院由上海第二医科大学附属瑞金医院、浦东新区土地发展（控股）公司和日本株式会社关东医学研究所、日本株式会社日本医疗事务中心合作，共同投资建设的综合性医院。

3月22日　上海源深体育中心开工建设。项目占地4万平方米，建筑面积1.8万平方米。

4月8日　上海浦东城市建设实业发展有限公司挂牌成立。城建局领导和有关处室到会祝贺。城建实业公司成立后承担环境卫生、市政养护、园林绿化等作业层任务，此举系城市管理和养护作业分离的重大改革举措。

4月28日　上海市第一座液化石油气加气站在六里镇投入运行。

5月1日　98中国首届荷兰百合花展开幕，城建局副局长欧阳令全、闵师林、汪尧昌参加。

5月8日　城建局党组副书记褚国强，副局长益小华、闵师林出席上海浦东建筑设计院等5家公司成立揭牌仪式。

7月17日　上海森茂国际大厦在浦东陆家嘴金融贸易区建成，此为上海第一座由日本独资开发建设的智能型大厦，也是上海市第一栋装配式办公建筑。日本前首相竹下登、中国海协会会长汪道涵、国务院新闻办主任赵启正、上海市副市长周禹鹏等出席落成典礼。

8月6日　城建局局长臧新民，副书记褚国强，副局长益小华、田赛男、闵师林、吴福康参加城建系统6家养护公司揭牌暨综合养护中标签约仪式。

8月28日　中华第一高楼——金茂大厦落成。大厦由外经贸部系统13家专业总公司与东方国际集团联合成立的上海对外贸易中心股份有限公司总投资5.4亿美元兴建。

10月8日　浦东新区市政管理委员会办公室成立暨揭牌，上海市副市长周禹鹏参加揭牌仪式，新区管委会副主任胡炜和李佳能为市政办成立揭牌，城建局局长兼市政办主任臧新民主持揭牌仪式，城建局和市政办领导参加揭牌仪式。

11月9日　张家浜综合整治一期工程（西段）开工，2000年1月9日，工程竣工，总投资2.5亿元。浦东新区管委会副主任李佳能参加开业典礼，城建局局长臧新民主持典礼仪式，副局长田赛男等出席。2003年12月，张家浜获建设部"景观河道人居环境范例奖"。

12月17日　浦东新区举行御桥生活垃圾焚烧厂开工典礼，城建局局长臧新民出席。

12月18日　浦东新区电话交换容量突破100万门。

12月20日　国际首座千吨生活垃圾焚烧发电厂在北蔡御桥工业区内开工建设。

12月28日　上海市建设工程交易管理中心商品混凝土分中心在浦东成立。城建局副书记褚国强、副局长益小华出席。

12月31日　浦东新区规模最大的长途汽车客运站——浦东长途客运总站竣工，总投资近3,000万元；1999年1月25日，客运总站投入运营。

同日　城建局副局长益小华、田赛男参加新区建筑业质量兴业暨首届金奖颁奖大会，新区管委会副主任李佳能出席大会。

1999年

2月3日　东方医院改扩建项目一期工程病房大楼竣工并投入使用。

4月8日　国家"九五"期间重点工程——东海天然气工程项目投产并开始供气。

4月28日　东海天然气工程投产暨首批居民点火用气庆典。城建局局长臧新民出席。

7月10日　城建局召开城建系统企业深化改革座谈会，局长臧新民作总结讲话，副书记褚国强主持会议，副局长吴福康通报企业划转浦发集团的情况。

9月14日　浦东国际机场南线快速干道环南一大道、迎宾大道建成通车。此为国际机场南通道，是上海市重点工程。市人大副主任孙贵璋、副市长周禹鹏、市政协副主席黄关从、新区管委会常务副主任胡炜、副主任李佳能等出席竣工通车典礼。浦东新区城建局局长臧新民汇报了工程建设情况。

9月21日　公交大桥五线、大桥六线开通。上海市副市长周禹鹏出席通车仪式，管委会副主任李佳能讲话，城建局局长臧新民主持仪式。

9月20日　轻道交通2号线一期工程建成试通车。2000年6月11日，2号线一期工程通车仪式在杨高南路站地面广场举行。

10月20日　上海市副市长周禹鹏出席罗山路延长线工程开工典礼，并宣布开工令。新区管委会副主任李佳能作讲话，城建局局长臧新民主持开工仪式，副局长田赛男汇报工程简要情况。

11月4日　中德合资的上海新国际博览中心项目开工，德国总理施罗德和上海市副市长周禹鹏等在龙阳路为工程奠基。2001年11月，该中心竣工建成。

11月12日　杨高路绿化带改造项目开工，浦东新区100公里快速干道绿色走廊工程启动。

11月28日　上海经典建筑评选揭晓，金茂大厦、东方明珠广播电视塔、浦东国际机场和上海国际会议中心榜上有名。

同日　上海海洋水族馆在陆家嘴东方明珠电视塔下开工。2002年2月7日建成对外开放。

12月24日　城建局召开"世纪之交的浦东城市建设与管理——99城建青年论坛"会议。副局长吴福康参加会议并讲话。会上评选出第一届"路桥杯"课题研究获奖论文。

2000年

1月1日　世纪大道全线贯道，4月18日通车。

1月28日　浦东开发开放以来规模最大的旧区改造项目——内环线以内的兰园地块改造工程启动。

2月25日　上海环绿带第二期工程启动，其中浦东段从黄浦江三岔港到孙桥立交桥，全长52公里。

同日　由中国和新加坡两国政府合作建设的东上海新城——三林城生态型示范居住区外资内销商品住宅首期50万平方米商品住宅竣工并开盘销售。

5月2日　由台湾震旦集团独资兴建的上海震旦国际大楼在富都世界X1-6地块开工。

5月28日　上海市政府一号工程——上海信息港七项主体工程之一的上海超级计算机中心在张江高科技园区动工兴建。

7月2日　由浦东汽运、浦东巴士和公交长途3家公司通过联合重组而成的上海浦东交通巴士长途客运有限公司揭牌。

7月9日　张家浜对外开放，成为上海第一条生态水景游览线路。张家浜一期景观河道全长6.8公里，流经陆家嘴、竹园商贸区和世纪公园等区域。

7月28日　投资14亿美元的中芯国际集成电路公司第一期工程开工。

2001年一厂建成，年底投入生产。

9月23日—10月22日　第三届中国国际园林花卉博览会在世纪公园举行。这是上海规模最大的一次花卉博览会。其间，共接待中外游客150多万人次。

9月26日　世茂滨江花园开工。项目总投资50亿元，是超高层住宅区。

9月29日　浦东新区33万户居民家庭在国庆前夕用上天然气。

10月21日　浦东新区污水治理二期工程、浦东国际机场一期场道工程、世纪大道和轨道交通2号线陆家嘴车站工程获2000年度"上海市政工程金奖"。

资料来源：《上海市浦东新区志》《浦东新区城建局大事记》

浦东新区市政建设重大工程

（1993年1月—2000年8月）

1. **内环线浦东段工程** 上海内环线全长48公里，由杨浦、南浦2座大桥连接该线浦东、浦西段。其中浦东段全长18.8公里（含桥梁长度）。道路宽50米，设双向4个快车道、2个慢车道及两边各2米宽的人行道。内环线浦东段为城市快速干道，总投资23亿元，1993年11月20日建成通车。

2. **罗山路立交桥工程** 罗山路立交桥是内环线连接南浦、杨浦2座大桥的交通枢纽，全长2,321米，最高点离地面16米。罗山路立交桥是中国第一座5层分流的互通式立交桥。工程总投资2.40亿元，1992年9月开工建设，1993年9月30日竣工通车，日通车能力9万辆（次）—10万辆（次）。

3. **龙阳路立交桥工程** 龙阳路立交桥位于龙阳路杨高路口，为4层互通式城市道路立交桥，是通往南浦大桥的过江咽喉。工程南北长751.06米，东西长502.76米，从地面至主桥面的总高度为16米。主桥设双向6条车道，工程总投资1.3亿元；1992年10月20日开工，1993年11月20日竣工通车。

4. **七路工程** 包括同高路、汾河路、滨洲路、东徐路4条新建道路和源深路、龙东公路、上川公路3条拓建道路，总长18.18公里。1993年5月4日源深路动工，到同年12月10日七路工程竣工，实现"当年立项、当年设计、当年开工、当年竣工"的目标。七路工程建设总投资12亿元，资金来源50%由各开发区自筹，50%由浦东新区政府贴息贷款；工程建设的完成从根本上改变了浦东道路建设滞后的局面，改善了投资环境。

5. **延安路隧道复线浦东段配套工程** 工程西起丰和路，东至即墨路，全长1,265米，1994年3月25日开工，9月20日竣工，总投资概算1.51亿元。

工程改善小陆家嘴地区的道路形象和交通状况，为中央商务区（CBD）的招商开发创造良好投资环境。

6. 同高路二期以及外高桥地区污水排放系统工程　同高路二期是在1993年一期道路的基础上向东延伸0.91公里，路幅40米，设双向4快2慢车道；污水排放系统建1.2米污水排放管道561米，一期合流污水高水位井长2,700米、污水泵站3座；总投资概算1.42亿元。1994年3月5日开工，12月25日竣工。工程的建成改善了外高桥地区交通状况，解决地区未来26万吨每天的污水排放，完善了外高桥保税区及其附近地区的投资环境。

7. 张杨路扩建与共同沟工程　张杨路扩建与共同沟工程西起浦东南路，东至金桥路，全长7.04公里，总投资概算为9.58亿元。道路两侧地下建成将公共管线集于一体的箱体式管沟（简称"共同沟"），共同沟全长11.13公里。1994年1月24日开工，12月20日竣工。共同沟的建设避免城市道路建成后常因管线维修或重新铺设而重复开挖路面的现象，也为张杨路商业街的建设提供良好投资环境，缓解与之平行的浦东大道和杨高路的交通压力。

8. 金桥立交桥工程　金桥立交桥位于主干道杨高路与金桥路的交叉口，是连接各大开发区的交通枢纽。桥梁总长2,601.6米，引道全长1,958米，人行天桥86米，相对高度14米。工程为定向型加半苜蓿型互通式立交桥，共分3个交通层面，工程总投资概算3.08亿元。1994年3月17日开工，12月18日竣工。

9. 沪南公路浦东段拓宽工程　工程北起杨高路浦建路口，南至新开河桥与南汇县交界处，全长7.54公里；路幅宽40米，设双向4快2慢车道，道路中央设2米宽的绿化隔离带。工程总投资概算为5.29亿元，1994年3月25日正式施工，12月15日浦东段竣工。沪南公路是对外交通的干道，经此干道向南可至南汇县芦潮港，以及经奉贤、金山至杭州湾，对促进区域经济发展具有重要意义。

10. 中央大道样板段工程　样板段工程西起延安路隧道浦东出口处，东至浦东南路，全长730米，宽80米，快车道44米，设双向12个车道，道路两边各设2米机动车与非机动车隔离带和5.5米慢车道、5.5米人行道、5米绿化带。1994年7月2日开工，同年11月30日竣工。规划中的中央大道将向东延伸至建设中的中央公园，将金融中心与花木行政中心连接，并通过延安路隧道与浦西相连。

11. **浦东国际机场市政配套工程动迁** 工程包括龙东大道、远东大道、合流污水二期工程，涉及施湾、江镇、蔡路、合庆、王港、唐镇、张江7个镇。至1996年11月，完成26个村、56个生产队、1,271户居民和158家企事业单位的搬迁任务，完成总动迁量的97%。

12. **"六路一桥"工程** 1996年竣工的"六路一桥"分别是：总投资4,000万元、全长1.4公里的东方路辟通工程，总投资8,162万元、全长900米的栖霞路拓宽工程，总投资6,026万元、全长1.74公里的上川路（王桥段）工程，总投资8,792万元、全长5.46公里的上川路（顾路段）工程，总投资800万元、全长960米的航津路三期工程，总投资7,772万元、全长3.75公里的金海路工程，总投资2,100万元、桥面宽30米的张家浜三号桥工程。

13. **延安东路隧道复线（南线）二期工程** 工程于1994年1月18日开工，9月7日盾构开始向浦西推进，1996年3月18日实现贯通，6月18日全线道路贯通，11月29日建成通车。南线全长2,207米（隧道长1,302米），设计车流量每小时2,400辆，时速50公里。

14. **远东大道** 远东大道是浦东国际机场连接市郊的主要道路。北起龙东大道，南至周祝公路，全长13.48公里，实施宽度100米。两侧绿带各宽29米，面积86.946万平方米。远期是全封闭、全立交的城市快速路，设计车速80公里每小时，近期按六快二慢实施。1996年9月29日开工，1997年12月18日竣工通车，总投资约17亿元。

15. **龙东大道（东段）竣工通车** 龙东大道是浦东国际机场主要市政配套工程，西起申江路，东接远东大道，全长9.87公里，实施宽度90米，设计车速80公里每小时，为六快二慢的城市一级道路。两侧绿带各宽20米，面积45.568万平方米。龙东大道1996年9月28日开工，1997年12月18日竣工通车。

16. 浦东大道拓宽改建 该工程自浦东南路至德平路，全长4.9公里，道路红线宽50—55米，为避免大量动拆迁，实施宽度31—50米，基本维持原道路总宽度，将四快二慢改建为六快二慢，以提高机动车辆通行能力。设计车速40公里每小时。1997年4月开工，10月完成，总投资约830万元。

17. 浦城路二期工程 南自浦电路，北至潍坊路，全长530.13米，实施宽度为24米，设计车速40公里每小时。工程敷设雨污水管道及四大管线，总投资6,978万元。1997年9月开工，1998年12月竣工。道路通车后，缓解浦东南路交通拥挤状况，改善小陆家嘴地区的道路及排水条件。

18. 北蔡污水纳管工程 工程服务范围包括：东至南洋泾路，南至川杨河以及白莲泾以西的安建居住区，西起白莲泾，北至川北公路，总服务面积为304.8公顷，污水量为3.2万立方米每日。总投资2,620万元，1997年10月开工，1998年6月建成。

19. 浦东国际机场南干线 连接浦东国际机场和虹桥机场的南干线工程包括环南一大道、迎宾大道、迎宾立交二期和杨高南路立交二期。工程西起外环线杨高南路立交东端，东至迎宾大道立交，全长23.81公里，红线宽度100米，双向8车道，设计车速80公里每小时，中央隔离带宽度6—16米，绿化面积近170万公顷，按全封闭、全立交的城市快速干道标准建设。工程总投资22.7亿元，1998年5月23日开工，1999年9月14日通车，是浦东新区成立以来科技含量最高、一次性投入最大，第一条跨区县建设、全封闭、大规模实施改性沥青SMA的高等级城市快速干道。

20. 世纪大道 世纪大道西起延安东路隧道浦东出口，东至中央公园（后更名为世纪公园），为一斜向轴线干道，融交通、观光、生态和集聚四大功能于一体，是连接陆家嘴金融中心区、竹园商贸区和花木文化行政中心区的景观大道和交通次干道。道路总宽度100米，设双向8车道，总投资约10亿元。1998年5月16日开工，12月竣工通车。工程大量采用新技术、新工艺、新材料，确保工程高效、优质建成，经质监部门验收达到优良工程。

21. **合流污水二期工程**　工程包括浦西徐汇、卢湾2个区的截流设施，工程服务范围包括浦西徐汇、卢湾2个区，吴闵地区外排工程及浦东新区赵家沟以南的陆家嘴、花木、洋泾、金桥、张江、北蔡、周家渡、杨思、三林等地，总服务面积271.7平方公里，设计旱流污水量172万吨每天。1997年7月开工，同年12月通水。

22. **东昌路拓宽改建工程**　东昌路西起滨江大道（轮渡站口），东至浦东南路，道路全长1.04公里。道路等级为城市次干道一级，设计车速40公里每小时。工程包括道路改扩建、敷设雨污水管道及四大管线，工程总投资为1.48亿元。1999年4月开工，同年9月竣工。

23. **申江路南段工程**　申江路（龙东大道—云间路）位于浦东中部，与已建成北段连接后贯穿金桥开发区，西南经龙东大道、远东大道直达浦东国际机场。工程全长2.26公里，红线宽50米，设计车速60公里每小时，设双向6条机动车及2条非机动车道，设张家浜及华漕达2座桥梁，总投资6,112万元，2000年12月竣工通车。

24. **罗山路延长线工程**　工程北接内环线，南接外环线环南一大道，全长7.06公里。红线宽80米，设双向6快2慢8车道，设计车速为80公里每小时，总投资5.8亿元。绿地面积39.139万平方米。该工程1999年10月20日开工，2001年12月28日竣工通车。

资料来源：《上海市浦东新区志》、城建局有关工作报告

浦东新区城市建设实事工程

（1998年1月—2000年8月）

1998年度浦东新区城市建设实事工程一览表

名　称	实施结果
市政府分解项目12个	
外环绿带建设10万平方米	超额完成2万平方米
位于六里的LPG汽车加气站1座	4月完成，总投资490万元
解决113户人均居住面积4平方米以下困难户	实际完成131户
竣工住宅180万平方米，公建配套20万平方米	分别完成201.8万平方米和25.6万平方米
建成配套齐全的完整街坊7个	10月底共完成9个
开通旅游交通专线1条	10月1日试运行，11日正式开通
建成公园绿地150公顷	实际完成151.3公顷
完成旧房成套化改造5万平方米	实际完成6.08万平方米
新辟、延伸公路线3条	11月20开通
建成1座和选址11座加油站	全部完成
完成首批浦东居民用户使用天然气	节点目标全部完成
拆除危棚简屋1.33万平方米	年底完成率100%
新区自定项目11个	
城区新辟绿地1万平方米	实际完成89,764平方米
街坊补绿10万平方米，拆违复绿5,000平方米	补绿100%，复绿314%
建成8座"一镇一园"小公园	全部完成通过验收

续 表

名　　称	实施结果
450 个小区楼层亮灯工程	全部完成
解决 183 户人均居住 4 平方米以下困难户	完成率 102.6%
沿江地区中小道路灯照明	11 月底全部完成
调整、规范公交车站路牌 100 块	全部安装完成
新辟、调整 5 条公交线路	年底前全部开通
电缆架空线入地工程	完成年内节点目标
完成中央公园 2 号地块的绿化建设	基本完成
新建 2 座汽车液化气加气站	年底基本完成

1999 年度浦东新区城市建设实事工程一览表

名　　称	实施结果
市政府分解项目 7 个	
拆除"365"范围危房简屋 0.65 万平方米	完成率 100%
建成配套设施齐全的完整街坊 8 个	完成率 175%
建成公共绿地 200 公顷	完成率 153%
种植大树 10,792 棵	完成率 145%
建设 3,000 平方米以上公共绿地 4 块	全部完成
拆除违章建筑 14 万平方米	完成率 148.6%
63 台小型燃煤锅炉改用燃气等清洁燃料	完成率 142.9%
浦东新区自定项目 17 个	
新增公交车辆 200 辆	完成率 107.5%
新增延伸公交路线 6 条	全部完成
世纪大道沿线新建候车亭 10 组 20 个	年底全部完成

续 表

名　称	实施结果
完善小陆家嘴照明设施、浦兴路灯光工程	年底全部完成
完成浦东南路等架空线入地	7月中旬全部竣工
对六里、北蔡等地村镇水厂进行切换	年底全部完成
对后滩、白莲泾等地进行低压管网改造	年底全部完成
完成居住小区绿化6万平方米	完成率140%
建设5座加气能力为600辆每天的加气站	基本完成
对世纪大道沿线33幢旧公房外立面整修	完成率127.5%
完成旧区改造6.26万平方米	完成率114%
完成旧公房成套改造5万平方米	完成率137%
新辟绿地8万平方米	完成率221%
改建中心绿地1万平方米	完成率200%
街坊补绿5万平方米	完成率166%
拆违复绿3万平方米	完成率137%
特色绿化1万平方米	完成率105%

2000年度浦东新区城市建设实事工程一览表

名　称	实施结果
市政府下达项目12个	
新建160公顷公共绿地	实际完成334公顷
种植大树5,000棵	实际完成7,741棵
建成2块3,000平方米以上城市景观绿地	实际完成6块
新建金桥公园	年底建成试开园
建成生活垃圾压缩收集站8座	年底全部完成
新建完整街坊4个	至9月底完成8个

续 表

名　　称	实施结果
建成源深路、成山路液化气加气站	建成并投入运营
新辟、延伸799等15条公交线路	全部完成
在124个村建成生活垃圾收运处理系统	全部完成
完成旅游景点公厕达标19个	全部完成
拆除14万平方米违法违章建筑	实际完成30.7万平方米
建成并开放中央公园（后改名世纪公园）	建成并开放
浦东新区自定项目12个	
城区新增绿地5万平方米	实际完成5.46万平方米
特色绿化1万平方米	完成
拆违复绿3万平方米	实际完成4.26万平方米
建设住宅中心绿地6万平方米	实际完成8.3万平方米
新增公交车辆200辆	11月底全部完成
城区、川沙、高桥、杨思地区增装路灯	完成
城乡接合部10个路段水管网改造	完成
改造旧住宅成套率4万平方米	实际完成4.5万平方米
改造兰园等地块	累计完成4,000户
54幢多层住宅"平改坡"工程	全部完成
新区河道整治	完成
新建公厕12个	实际完成13个

资料来源：《上海市浦东新区志》、城建局有关工作报告

1993年1月—2000年8月上海市浦东新区城市建设局组织架构及历史沿革

一、浦东新区城建局系统组织架构（1993—1996年）

```
                        上海市浦东新区城市建设局
                       （上海市浦东新区环境保护局）
    ┌──────────┬──────────┬──────────┬──────────┬──────────┬──────────┬──────────┐
基层工作        市政处      综合        建筑        公用        城市        计划
党委办公室                  交通处      管理处      事业处      管理处      财务处
```

左侧（市政处/综合交通处下属）：
- 浦东新区城市道路管理署
- 浦东新区公路建设管理署
- 浦东新区排水管理署
- 浦东新区陆上客货运输管理署
- 浦东新区航务管理署
- 浦东新区建设市场管理署
- 浦东新区建设工程招投标办公室
- 浦东新区建筑工程监督站
- 浦东新区发展新型墙体材料办公室 散装水泥办公室
- 浦东新区住宅发展署
- 浦东新区给水管理署
- 浦东新区燃气管理署
- 浦东新区环保监理署
- 浦东新区环境监测站
- 浦东新区环境卫生管理署

右侧（建筑管理处/公用事业处/城市管理处下属）：
- 浦东新区园林绿化管理署
- 浦东新区市容监察支队
- 浦东新区民防救灾管理署（浦东新区民防办公室）（浦东新区地震办公室）
- 浦东新区城市建设科技委员会
- 浦东新区城市建设投资发展总公司
- 浦东新区建设（集团）有限公司
- 浦东新区建筑设计研究院
- 浦东新区自来水总公司
- 浦东新区交通运输总公司
- 浦东新区园林实业总公司
- 浦东新区环卫总公司
- 浦东新区公共交通公司
- 浦东公共交通投资发展有限公司
- 浦东新区城建局培训中心
- 浦东新区环境保护科技咨询事务所

注：1. 1993年建局伊始，设有开发管理处，无计划财务处；不久撤销开发管理处，并设立了计划财务处。
2. 园林绿化管理署与浦东新区园林实业总公司合署办公。
3. 民防救灾管理署同时承担防汛工作，1994年4月防汛职能划归农发局。
4. 环境卫生管理署与浦东新区环境卫生总公司合署办公。
5. 新区住宅发展署前身为新区城市建设动迁开发中心（1993年4月—1994年1月）、新区城市综合开发中心（1994年1月—1995年8月）。

二、浦东新区城建局系统直属局企业体制改革时期局部机构变化概况（1996—2000）

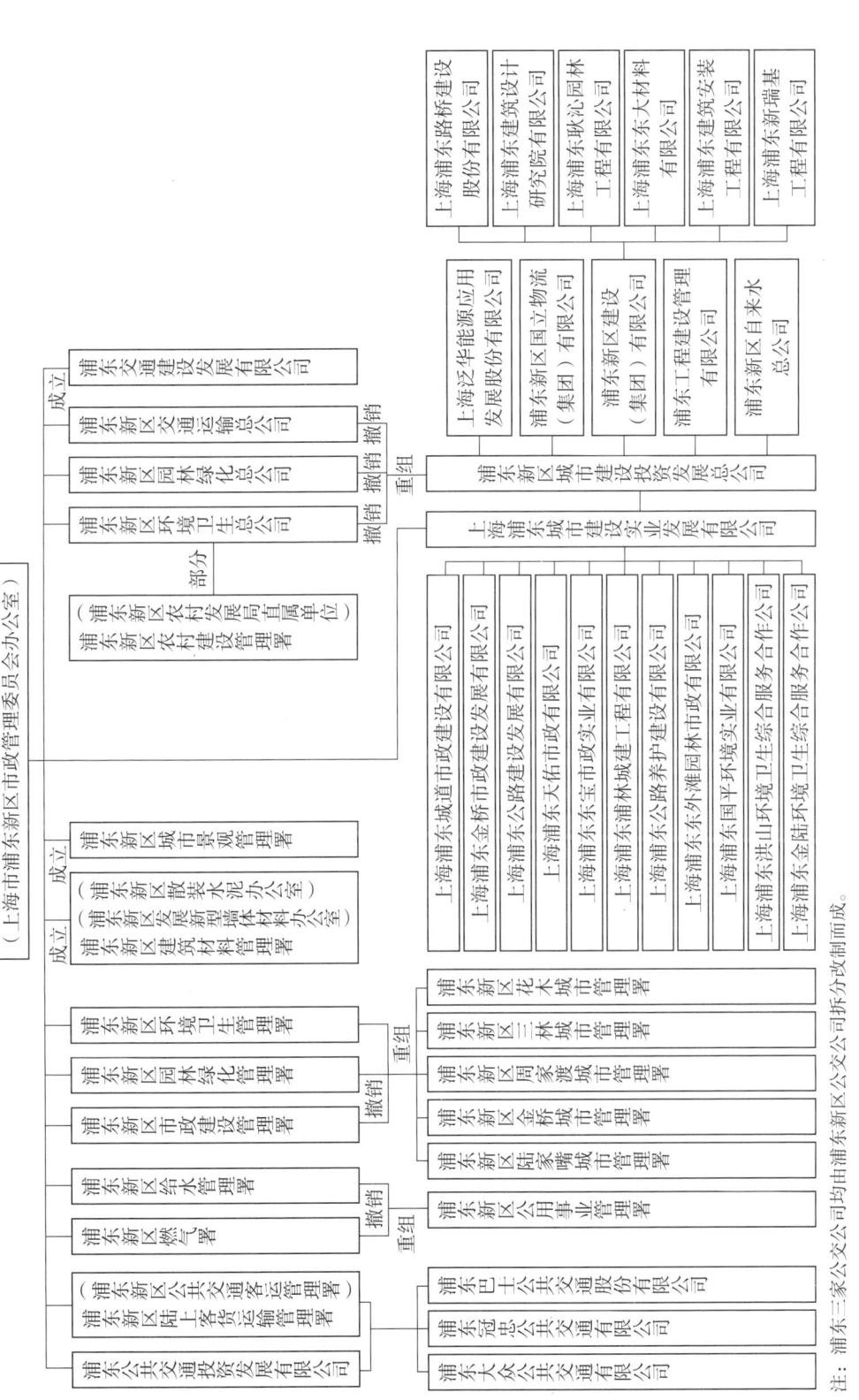

三、浦东新区城建局系统做实"浦东新区市政管理委员会"机构时期局部机构变化概况（1998—2000）

注：
1. "做实市政办"只是临时性的休制措施，不是新区管委会法定部门的新设。2000年区建政后，城建局分为建交委和环保市容局两个法定机构。
2. 1998年9月，原市容监察、园林、市政路政、公路路政、陆上稽查、排水监察等6支执法队伍，整建制合并组建"浦东新区城市管理监察总队"。

四、挂靠浦东新区城建局环保局的新区非常设机构

浦东新区重大建设工程和实事工程立功竞赛办公室

浦东新区创建国家卫生城区领导小组办公室

浦东新区创建国家环保模范城区领导小组办公室

浦东新区绿化委员会办公室

浦东新区绿化重点工程建设指挥部

浦东新区城市雕塑委员会办公室

五、局属行业协会学会

浦东新区建筑业协会

浦东新区风景园林学会

上海市市政工程协会浦东新区工作委员会

上海市道路水路运输行业协会浦东新区工作委员会

上海市建设工程造价协会浦东新区工作委员会

资料来源:《上海市浦东新区志》、欧阳令全等提供。

局办领导班子成员

（1993年1月—2000年8月）

浦东新区城市建设局（环保局）、浦东新区市政管理委员会办公室

历任局（办）领导成员名单

（按任职先后为序）

李佳能、臧新民、褚国强、沈伯根、许彬彬、顾国籁、益小华、欧阳令全、田赛男（女）、闵师林、吴福康、汪尧昌、王贵岭、张政（市政办主任助理）

后　记

正如本书的书名一样，本书的编辑出版也留下了难忘的故事。

2020年，是浦东开发30周年的大年，却又是新冠病毒疫情开始在全世界大规模肆虐的一年。挨过一个又一个聚集禁令，10月31日，和浦东开发"4·18"纪念日相隔了约半年，70多位原浦东新区城市建设局的老同事终于借浦东建设集团的驻地召开了一次浦东开发开放的回顾会。大家久未见面，既喜形于相聚的欢乐之中，又沉浸在难忘的原城建局开局岁月里，话语浓浓，言犹未尽。会上大屏幕一次次播放的帧帧往昔照片，更勾起了大家对老城建人共同战斗情景的美好回忆，同时激起了好几位老城建人的强烈愿望：利用这些宝贵的照片资料搞个出版物，将原城建局八年难忘的峥嵘岁月记录下来。

1993年1月—2000年8月，是浦东新区管委会成立至浦东新区政府建政的八年。对于浦东老城建人来说，这八年确确实实是难以忘怀的！这八年，是浦东开发经历了"点、线、面""三大跳"的八年。从外高桥发电厂、浦东煤气厂等十大基础设施工程的正式开工，到陆家嘴、金桥等四大国家级重点开发区开发的启动，再到浦东城市化建设的全面展开，浦东的开发速度超过国内外任何一个新的开发区域。这八年，是浦东实施市政基础设施先行开发战略的八年。除了十大基础设施工程，一条条通衢大道铺展开来，一座座璀璨桥梁架设起来，一根根公用管线连通上来，其中有些工程还获得了国际和国内的奖项，浦东城市

难忘的浦东城建岁月

化建设的市政基础高水平地迅速构筑了起来。这八年，是浦东城市形象和经济功能出奇迹的八年。在一片旧城区和农村土地上，崛起了以金茂大厦、国际会议中心、东方明珠电视塔等为代表的一大批现代化建筑，建成了数十成百满足不同需求的住宅小区，陆家嘴等几个重点开发小区的经济功能也迅速彰显。这八年，是浦东市容和环境面貌得到大力提升的八年。为了打造浦东舒适优美的工作和生活环境，开展了大规模的绿化建设，建起了完整的垃圾运营系统，布置了众多的雕塑、灯光等的城市景观，打响了消除"脏乱差"的一个又一个战役，提升了环境质量的监测和控制水平，还加强了市容监管的执法力度，从而获得了首个国家园林城区、国家卫生城区的荣誉称号，并为尔后不久获得国家环保模范城区称号打下了坚实的基础。这八年，又是在市委、市政府"以西带动，以东促西，东西联动"的浦东开发策略指引下，浦东浦西协调发展、比翼双飞，上海经济社会面貌开始发生巨变的八年。总之，这八年在浦东开发征程中有着太多的特殊史实和印记，而我们这代来自五湖四海的浦东老城建人都亲历了，其中许多事情还是亲为的。绝大多数人在艰苦的工作环境中得到了锻炼，其中有些人还走上了重要的工作岗位。

为了忠实地记录这八年老城建人走过的历程，2021年春节前夕，原城建局先后两任局长李佳能和臧新民，特地召集原城建局部分退休局、处职干部开了一个座谈会，对出版事宜进行了专题讨论。共同的感念，相同的追忆，令大家怀想万分。书以记之，一拍即合，大家一致赞同编撰出版物，有位老同事甚至动情地说"能有这样的出版物，上西天也要带着走"。关于出版物类型，囿于原有照片题材的局限，大家一致认为出有史料价值的文字书籍并加适当配图比较恰当。为避免与浦东其他部门和机构已出版的有关书籍雷同，防止与由原新区城建局派生的新区建交委和生态环境局前几年编撰的史志重复，大家采纳了老同事叶永平提出的建议，决定在体裁上采用故事形式。大家又着重对故事发生年

后 记

代作了反复研究，决定定为原城建局成立至浦东新区建政的八年。会议还初步确定了编委会和编辑部的组建方案。

怎样尽可能做到突出重点？相关资料去哪里找？编辑部的几位老同事费尽了心思，做了大量资料搜集工作：2021年春节刚过，在居其明的联系下拜访了浦东史志办并得到支持，后再次拜访又获最新版的《浦东新区志》；征得新区建交委的支持，调阅并复制了1993—2000年的历年城建工作会议报告及城建局大事记；整理了《东方建设》杂志当年刊登的有关文章和其他资料等。与此同时，原城建局第一任办公室主任（后任城建局副局长）欧阳令全还撰写了约1万字的写作提纲。这些前期工作为尔后编撰工作的开展打下了较好的基础。

2021年4月，根据编辑部提供的编写方案和工作计划，编委会召开了第一次编委会扩大会议，参加会议的为熟悉情况的部分原城建局退休局班子成员和各处正副处长等。经过热烈讨论，确定了本书的题目、体裁、样式、篇幅、工作计划以及编撰组织等事项。为了统一写作风格，会议还确定了"还原历史、描述生动、以小见大"的写作原则。

如何组稿是个大问题。如要讲究质量和文学性，最好聘请作家进行采访写作，原城建局20世纪90年代出版的反映浦东道路建设等几本书上采用过这个办法。但这样花费大，并可能会过度包装而影响故事的真实性。既然本书是本回顾类作品，故事的真实性是编撰的最高标准；而要达到这个要求，最好的办法是过来人写过去事，于是编委会决定采取"大包干"的方法，即根据选题，文章由原各处处长分头撰写和组织撰写。这班人马，当初都是干实事的，是"武将"；现在要他们"文起来"，且都是已退休的老同志，真是难为他们了。想不到他们当年的雄风仍在，仍有着很强的组织观念和大局意识，除了身体欠佳的以外，没有一个打退堂鼓的，大家信心满满地挑起了担子。这是一个在浦东开发中锤炼出的多么好的战斗集体！

组稿过程彰显了这个集体的雄风。由于原城管处的职能比较繁多，且在后期又被撤销，绿化、环保、环卫等的文章组织一时没了牵头人。曾经的分管副局长褚国强见状主动挑起了担子，亲自召集朱陵富等原正副处长和骨干开会进行研究并分解了任务。原市政处干部刘朴博士，在市政建设方面无合适牵头人选的情况下，毫不推辞地挑起了撰稿和组稿的担子。芮晓玲、陈志坚、曹益生、康味菊、郑于家、苗建华、叶永平等大部分原城建局正、副处长以及汪志达、张林祥、冯永高、贺仁平等部分原城建局局属单位负责人都亲自动笔撰写了文章。原分管副局长对分管处室撰写的稿件，在交稿前都一一进行了把关。值得一提的是，原新区重大工程建设办公室元老、年届90高龄的赵富银也为本书有关文章的撰写提供了宝贵的资料。据不完全统计，共有150余名老城建人或是撰写文章，或是提供资料，或是接受采访，为本书组稿工作出了力。这煞是一幅众志成城的动人画卷，也佐证了本书是一个集体奋斗的结晶。

　　组稿中，能感触到老城建人对那段岁月的深深眷恋之情。有的说，我在很多单位工作过，经历的事情也不少，但原浦东城建局的那段历史最是难以忘怀。有的说，那时虽然星期六保证不休息、星期日休息不保证，但大家都毫无怨言，干得是有滋有味的，也都留下了深刻的记忆和美好的印象。有些从外地被聘过来的老同事说，我们刚来时住在集体宿舍，但在浦东城市建设的热潮中根本感觉不到孤独和寂寞，我们热爱这个集体和这份职业。还有好几位老同事说，家里珍藏了许多那段岁月的老照片，经常会拿出来看看，每次看都会有一种曾为浦东开发做过贡献的自豪感。大家谈起那段历史，都记忆犹新，兴奋不已，难以自持。

　　2021年5月中旬开始，稿件陆续交到编辑部，编委会又先后召开过数次会议。每次会议选择一个或几个重点问题进行讨论，有的是对初审有疑问的稿件进行评估，有的是研究需要补充的选题，有的是对本书的构架进行调整等。一次次召开编委会，一次次将本书的编撰工作向前推进。至2022年春节前，原计划的50篇正文以及附录的大事记、组织框架图等全部完稿，编撰进入审稿、统稿阶段。

这一阶段，外部环境极其严峻，先后遇上了长达三四个月的新冠病毒疫情静默管理，以及七八月史上罕见的持续高温。这严重影响了本书出版前各项工作的开展。但为了本书能够适时出版发行，编委会和编辑部一如既往地开展了不少工作。本书顾问和编委会成员采取线上方式，经常对本书编撰进行具体指导。编辑部成员在"尊重原作"的基础上开展审稿、统稿和图片的编辑工作。在第一审稿人杨景林工作的基础上，主持编辑部日常工作的芮晓玲又将重点放在了对重要史实进行核对以及大量的协调组织工作方面。以组织框架图为例，经过查阅相关原始资料并与有关当事人核对，她又先后多次进行修改补充。图片编辑人员王志浩精心挑选了200余幅由他当时拍摄的照片，以供本书配图选用。为了尽可能使本书达到故事类体裁书籍的理想目标，并争取适时交付出版社，作为统稿人的上海作家、曾任新区建交委办公室主任的叶永平，克服眼疾以及家务困难，夜以继日花了整整一周的时间，对稿件进行了系统的整理，特别是对大多数文章的题目进行了改写或润色，使书稿的质量得到很大提升。

本书的内容，涉及原城建局管理的市政、建筑、交通、环保、环卫、绿化、河道、城市景观、公用事业、民防救灾和市容监察等众多领域；所选题材尽量为重大的有一定影响且必须是原城建人亲力亲为的；除了硬件工程外，还在改革、党建、干部培养、廉政建设以及资金筹措等方面，选择若干史实进行了回顾，体现了"两手都要抓，两手都要硬"。事实上，这也是原城建局开局八年的概貌全景图。

本书文章在处理人物方面作了变通，即除了少数因故事情节需要而不能规避的人名外，具体人名尽可能地不出现；局班子成员以上人员的人名则一概不予出现。这与故事体裁要素要求似是不相符合的，但本书编委会认为这样做是合理的。因为本书所反映的史实大多比较重大，其

难忘的浦东城建岁月

系统性特点也比较明显；成就这些史实，靠的是集体的智慧和力量，靠的是团队的协作精神。尊重史实，就没有必要突出个人的作用，其中包括领导人的作用。

虽说本书是原城建局开局八年的概貌全景图，但由于时隔久远，许多原始资料散失，以及我们工作尚不到位等原因，那段时间的好多可圈可点的史实遗憾地没能反映到本书中来。例如，1994年开始的包括环境建设在内的各领域专业系统规划的编制工作；例如作为决策咨询的许多软课题研究，其中包括智能化住宅区建设现状及发展对策、中心城区交通现状改善对策、建设工程质量安全监督管理信息系统方案、世纪大道城市雕塑群规划方案、浦东全域排水管线现状与对策、道路养护基地现状及其发展对策等；又如信息化建设，其中包括建局初期的办公自动化，以及之后地理信息技术在建筑管理、环境监测、园林绿化管理等多个领域的应用；还如开创性的九段沙大型湿地的立法、管理和宣传；再如全国第一个利用国外资金和吸收国外技术建设的御桥垃圾焚烧厂、张杨路大规模中间绿化带反季节秋季施工等好多具有开创性的建设工程，没有得到应有的反映。在"软件"方面，颇具特色的轮年举办的职工运动会、文艺汇演等活动也只是通过几张照片得到反映，其精心组织、丰富内容以及老城建人的精神面貌难以跃然纸上。如果这些题材能够形成回顾文章，本书将会丰满得多。

本书编撰的组织工作也有不足，主要是出于种种原因，未能邀请一些老同事参与到本书的编撰工作中；原城建系统直属单位的情况大多没有得到反映。因此，严格地讲，本书的编辑出版，虽然有不少当时的局领导和亲历者参与，但这不能算作一种组织行为，而是一批自告奋勇的原城建局退休老同志的自发举动，力量组织和史实广泛性也由此受到了一些限制。

本书的编撰出版得到了各方面的大力支持。除了为本书撰写文章、

后 记

提供资料、接受采访等直接参与者外，不少与老城建人心意相通、情感共鸣的单位和个人，从精神到物质也给了我们莫大的关心和支持。在原城建局任职副局长时间较短后担任新区城区工作党委书记的顾国籁，每次有关会议他都会应邀参加，并能独到地提出有益的意见和建议。由原城建局分撤建立的浦东新区建交委和生态环境局现任领导，将本书编辑出版作为一件分内事，有求必应地给予了一些史料方面的支持。新区史志办公室、新区档案馆、《东方建设》杂志社等单位在参考资料上给予了无私的帮助。陆家嘴集团的亲历者陈伯清、姚建良也热心提供了相关资料。上海百通项目管理咨询有限公司、上海浦东新区天佑市政有限公司、上海浦东建筑设计研究院有限公司、上海市浦东新区环境监测站等，为本书的编辑和出版提供了多方面的支持。一些新城建人，直接参与了本书文章的采访、整理以及其他一些事务性的工作。对上述各方面给予的关心和支持，我们谨此深表衷心的感谢！

　　本书将要正式出版发行了。如从行家的眼光看，可能这本书算不上一部正规的书，因为它在文字技巧上还有许许多多的瑕疵，其中有的文章还像是机关的公文。同时由于它的受众面狭小，其市场价值也不高。但对从那个岁月过来的浦东老城建人来说，想必会对这部书产生一种特殊的感受，因为书中的故事或事情都是真真实实的，都是浦东老城建人亲身经历或亲身感受的。读书生情，是会产生强烈共鸣的。此外，本书或许对浦东后来的城建人会起到一种激励作用，能够使他们感受到浦东城市建设和市容环境管理成就的来之不易，从而催促他们继承和发扬老城建人艰苦创业、奋发有为、勇攀高峰的优良作风，将浦东开发开放的宏伟事业不断推向更高的高峰。但愿所有浦东老城建人和新城建人会喜欢这本书，也希望其他各界朋友不吝给本书提出宝贵的意见。

本书编委会

难忘的浦东城建岁月
(1993—2000)

在上海率先实行事业单位改革。图为1998年9月城建系统事业单位改革现场会

2000年6月城建系统事业单位聘用合同制工作交流会

难忘的浦东城建岁月
（1993—2000）

1996年浦东新区城建系统"七一"纪念大会

1995年浦东新区利民便民实事工程表彰大会

1999年浦东新区城建系统组织工作会议暨表彰大会

难忘的浦东城建岁月
（1993—2000）

1997年9月，浦东新区举办城建系统工会干部学习"十五大"文件培训

1997年重阳节，城建局老干部书画表演

难忘的浦东城建岁月
（1993—2000）

1995年5月，城建局首届职工运动会开幕式

城建局首届职工运动会开幕式

城建局首届职工运动会，局机关和各单位代表队

城建局首届职工运动会现场

难忘的浦东城建岁月
（1993—2000）

1997年6月，城建局第二届职工运动会开幕式

浦建集团代表队入场

城建局机关代表队入场

城建局第二届职工运动会桥牌大赛

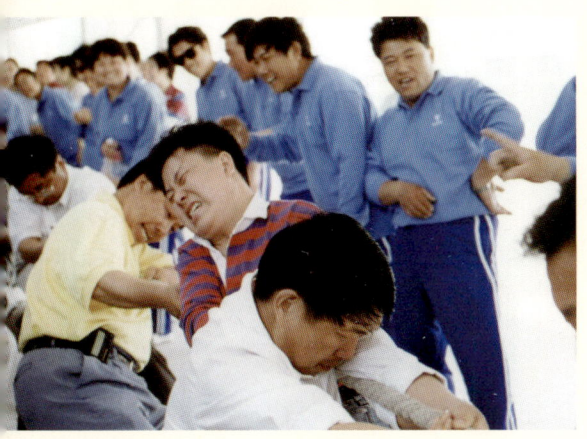
城建局第二届职工运动会现场

城建局第二届职工运动会颁奖仪式

难忘的浦东城建岁月
（1993—2000）

1994年城建局第一届文艺汇演，来自全国各地的局、处长同台合唱

城建局第一届文艺汇演，新区园林总公司合唱表演

1997年新区市政重点工程庆国庆歌咏比赛，由城建局（新区重大办）主办

1997年国庆歌咏比赛，浦建集团（驻机场动迁住宅指挥部）参赛，参赛歌名《咱们工人有力量》并获歌咏比赛冠军

难忘的浦东城建岁月
（1993—2000）

1996年城建局第二届文艺汇演会场

城建局机关合唱团

新区陆上客货运输管理署合唱团

新区城市道路管理署合唱团

难忘的浦东城建岁月
（1993—2000）

1999年中华人民共和国成立50周年"城建系统职工十月歌会"，由城建局和市政办联合主办

新区住宅发展署、建材管理署、公用事业管理署、城建科技委等联合合唱团

新区城市管理监察总队合唱团

浦东巴士公司合唱团